电子政务价值评估

——基于政务流程和信息整合的研究视角

邓崧 著

DIANZI ZHENGWU JIAZHI PINGGU

人民出版社

目 录

1 绪 论

本章总结了本书的研究背景、目的和意义，概述了本书的研究思路和研究内容，给出了本书中的研究假设、研究方法、逻辑框架和技术路线，对研究的开展视角作了一些说明，并对本书的框架作了描述。

1.1 研究背景、目的和意义

1.1.1 研究背景

国际和国内都越来越重视电子政务的建设与发展，而电子政务绩效评估体系的不健全，客观上制约了电子政务的进一步深入发展。电子政务价值是电子政务绩效中最核心的内容，完善电子政务价值评估的理论方法体系，已成为社会各界关注的一个热点问题，很多学者也从不同的角度作了探讨。本书结合公共管理部门绩效评估的一些基本理论，应用经济学方法，提出了一套基于用户的电子政务价值评估模型和方法，以期从一个新的角度来探索如何在我国构建科学的电子政务绩效体系，从而促进电子政务的进一步发展。

电子政务作为各项社会信息化的龙头，它的发展好坏，将直接影响到整个社会信息化的进程。但客观上来讲，电子政务的理论和实践并不比其他行业的信息化发展得好，由于历史原因和它的复杂性，电子政务的理论和实践还存在着很大的不足，很多方面仍在摸索探寻中。其中，电子政务的价值评估体系就还很不健全①。

我国的电子政务建设取得了巨大的进展，但还存在不少问题。为了实质性地、有效地推进电子政务，价值评估和绩效评估问题提上了日程。

电子政务的风险比一般的 IT 系统应用更大，原因有以下几点：第一，电子政务的效益目标往往更模糊；第二，政府对电子政务的开支缺乏硬约束；第三，政府官员的短任期与电子政务建设的长期性不合拍，使官员容易注重短期行为。这就要求我们要更加重视电子政务的价值研究，要非常慎重地推进电子政务，仔细地防范各种导致电子政务失败和低效化的漏洞，为提高电子政务的效益而努力。

信息化的绩效研究自从信息化的产生开始，就一直是人们关注的课题，但同时也是一个难题。企业信息化绩效的理论研究和实践很早就已经展开，但至今也不是很成熟。电子政务绩效的研究相对于企业信息化绩效而言，就更为落后，这一方面是由于电子政务的开展相对要晚于企业信息化，另一方面则是由于电子政务具有较强的公共性，对它的价值研究要更为复杂。但无论如何，现在学术界和实践部门已越来越关注这方面的问题了。

1.1.2 研究目的

本书将通过对电子政务价值评估的现状研究比较，结合对电子政务下中国政府绩效特点分析，通过系统科学、公共管理、信息管理、知识管理、组织管理等理论，研究电子政务价值评估的模型和技术方法，主要达到以下目的：

(1)研究电子政务价值评估的理论基础，分析信息化绩效在政府和企业中产生的机制；

(2)建立一套电子政务价值评估理论模型，以客观公正地对电子政务的价

---

① Reddick, Christopher G: *Citizen Interaction with E-government: From the Streets to Servers?* Government Information Quarterly. Volume:22, Issue:1, 2005, pp. 38-57.

罗元铮，焦宝文：《电子政府导论》，中国财政经济出版社 2002 年 5 月版。

Michael A. McGresor, Jonne Holman: Communication Technology at the Federal Communications Commission: E-government in the Public Interest? *Government Information Quarterly* Volume: 21, Issue: 3, 2004, pp. 268-283.

值产出作出评价，从而丰富电子政务绩效的评估理论；

(3)以经济学方法为基础，结合 CVM 法，选取一定研究视角，建立一套可操作的电子政务价值评估技术和方法，充分考虑现代公共行政的精神和理念，推动电子政务真正融入到政府管理和社会应用之中。

本书在评价电子政务价值时将重视电子政务的应用及其所取得的实效，在经济学上重视用户的意愿，以此来完善对政府绩效的评估，促进我国电子政务和政府管理向着更健康、更务实的方向发展，使电子政务建设有高效、科学、合理的机制和模式，从而建立一种新型的政府与公民、政府与企业、政府与政府之间的良好社会互动关系，推动现代技术环境下的政府重塑沿着科学发展观的方向前进。

1.1.3 研究意义

传统的政府绩效评估体系无论是在理论还是实际应用上，都还存在着很大的不足，近年来电子政务的快速发展，又给政府绩效评估体系带来了巨大的挑战。通过本项研究，理清电子政务和政府绩效的相关机制，在理论上可以进一步完善我国政府绩效评估体系的构建，同时为具体的绩效评估实践提供有益的参考。另一方面，政府绩效评估体系会决定着政府管理的运作重点及方向，在政府绩效评估体系中考虑了电子政务的因素，会使政府管理者能够更深入理解电子政务的发展，适应新形势下的政府管理模式，为电子政务的良性发展提供保障。该研究对构建一个服务型、责任型、法制型及开放型的现代化电子政府有重要的理论和实践意义。

从公共管理学的角度来看，电子政务绩效评估体系是政府绩效评估体系中的重要内容，也是电子政务系统的重要组成部分，对电子政务系统管理中的控制职能和反馈过程有着重要的影响，也将会对电子政务在建设投入决策上有着直接的影响。笔者认为电子政务的评估与投入的关系如图 1.1 所示。

图 1.1 表示了电子政务的供给(投入)与它的绩效评估之间的关系。如图 1.1 所示，电子政务绩效的评估结果将直接影响电子政务的供给数量(即投入)。一般而言，在一套电子政务绩效评估体系中，对电子政务绩效的评估结

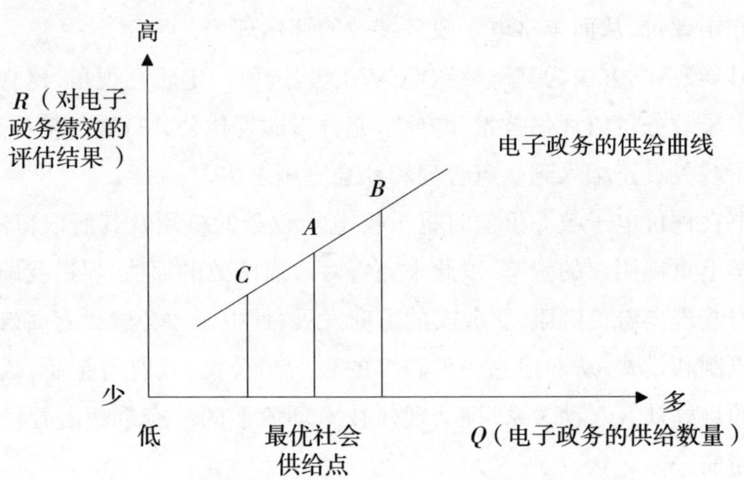

图 1.1　电子政务的供给数量与评估结果的关系

果越高，对电子政务的投入就会越多，反之则会越少，如上图中的电子政务的供给曲线所示。

通过对公共经济学的分析可以知道，电子政务的供给数量存在着一个社会最优点（上图中的 A 点），在这点上，社会效率达到最优。而无论是供给过多（如 B 点）还是供给不足（如 C 点），均会导致社会效率的损失。

一套科学的电子政务绩效评估体系，可以保证电子政务的供给接近或者达到最优社会供给点。不健全的电子政务绩效评估体系可能会导致供给过剩或供给不足，从而导致电子政务社会效率的降低。

按照相关机构的预测，未来 5 年我国对电子政务的投入将近万亿，因此在供给上离最优点即使产生不远的距离（如 5%），也会带来极大的投入浪费和极大的社会效率缺失。

因此，本项研究的意义主要在于：

(1)通过电子政务价值评估体系的研究，进一步完善科学的电子政务绩效评估体系，让电子政务的社会供给（或投入）接近或达到社会最优供给，以使电子政务的社会效率达到最大化；

(2)为我国每年在电子政务领域的众多投资项目提供科学的项目投资后评估方法，提高电子政务工程的实施成功率，为后续电子政务发展和建设提供

决策依据；

(3)科学的电子政务价值评估，可以为电子政务的成本—收益分析奠定基础，也是电子政务绩效评估中必须要解决的最核心问题；

(4)科学地研究和确定电子政务的价值取向，有利于进一步转变政府职能，真正实现有限政府目标，从而促进实现高质、高效、廉洁、低成本的服务型政府；

(5)解析信息化投资的“黑洞”现象，为“IT 悖论”、“电子政务黑洞”提供更明晰的解释；

(6)规范信息化社会中公共领域的绩效评价体系，丰富电子政务的基础理论研究；

(7)作为政府绩效中的重要部分，电子政务绩效评估体系的完善对建立科学的政府绩效评估体系有着重要意义。

1.2 研究思路和研究内容

电子政务价值评估的理论和方法体系众多而复杂，研究的视角也有很多种。本书并不打算对这些视角作全面的研究(也没有这个能力)，而是从电子政务的公共产品属性出发，利用研究公共产品的一些理论和方法(以 CVM 法为主)，结合政府业务流程和信息整合，对电子政务价值的评估方法进行建模分析。

本项研究的整体研究思路如下：首先，论述了电子政务的公共产品属性；以此为基础，比较企业信息化绩效与电子政务绩效的异同；然后提出一套基于信息集成和业务集成的电子政务价值评估模型；在将该评估模型实践化的过程中，创新地引入可以针对公共产品的条件价值评估法(CVM)来评估电子政务价值；最后，同政府和相关的电子政务提供商合作，选取了昆明市政府部门的电子政务系统对这套评估机制做了案例分析和评估过程模拟。

以上面的研究思路为基础，本书的整体框架如图 1.2 所示。

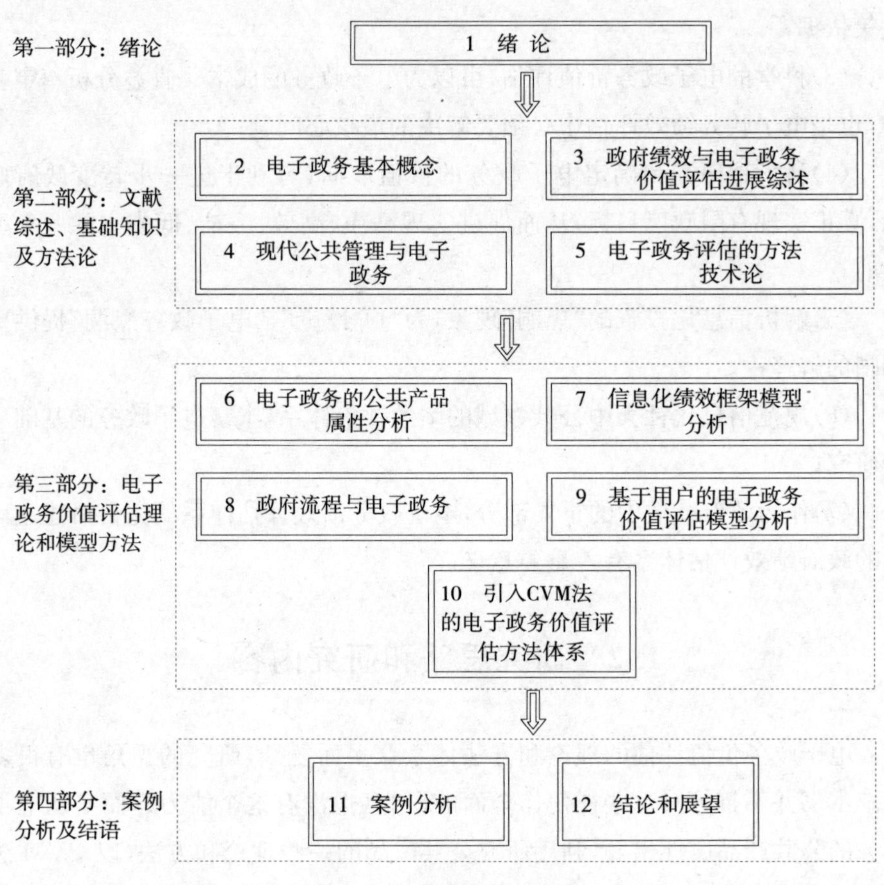

图 1.2 本书的框架结构

1.3 研究假设和逻辑框架

1.3.1 研究中的几个基本观点

(1)电子政务价值和绩效评估中的“电子”和“政务”

“电子”很重要，但“电子政务”的本质是“政务”，电子政务绩效的研究也应注意这一点。尽管对这一观点并无太大争议，但在目前的电子政务绩效评估方法中，主要都是针对“电子”展开的，相比较而言，对“电子”的评价要比对“政务”的评价容易。但从绩效的角度来说，电子政务只有通过使用，即通过“政务”的角度和用户的参与才可能体现出它的用处，体现它的价值。因此，笔者认为，电子政务价值和绩效的评价一定要包括“政务”和“应用”方面的内容，并且以它们作为评价的主要依据和重要内容，而那些以“电子”为主的评价称之为“发展水平评价”更为合适。

(2)价值和政务

绩效的经济因素不是衡量电子政务的惟一因素，但毫无疑问是其中的重要因素，新公共管理精神也要求现代政府要尽力地节约成本，提高效率。而目前的电子政务评估方法中很少涉及电子政务价值的经济性评估。

笔者认为，电子政务价值主要来自“政务”。但政务也并非一个空洞的概念，在实际评估中也需要落到实处，才可能使评估方法具有可操作性，在本书中，选取了政府业务流程的角度，结合具体的流程管理来进行价值评估。

(3)电子政务绩效研究和企业信息化绩效研究

电子政务绩效研究和企业信息化绩效研究同是信息化绩效研究的重要组成部分，但它们之间在公共管理理论上存在着本质上的差别，因此电子政务绩效评估体系的建立可以借鉴企业信息化绩效评估的体系，但决不能直接套用。

(4)电子政务的准公共产品属性

由于电子政务具有准公共产品属性，因此对它的价值研究不能完全采用市场的观点，因为会存在着市场失灵的情况；同样在另一方面也会存在着“政府失灵”的问题，这样会导致电子政务供给的社会效率下降。这里笔者采用了在公共产品中流行的 CVM 法(该方法会在后面作介绍)，尽管该方法存在着一定的不足，其准确性还受到一定质疑，但在复杂的公共产品管理上，仍不失为一种很好的定量分析方法。考虑到电子政务的公共产品属性，本书拟将 CVM 法引入到电子政务价值评估体系中来。

(5)电子政务的效益

电子政务的效益一般可分为直接效益和间接效益两个部分(具体见后面的分析)，对其间接效益的评价毫无疑问是一个难点，而 CVM 法由于是采用支付意愿的形式来进行估值，因此用户的支付意愿中实际上是包含了间接效益这一部分内容的，这样 CVM 法就为我们探寻电子政务的间接效益提供了一个很好的途径。

(6)无论什么样的价值和绩效评估体系,最终都要落到实处

本书选取了电子政务研究中的两项重要内容——“政务流程”和“信息整合”作为研究视角,结合 CVM 法,进行建模和相关的技术方法体系研究。

(7)本项研究的目标是建立粗略的评价制度,而不是建立电子政务评估指标体系

近来很多学者认为,强行建立电子政务绩效评估指标体系无济于事,而建立一套粗略的项目评价制度更为可行。笔者也比较支持这种观点,当然,这并不是说指标体系不重要,而是由于电子政务的复杂性,寄希望于一套指标体系就解决电子政务绩效评估的问题,在当前的背景下是不现实的。我们还需要从更多的角度对电子政务绩效评估进行研究,从而建立一套科学、完善的评价指标体系。本项研究是基于公共管理和电子政务价值的经济分析角度,尝试建立一套电子政务价值评估体系,从而丰富电子政务绩效评估的理论方法。该方法体系如何和其他评价体系结合使用,仍有待进一步研究。

1.3.2 研究的逻辑框架

本研究采用了 CVM 法来建构电子政务价值评估体系,以此为核心,从理论和实践两个方面来作研究。在理论上,论述了电子政务的公共产品属性,为 CVM 法在电子政务价值评估中的使用提供了理论保证,同时也区分了电子政务绩效评估与企业信息化绩效评估的差异;在实践上,为实现它的可操作性,从“政务流程”和“信息整合”两个方面作了电子政务模型的建模分析,最后再引入 CVM 法来建立一套完整的、闭合的电子政务价值经济评价体系。

按照这样的思路,根据系统分析和建模的原则,可以分析出本项研究的几个主要要素:电子政务的公共性;信息化绩效、电子政务绩效的特性;政府业务流程和信息处理;CVM 法;电子政务价值评估体系。

以这些要素为基础,本书研究的逻辑框架可见图 1.3。

基于这样的研究思路,本书在研究上作了如下的安排:首先论述相关的基础知识和基本概念(2 至 5,8);分析了电子政务的公共产品属性(6);研究了信息化绩效产生机制(7),并比较分析了电子政务绩效的特性;从政务流程和信

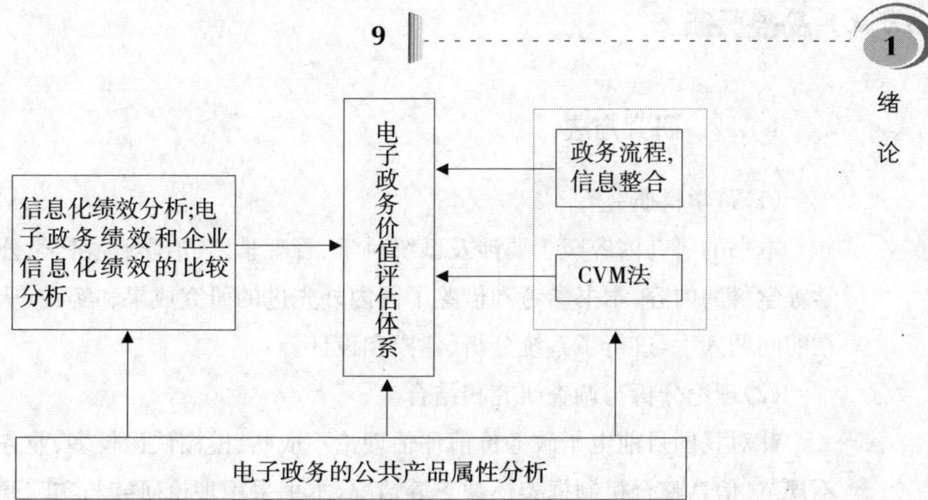

图 1.3 本书研究的逻辑框架

息整合的角度建立了电子政务价值评估的模型(9);在此基础上,引入 CVM 法,完善了电子价值评估的模型体系,使之成为一个闭合系统(10);最后以昆明为个案作了本文所提出的方法的模拟研究(11)。

1.4 研究基础和方法

1.4.1 支撑本书的课题和项目

本书在研究的内容方法和案例实践上得到了以下课题项目的支撑:

(1)地方电子政务的公共性及其提供模式研究(国家社会科学基金项目);

(2)公共服务视角下的电子政务价值评估研究(云南大学社会科学基金项目);

(3)我国欠发达地区电子政务的建设机制研究(云南省教育厅重点项目);

(4)上海松江区信息化中长期规划(松江区政府项目);

(5)上海和国际大都市城市信息化优劣势比较(上海市政府项目);

(6)政府信息化对政府绩效影响的框架模型分析(云南大学社会科学基金项目);

(7)云南大学电子政务实验室建设(中央与地方共建项目)。

1.4.2 研究方法

(1)跨学科研究

本书的研究内容至少要涉及系统科学、管理学、政治学、经济学、公共管理学等学科的内容,本书参考和借鉴了国内外先进的研究成果和实践,从实际存在的问题入手,进行了系统分析、建模和设计。

(2)理论分析与调查研究相结合

针对我国目前电子政务价值评估理论不成熟、模糊认识较多、业务流程还不规范、信息整合机制框架还缺乏等情况,本书采用理论研究与实际调查相结合、案例研究与规范研究相结合的方法。

(3)比较分析和归纳演绎

采用比较分析和归纳演绎方法,跟踪国内外电子政务价值评估的最新发展趋势,并对信息化绩效产生的机制作了比较分析。

(4)方法结构

采用理论与实际相结合,定性与定量相依托,综合利用系统科学、信息科学、社会学、公共管理和工程项目管理等相关领域理论的基本规律,在大量参阅和提炼国内外已有电子政务绩效评估的基础上,结合笔者的原创性研究成果,构建一套电子政务价值评估体系,并与相关的电子政务公司以及昆明市的政府部门合作,对该技术方法体系进行了实践模拟检验。

1.5 研究的几点说明

1.5.1 评估视角

在对电子政务作价值评估时,本书更加注重对“政务”的评估,而相对看轻了对“电子”的评价。本书的评估视角主要如下:

(1)注重现代公共行政的理论和新公共管理的视角;

(2)突出“以人为本,为民服务”的管理原则;

(3)注重政务流程的改革和信息资源的整合;

(4)突出电子政务价值的经济分析。

1.5.2 评估要素

(1)评估的指导思想和原则。依据马克思主义思想指导和有中国特色的社会主义建设的政治思想和原则,依托现代公共行政理念,结合新公共管理精神,打造"低成本、高绩效、以民为本、为民服务"的现代化政府;

(2)评估主体。根据实际情况进行选取,主要有专家、用户、政府和第三方,但应充分考虑用户的需求;

(3)评估对象。一般为各地方部门或行业部门的电子政务系统;

(4)评估方法。在本书的模型中,主要使用了系统建模、CVM、Delphi、AHP 等方法。

1.5.3 绩效评价

绩效评价是对事实状态的有效性评价,只是选择的参照系不同。这里的绩效评价具有特定含义,主要是指以政务目标和战略为参照系的有效性评价。评价所涉及的效益,是电子政务的间接社会效益。绩效在这里不是指达到某种就绪和能力状态的成绩,而是指电子政务对实现既定政务目标和战略是否有效。

在我们的行政生态体系结构中,绩效评价与环境评价是有内在关联的。不同的行政环境,有其对应的不同政务目标和适宜战略。

1.5.4 评估主体

评估主体根据评估体系的建模和方法体系,在实际应用中可能会选取不同的群体作为评估主体。但根据价值的定义,用户是其中的最重要因素之一,因此价值评估应当充分考虑用户的需求和判断。

电子政务用户就是使用和利用电子政务服务的人群。根据电子政务服务的三种模式(G2G、G2B、G2C),它的用户构成主体应当是政府、企业和公众。在实际研究中,根据所要评估的电子政务服务的属性,可以有针对性地设计和选取该电子政务服务属性使用的主要用户来进行调研评估。另外,根据电子政务的发展特点①,电子政务的服务咨询公司和专家团队也可以以某种形式纳入到其中的电子政务价值评估体系中来。

针对目前国际、国内一些基于第三方的外评模式的电子政务评估方法,笔者认为,这些方法不能算是严格意义上的电子政务价值评估,称之为电子政务的发展水平或能力评估则更为合适(当然,这些评估模型和方法对电子政务的发展也是很有意义的),但基于这些模型的结论,是很难作真正意义上的电子政务绩效评估分析。

总之,只有基于用户需求和判断的评估才可能是电子政务真实价值的反映,这也是本书的一个重要思想出发点——基于用户。

评估主体可以结合实际的情况来确定,一般可有专家评价和普通用户评价。在本书的案例研究过程中,是将这两类评价主体都使用了。

绩效评价是评价政府,而政府最终要为公众服务,因此用户评价就是直接的社会效益评价。它不是从行政主体角度提供的评价,也不是从电子政务提供方角度提供的评价,而是由电子政务需求方给予的评价。从需求方给予的评价一般更接近真实情况。

用户评价在技术上并不难,许多人也作过这方面的探索,但在处理时却可能有以下难点:

(1)用户评价不是绝对的,对用户评价本身,也需要进行评价,尤其是在我国电子政务成熟度还不高、东西部还存在着数字鸿沟的情况下;

(2)对指标的理解上存在着不确定性。例如同是“增加群众满意度”,在“大政府”、“小政府”、“政府再造”和“全面响应”等不同条件下,含义是截然不同的,需要作出区分。

另一个针对评估主体的常引起关注的问题是:评价过程中评估主体是选取专家好,还是选取普通人群好?事实上,在对于事物基本价值属性的判断上,专家并不见得比一般人有更多的发言权;但在对于复杂的、需要一定专业知识的、非基本价值属性的主观判断上,专家的判断就有很大分量。在本书的研究过程中,针对电子政务的不同属性,是综合使用了这两种方法来进行调研

① 邓崧,彭艳:《论电子政务的参与主体》,《情报探索》2006年第4期。

判断的。

1.5.5 评估核心要素

本书开展研究中的核心要素有：电子政务的公共性论述，信息化绩效的框架模型研究，基于政府流程和信息整合的电子政务建模分析，引入条件价值评估法(CVM)的电子政务价值评估模型和方法研究。它们之间的关系是递进深入的，每一层的研究均是后面研究的铺垫和基础。

2　电子政务基本概念

本章对电子政务的概念作了介绍，分析了电子政务的三种模式，概述了电子政务系统的整体框架，比较分析了电子政府与传统政府的差别，也简要介绍了电子政务的国内外发展情况。

2.1　电子政务的内涵

关于电子政务，目前尚未有一个统一的定义，不同的学者、组织，出于不同的研究目的，对电子政务作了不同的定义。联合国经济社会理事会将电子政务定义为政府通过信息通信技术(ICT)手段的密集性和战略性来应用组织公共管理的方式，旨在提高政府效率、增加政府透明度、改善财政约束、改进公共政策的质量、增强决策的科学性，从而建立良好的政府之间、政府与社会、社区之间以及政府与公民之间的关系，提高公共服务的质量，并提高社会的广泛参与度①。

结合现代公共管理，笔者认为，电子政务的实质就是利用现代信息技术建构"虚拟政务"(Virtual Government)，即跨越时间、地点、部门的全天候的政府服务体系，最终实现基于一站式的无缝隙政府②。

---

①　王长胜主编:《电子政务蓝皮书:中国电子政务发展报告》，社会科学文献出版社 2003 年版。

②　邓崧，白庆华:《从成本角度分析电子政务服务集成模型》，《管理科学》2005 年第 18(4)期，第 58～62 页。

电子政务主要强调①②：

(1) 提倡现代科技应用。政府要有效运用现代信息技术，并将其整合到政府管理中去，从而实现政府管理的目标；

(2)政府信息的公开和可获得性。电子政务，意味着政府的公开化、民主化，政府有责任与义务以更便利的方式，让公众能够容易地获得政府的信息，从而创造更高的附加值；

(3)政府与公众之间的互动回应机制。电子政务的目的在于建立起跨越政府机关、企业与公众之间的互动机制，经此互动机制，公众可以获得政府的信息与服务，而政府亦可了解公众的合理要求，从而促使政府更有回应力和责任感；

(4)更有效率。电子政务的目标之一，在于通过信息化的过程，改变传统的政府组织形式，使行政程序简单化、统一化，政府业务电脑化、网络化，从而提高政府的效率。

电子政务的建设总体规模很大，涉及单位众多，相关资金投入十分可观，因此对其所带来的经济效益和社会效益的分析，是比较复杂和困难的。很明显，它具有公共产品的经济外部性，一般来说，从常用的信息化效益分析方法来看，可以从它所带来的直接影响和间接影响等方面来作分析③。

因此，电子政务的核心，就是通过信息技术改革政府，从而实现建立一个开放的、有回应力的、负责任的和有效率的政府的目的。

2.2 电子政务的模式

电子政务的范围非常广泛，其内容几乎包括传统政务活动的各个方面。

① Ma, Lianjie; Chung, Jongpil; Thorson, Stuart, E-government in China: Bringing Economic Development through Administrative Reform, *Government Information Quarterly*, Volume: 22, Issue: 1, 2005, p. 20-37.

② 杨畅，钟瑛：《中国现代行政文化与政府管理绩效评估》，《湘潭大学社会科学学报》2003年5月，27(5)，第195～197页。

③ 邓崧，白庆华：《企业信息化对企业效益和内部机制的影响》，《同济大学学报(自然科学版)》，2005年，33(5)，第701～705页。

根据用户的不同可以将电子政务分为以下几种模式：政府间电子政务(Government to Government,G2G)、政府对企业的电子政务(Government to Business,G2B)、政府对公民的电子政务(Government to Citizen,G2C)。在社会的信息化发展中，电子政务有着重要的地位，信息化过程中的电子政务模型框架可见图 2.1，其中的 B2B 和 B2C 不属于当前电子政务研究的范畴。

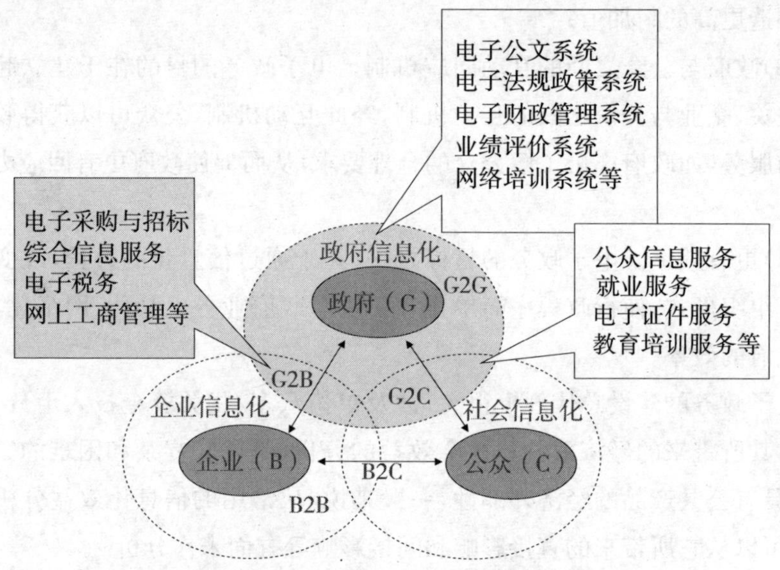

图 2.1　信息化进程中的电子政务模型框架

2.2.1　政府间电子政务(G2G)

G2G 电子政务指上下级政府、不同地方政府、不同地方部门之间的电子政务。这是电子政务应用的一种主要模式，其内容主要包括：电子法规政策系统、电子公文系统、电子司法档案系统、电子财务管理系统、电子办公系统、网络培训系统、业绩评价系统等。

(1)电子法规政策系统

电子法规政策系统对所有政府部门和工作人员提供相关的现行有效的各项法律、法规、规章、行政命令和政策规范，使所有政府机关和工作人员真正做到有法可依，有法必依。

(2)电子公文系统

在保证信息安全的前提下电子公文系统在政府上下级、部门之间传送有关的政府公文,如报告、请示、批复、公告、通知、通报等等,使政务信息快捷地在政府间和政府内流转,提高政府公文处理速度。

(3)电子司法档案系统

电子司法档案系统在政府司法机关之间共享司法信息,如公安机关的刑事犯罪记录,审判机关的审判案例,检察机关检察案例等,通过共享信息提高司法工作效率和司法人员综合能力。

(4)电子财政管理系统

电子财政管理系统向各级国家权力机关、审计部门和相关机构提供分级、分部门历年的政府财政预算及其执行情况,包括从明细到汇总的财政收入、开支、拨付款数据以及相关的文字说明和图表,便于有关领导和部门及时掌握和监控财政状况。

(5)电子办公系统

电子办公系统通过电子网络完成机关工作人员的许多事务性的工作,节约时间和费用,提高工作效率,如工作人员通过网络申请出差、请假、文件复制、使用办公设施和设备、下载政府机关经常使用的各种表格、报销出差费用等。

(6)网络培训系统

网络培训系统向政府工作人员提供各种综合性和专业性的网络教育课程,特别是适应信息时代对政府的要求,加强对员工进行信息技术有关的专业培训,员工可以通过网络随时随地注册参加培训课程、接受培训、参加考试等。

(7)业绩评价系统

业绩评价系统按照设定的任务目标、工作标准和完成情况对政府各部门业绩科学地进行测量和评估。

2.2.2 政府对企业的电子政务(G2B)

G2B电子政务是指政府通过电子网络系统进行采购与招标,精简管理业务流程,快捷地为企业提供各种信息服务,以减轻企业负担,促进企业发展。

主要包括电子采购与招标、电子税务、网上工商管理、综合信息服务、中小企业信息化服务等。

(1)电子采购与招标

通过网络公布政府采购与招标信息,为企业特别是中小企业参与政府采购提供必要的帮助,向他们提供政府采购的有关政策和程序,使政府采购成为阳光作业,减少徇私舞弊和暗箱操作,降低企业的交易成本,节约政府采购支出。

(2)电子税务

使企业通过政府税务网络系统,在家里或企业办公室就能完成税务登记、税务申报、税款划拨、查询税收公报、了解税收政策等业务,既方便了企业,也减少了政府的开支。

(3)网上工商管理

让企业通过网络申请办理各种证件和执照,缩短办证周期,减轻企业负担,如企业营业执照的申请、受理、审核、发放、年检,登记项目变更、核销等,土地统计证和房产证、建筑许可证、环境评估报告等证件、执照和审批事项的办理。

(4)综合信息服务

政府将拥有的各种数据库信息对企业开放,方便企业利用。如法律法规规章政策数据库、政府经济白皮书、国际贸易统计资料等信息。

(5)中小企业信息化服务

政府利用宏观管理优势和集合优势,为提高中小企业国际竞争力和知名度提供各种帮助。包括为中小企业提供统一政府网站入口,帮助中小企业同电子商务供应商争取有利的能够负担的电子商务应用解决方案等。

2.2.3 政府对公民的电子政务(G2C)

G2C 电子政务是各级政府通过网络系统向公民提供的各种公共服务,其范围非常广泛,主要包括以下内容:教育培训服务、就业服务、电子医疗服务、社会保险网络服务、公共信息服务、交通管理服务、电子证件服务和个人电子税务等。

(1)教育培训服务

建立全国性的教育平台,并资助所有的学校和图书馆接入互联网和政府教育平台;政府出资购买教育资源,然后对学校和学生提供;重点加强对信息技术能力的教育和培训,以应对信息时代的挑战。

(2)就业服务

通过电话、互联网或其他媒体向公民提供工作机会和就业培训,促进就业。如开设网上人才市场或劳动市场,提供与就业有关的工作职位缺口数据库和求职数据库信息;在就业管理和劳动部门所在地或其他公共场所建立网站入口,为没有计算机的公民提供接入互联网寻找工作职位的机会;为求职者提供网上就业培训,进行就业形势分析,指导就业方向。

(3)电子医疗服务

通过政府网站提供医疗保险政策信息、医药信息、执业医生信息,为公民提供全面的医疗服务,公民可通过网络查询自己的医疗保险个人账户余额和当地公共医疗账户的情况;查询国家新审批的药品的成分、功效、试验数据、使用方法及其他详细数据,提高自我保健的能力;查询当地医院的级别和执业医生的资格情况,选择合适的医生和医院。

(4)社会保险网络服务

通过电子网络建立覆盖地区甚至国家的社会保险网络,使公民通过网络及时全面地了解自己的养老、失业、工伤、医疗等社会保险账户的明细情况,有利于推进社会保障体系的建立和普及;通过网络公布最低收入家庭补助,增加透明度;还可以通过网络直接办理有关的社会保险理赔手续。

(5)公共信息服务

使公众能够方便、简单、费用低廉地接入政府法律法规规章数据库;通过网络提供被选举人背景资料,促进公众对被选举人的了解;通过在线评论和意见反馈了解公众对政府工作的意见,改进政府工作。

(6)交通管理服务

通过建立电子交通网站提供对交通工具和司机的管理与服务。

(7)电子证件服务

允许居民通过网络办理结婚证、离婚证、出生证、死亡证明等有关证书。

(8)个人电子税务

允许公民个人通过电子报税系统申报个人所得税、财产税等个人税务。

2.3 电子政务系统的总体框架

电子政务系统是为电子政务活动提供实现手段和保障支持的计算机网络软硬件平台,包括电子政务网络平台、电子政务应用服务平台及提供上下衔接的电子政务中间件平台等。

(1)电子政务网络平台

电子政务网络平台是保障中央以及地方各级政府业务系统互联互通的计算机网络通信平台。对政府内部,政务网络平台为实现向各层次和上下级政府间资源共享、信息应用、信息交换提供统一的安全、保密网络平台;对政府外部,该平台将沟通政府和公众之间的联系,是政府向社会发布信息、提供信息服务的统一平台。

(2)电子政务应用服务平台

电子政务应用服务平台是指在电子政务网络平台的基础上建立的政务综合应用服务平台。该平台具有实现资源共享、信息应用、信息交接、应用服务等功能,为各级政府、公务员、公民和企业提供个性化服务。

(3)电子政务中间件平台

在电子政务网络平台和电子政务应用服务平台之间,需要使用适于电子政务的中间件在不同的平台或应用之间共享资源。通过中间件平台标准的程序接口和协议,电子政务应用系统可以实现不同硬件和操作系统平台上的数据共享和操作应用。

电子政务系统的总体框架如图 2.2 所示,自下而上可分为网络基础层、数据访问层、信息交换层、应用系统层四层基本结构。整个系统还包括电子政务标准和规范体系、面向电子政务的安全体系等。这种结构代表了电子政务系统在实际应用中的基本框架,具有普遍意义。

网络基础层即电子政务网络平台,它提供电子政务系统网络通信和系统服务。服务器、存储设备等基础硬件设施由网络传输介质和网络设备连接起

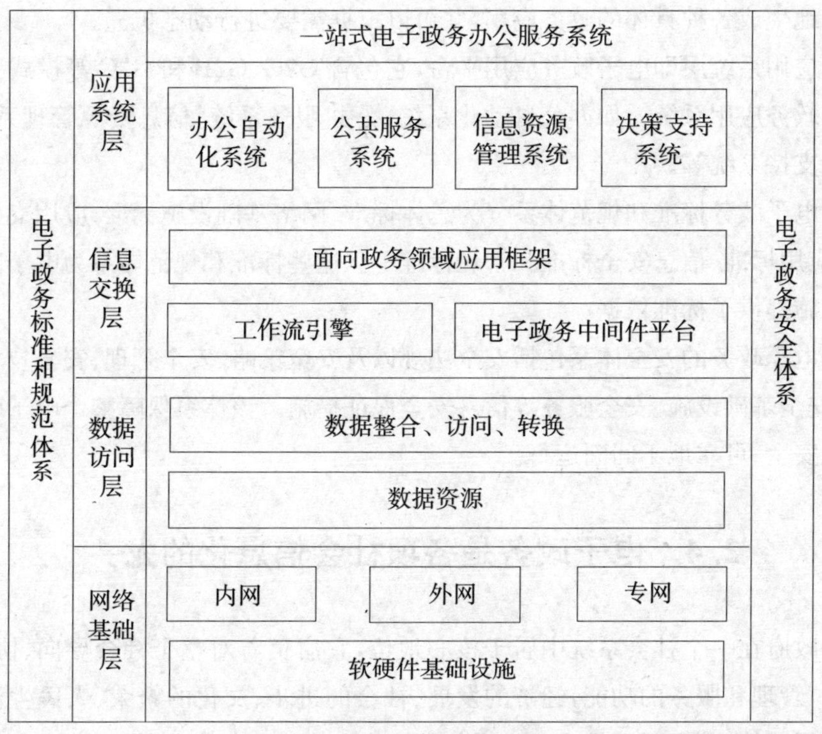

图 2.2 电子政务系统的总体框架

来，形成了整个网络骨架，即网络层；硬件设施配以相应的系统软件（如操作系统、网管软件等）构成了网络基础层。此层向数据访问层提供数据存储和管理所必需的基础设施。遵照国家信息安全的有关政策法规，此层要优先采用国内产品和安全系统，网络间要进行相应隔离。

数据访问层即信息资源管理层，负责管理存放在政府信息资源中心以及网络系统用户的各类数据资源，通过访问、转换、提取、过滤等过程，向信息交换层提供数据整合。该平台一般包括数据库、数据库管理系统及数据挖掘等。

信息交换层即应用服务支撑层，包括工作流引擎和电子政务中间件平台等。中间件支持跨平台的分布式异构数据访问，从而向应用业务层提供统一的数据服务。工作流系统通过工作流引擎驱动数据在应用业务层的各应用之间的流转，以便根据分工，合理、高效和完整地分配信息。通过上层的面向政务领域的应用框架（框架也可以看做一种半成品，它可以根据需求定制），可以快速地生成各种具体的政务应用，并可以根据需要进行动态扩充。

应用系统层即电子政务应用平台，它包含 G2G、G2B 和 G2C 等模式下的电子政务应用系统。如办公自动化系统、公共服务系统、信息资源管理系统、决策支持系统等。

电子政务标准和规范体系分为总体标准、网络基础设施标准、应用支撑标准、应用标准、信息安全标准和管理标准等。这些标准和规范体系为电子政务的实施提供了标准依据。

电子政务的安全体系包括安全法规以及安全策略、安全管理、安全技术产品、安全基础设施、安全服务等信息安全保证措施。该体系保障整个电子政务系统安全、可靠地不间断运行。

2.4 电子政务是各项社会信息化的龙头

政府在一个社会系统中居于核心地位，它肩负着对整个社会导向、协调、控制、管理和服务的功能，经济的发展、社会的进步、文化的繁荣、人民生活质量的保障等，都离不开政府的主导作用。在一个高度数字化的社会中，政府执行上述功能的基本途径是通过广泛收集自然、社会、经济复杂系统中的各类信息，在进行加工整理后，向公众发布有关高等级信息集合，同时能够快速有效地收集到社会反馈的广泛信息。鉴于上述原因，当前数字城市规划中一向把电子政府作为数字城市的神经、中枢去建设，它将打破现有行政机构的人为组织界限，构建一个电子化的虚拟机关，突破时间限制、空间限制、流程限制、暗箱限制(如现行的关系寻租、政治寻租等)，达到政务公开、采购公开、管理公开和服务公开。无论是经济信息领域还是社会公共领域、医疗卫生以及教育信息化，最终的目的都是开发、利用信息资源，发挥信息资源的价值，促进社会生产力的发展和提高。由于政府部门拥有全社会 80%的信息，政府部门的信息资源开发显得尤为重要和迫切，其水平制约着其他领域信息资源开发的深度、广度和质量①。

---

① 徐晓林，杨兰蓉编著:《电子政务导论》，武汉出版社、科学出版社 2002 年 1 月版。

政府部门应当成为宏观经济、政治、文化等信息和微观相应领域信息的加工者、搜集者、使用者①。政府与社会各主体之间的相互关系决定着它在整个社会发展过程中的重要角色地位,也就预示着电子政务在整个国家信息化建设中处于关键和核心地位。由电子政务的建设引发的一系列领域的信息化正朝着纵深方向发展,在世界范围内掀起了信息化的建设热潮。从1999年开始,联合国经济社会理事会连续两年都把通过信息化改造发展中国家的政府组织、重组公共管理、最终实现信息资源共享作为其工作重点,并在全世界积极倡导"信息高速公路"建设的五个领域中(电子政务、电子商务、远程教育、远程医疗、电子娱乐),将电子政务、建设电子政府一直列为第一位。无论是发达国家抑或是发展中国家的政府,都应站在战略的高度,通过政府信息化全面推进各领域的信息化建设。可以说电子政务是社会信息化的基础,是其他各项社会信息化的龙头。

2.5 电子政府与传统政府

按照现代行政学理论,政务是指各级政府的业务、事务、会务等具体政府工作,通过这些具体政务,政府得以履行其对社会、公众所承担的各项公共行政管理和服务职能。

电子政务的基本内涵是运用信息及通信技术打破行政机关的组织界限,构建一个电子化的虚拟机关,使得人们可以从不同的渠道获取政府的信息及服务,而不是传统的经过层层关卡书面审核的作业方式;而政府机关之间及政府与社会各界之间的信息互通也是经由各种电子化渠道进行的。具体地说,电子政务与传统政务的区别有以下四点:

(1)办公手段不同

信息资源的数字化和信息交换的网络化是电子政务与传统政务最显著的

① Ya Ni, Anna; Tat-Kei Ho, Alfred, Challenges in E-government Development: Lessons from Two Information Kiosk Projects, *Government Information Quarterly*, Volume: 22, Issue: 1, 2005, pp. 58-74.

区别。传统政务办公模式依赖于纸质文件作为信息传递的介质，办公手段落后，效率低。人们到政府部门办事，要到各管辖部门的所在地，如果涉及不同的部门，更是费时费力。信息时代网络在发挥政府职能和实施政府管理方面均能起到非常积极的作用。政府通过计算机存储介质或网络发布的信息，远比以往通过纸质介质发布的信息容量大、速度快、形式灵活。

(2)行政业务流程不同

实现行政业务流程的集约化、标准化和高效化是电子政务的核心，是与传统政务的重要区别。传统政务的机构设置是金字塔型的垂直机构，决策与执行层之间信息沟通的速度较慢，费用较多，信息失真率较高，往往使行政意志在执行与贯彻的过程中发生不同程度的偏离，从而影响了政府行政职能的有效发挥。电子政务的构建是以社会服务为驱动力，在网络上实现跨组织部门的流程重组，形成扁平的网络结构。见图 2.3。

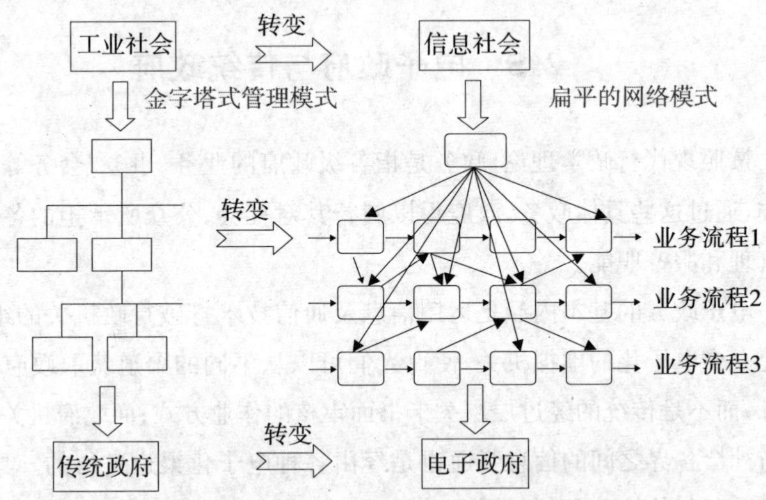

图 2.3　传统政府与电子政府的业务流程比较①

(3)与公众沟通方式不同

① 樊博:《政务智能——政府主动服务模式的决策支持技术》,清华大学出版社 2006 年 6 月版。

直接与公众沟通是实施电子政务的目的之一，也是与传统政务的又一重要区别。传统政务容易疏远政府与公众的关系，也容易使中间环节缺乏有力的民主监督，以致发生腐败现象。而电子政务的根本意义和最终目标是政府对公众的需求反应更快捷，更直接地为公众服务。

(4)政府决策方式不同

传统政务与电子政务的比较可以概括成如表 2.1 所示。

表 2.1　传统政务与电子政务

对比项目	传统政务	电子政务
政府机构的存在形式	物理实体存在	网络虚拟化
用户参与区域	有地域要求(地域性)	无地域要求(超地域性)
政务办理方式	面对面	跨越地理限制
政务办理时间	指定的工作时间	7 天 × 24 小时
政府组织结构	金字塔型垂直机构	网络型扁平辐射结构
政府管理方式	集中管理	分权管理
政务生效标志	公章等	数字签名等
政务处理程序	前后串行作业	协同并行作业
政府工作重心	以管理、审批为中心	以服务、指导为中心
政府主要议事方式	会议等	网络会议等
政府决策参与范围	主要集中在政府内部	政府内部与外部相统一
政府决策方式	决策依靠经验判断	信息化决策支持工具
政务边际成本	政务边际成本递增	政务边际成本递减

2.6　国际电子政务进展

信息管理学家马尔香和克雷莱斯曾指出 IT 应用在政府部门发生的主要变化：政府机构为了实施战略规划和操作，就用办公自动化、通信技术等方面的集成管理取代了这些技术的垂直管理和控制；由于各组织变得越来越依赖信息技术的内部使用，它们也更加关注信息技术规划在组织机构的战略规划的整合应用；由于应用不断深入，政府对数据、通信、信息、应用系统等方面提出了更高要求;许多机构在信息技术方面增加投资,这就要求管理层更多地介入对信息技术的应用和监督①。

在世界范围内,推进政府部门办公自动化、网络化、电子化和全面实现信息共享已是大势所趋。联合国经济社会事务部把推进发展中国家政府信息化作为工作重点,希望通过信息技术的应用来改进政府组织,重组公共管理,最终实现办公自动化和信息资源的共享。各发达国家更是纷纷推出国家信息基础建设计划,建设基于网络的"电子化政府",提升政府工作和服务效率。电子化政府最重要的内涵是运用信息及通信技术打破行政机关的组织界限,建构一个电子化的虚拟机关,使得人们可以从不同的渠道取用政府信息和服务,而不是传统的要经过层层书面审核的作业方式。政府机关之间及政府和社会之间也是经由各种电子渠道进行相互沟通,并依据不同的要求、形式、时间及地点,提供各种不同的服务选择。从应用、服务及网络通道等三个层面,进行电子化政府基本构架的规划。

目前,从政府的角度来看,利用互联网提供的服务主要集中在以下三个基本方面:

(1)内容服务。为公众和企业提供有关政府政策、新闻、档案查询等内容服务,美国的一些联邦政府部门(如能源部、商务部等),就把网站的重点放在这些方面;

(2)功能服务。为公众和企业提供许多需要本人亲自到场才能完成的服务项目,例如,办理身份证件、申请护照、缴纳税款和罚单,就是美国各州和地方政府各部门网站的主要服务内容之一;

(3)电子商务。主要涉及政府的各种项目招标、采购等等。

根据国际上一些著名机构(如联合国、Accenture 公司、TNS 公司、Brown 大学和 New Jersey - Newark 大学/Sungkyunkwan 大学)对全球各国电子政务的年度测评成果报告,目前国际电子政务发展总体形势可以描述为②:"发

① Strejcek Gerhard, Theil Michael, Technology Push, Legislation Pull? E-government in the European Union, Decision Support Systems, 34(2002).

② 杨云飞:《电子政务评价指标体系研究》,博士论文 2005 年。

达国家呈现三极状态，次发达国家紧跟时代步伐，发展中国家缓慢模仿。”

(1)发达国家呈现“三极”状态

领导国际电子政务发展潮流的主要国家分布在全球三个地区：北美（美国、加拿大）、西太平洋沿线（新加坡、澳大利亚、韩国）和西北欧（英国、挪威、丹麦），其中，北美以服务广度、西太平洋以服务深度、西北欧以 CRM 分别领先全球，形成目前全球电子政务发展动力的“三极”牵引状态。按照国际上把电子政务发展历程划分为“信息发布、单向交流、双向沟通、交易服务、网络集成”五阶段的惯例，这“三极”国家的电子政务水平均处在“交易服务”阶段，目前正在向“网络集成”阶段冲刺。位于这一层次的国家大约有二十个左右。

(2)次发达国家紧跟时代步伐

环绕在“三极”周围的国家/地区深受“三极”国家先进的电子政务熏陶，纷纷模仿“三极”国家推进本国电子政务发展，虽然先天性创新能力不足，技术水平逊色一筹，但也小成气候，按照国际上的五阶段划分方法，这些国家已经完成了“双向沟通”阶段，目前正步入“交易服务”阶段，并开始向社会提供更多的交易服务功能。位于这一层次的国家大约有五十个左右。

(3)发展中国家缓慢模仿

由于技术基础、人力资源、经济水平、政治体制等多方面原因，广大发展中国家面对发达国家掀起的电子政务建设热潮心有余而力不足，电子政务发展基本上处在“网上展览”级水平，按照国际上的五阶段划分惯例，这些国家还处在前两个阶段。位于这一层次的国家大约有一百个左右。

2.7 国内电子政务进展

自从 1999 年中国政府上网工程启动以来，各部委、地方政府、IT 界及新闻界对之反应强烈，网站建设如雨后春笋。但是，作为一项涉及社会各方面的系统工程，我国政府网站的建设尚有许多不尽如人意之处。目前，我国政府各部门网站的服务基本是以提供各种政策、新闻和档案查询等服务为主，电子商务和功能服务的巨大潜力还没有挖掘出来，这与我国许多部门职能重叠交叉和电子金融信用体系发展缓慢等问题有关。另外，网络信息安全问题，即如何在保护国家机密的情况下，最大程度地为公众提供信息服务也是摆在政府各部门面前的难题。此外，由于长期处在计划经济环境下，我国各级政府部门普遍存在官僚作风严重、服务意识淡薄等问题。我们应该利用建设电子政务的契机，推进政府机构改革，将其从管理型向管理服务型模式转换，力争建立起透明、高效、廉洁的各级政府，使我们的政府成为真正为人们服务的政府。本着“他山之石，可以攻玉”的精神，我们应该借鉴其他国家特别是发达国家在建设电子政务过程中的一些做法，吸取其经验教训，以便为我所用。

电子政务在我国的发展也经历了三个阶段：一是20世纪80年代末期，中央和地方党政机关所开展的办公自动化工程，建立了各种纵向和横向内部信息办公网络。二是1993年底启动的“三金工程”，即金桥工程、金关工程和金卡工程，重点是建设信息化的基础设施，为重点行业和部门传输数据和信息。三是1999年，由中国电信和国家经贸委经济信息中心主办、联合四十多家部委(办、局)信息主管部门共同倡议发起了“政府上网工程”。2001年，国务院办公厅又制定了全国政府系统政务信息化建设的五年规划，对我国政府信息化的指导思想、方针、政策等作出了明确规定。

2006年6月12日，全国电子政务工作座谈会在京召开，我国的中央领导对我国电子政务的建设表现出极大的关注，并提出了以下促进我国电子政务进一步发展的几点内容：

(1)加快电子政务建设，推进行政管理体制改革，提高政府工作效率和公共服务水平，为公众参与经济社会活动创造条件；

(2)加强电子政务建设，对促进各级政府机构自身改革和建设、增强政府行政管理能力、提高行政运行效率、改进公共服务水平等，都具有重要意义。目前这项工作取得了很大进展，成效初步显现。各地区、各部门都要认真贯彻中央关于推进电子政务的方针政策和各项部署，加强协调，扎实工作，积极推进，保障安全，促进电子政务与国民经济和社会事业协调发展；

(3)要按照全面落实科学发展观的要求，深入贯彻中央关于电子政务建设的一系列决策和部署，努力走出一条有中国特色的电子政务发展道路。“十一五”时期，电子政务建设的主要目标是：到2010年，基本建成覆盖全国的统一的电子政务网络，初步建立信息资源公开和共享机制，政府门户网站成为政府信息公开的重要渠道,50%以上的行政许可项目能够实现在线处理,电子政务要在提高公共服务水平和监管能力、降低行政成本等方面发挥更大的作用;

(4)促进五个转变:一是要从电子政务重建设、轻应用向注重深化应用转变;二是要从信息网络分散建设向资源整合利用转变;三是要从信息系统独立运行向互联互通和资源共享转变;四是要从信息管理偏重自我服务向注重公共服务转变;五是要从信息网站自建自管向发挥社会力量转变。

从整体上来看,我国信息化进程可以分为四个阶段:准备阶段、启动阶段、探索阶段、发展阶段。具体见表 2.2。

表 2.2 我国信息化进程的四个阶段

阶段	时间	主要任务	领导机构
准备阶段	1993 年以前	1. 提出发展计算机及软件产业 2. 发展电子信息技术及应用、重点抓 12 项应用系统工程	计算机大规模集成电路领导小组、国务院电子振兴领导小组、国务院电子信息系统推广应用办公室
启动阶段	1993/03～1997/04	1. 启动三金工程 2. 确立了信息化在国民经济和社会发展中的重要地位	国家经济信息化联席会议、国务院信息化工作领导小组
探索阶段	1997/04～2000/10	1. 系统提出了国家信息化理论 2. 推动全国信息化热潮 3. 电信改革重组完成	国务院信息化工作领导小组、信息产业部信息化推进司、国家信息化工作领导小组
发展阶段	2000/10～	1. 提出国家信息化战略 2. 制定信息化专项规划 3. 信息化进入新阶段	国家信息化工作领导小组、国家信息化领导小组

我国的电子政务建设从 1999 年 1 月 12 日开始,48 个政府部门倡议发出《中国政府上网工程倡议书》正式拉开序幕,其建设从“形象展示”向“应用深化”转变。电子政务带动其他领域的信息化建设,2003 年 11 月 10 日国家信息化测评中心发布了《2003 年度中国企业信息化 500 强调查报告》,调查在考察企业信息化战略、赢利能力、人力资源、信息化应用、信息化效能、决策支持

能力、企业灵敏度、电子商务状况、合作能力、创新与发展能力的基础上采用定量和定性相结合的方法，全面地反映了我国企业 500 强的信息化建设状况。调查显示，中国企业信息化建设取得显著成效，企业信息化正越来越成为企业增强活力与竞争力的带动力量，成为中国企业，尤其是大中型企业发展前进的新的驱动力。越是市场化程度、全球化程度高的行业和企业，越重视信息化带来的效益，信息化的带动作用也越明显，充分昭示了中国新型工业化的发展前景与趋势，中国的企业信息化建设已经从简单应用发展到复杂应用，从战术层面发展到战略层面，从管理驱动发展到市场驱动，从技术推动发展到变革推动。在电子政务的带动下，社区信息化、城市信息化、教育信息化都取得了令人瞩目的成就。

3 政府绩效与电子政务价值评估进展综述

本章解释了电子政务价值评估相关的概念,对价值评估、绩效评估的国内外研究进展作了梳理,综述了电子政务评估的国内外进展,并比较分析了其中的几种评估模式,讨论了电子政务支持下的中国政府绩效评估的特点,分析了在我国开展电子政务绩效评估的必要性。

3.1 相关概念介绍

3.1.1 电子政务价值

近年来,随着信息技术的飞速发展,电子政务作为一个开放的、具有耗散结构的复杂系统,对传统的政府运作模式产生了重大的影响。电子政务可以有效地推动我国政府向高效、廉洁、开放、透明转变。如何利用电子政务发展这样一个契机,来实现政府职能转变和业务流程优化,使我国政府成为一个高效、廉洁、开放的政府,是一个复杂问题。毫无疑问,电子政务支撑下的政府管理与传统的政府管理在运作模式上将有不小的差异,于是就产生这样一个问题:如何评估电子政务价值。

价值(Value)是人们对事物的认识、态度、观念、信仰和偏好,是人的主观思想对客观事物的认识态度。从哲学上来说,是主体需求与客体属性之间的关系,即“A 事物对 B 事物有价值”的过程。因此研究价值就应该考虑主体与客体的关系。

电子政务价值是公众对电子政务服务的认识、态度、偏好和行为的反映，在经济学上也称为效用。从哲学上来看电子政务价值：是电子政务用户的需求和电子政务服务某些属性的关系。没有电子政务（缺少客体），自然不存在电子政务的价值；离开了用户（缺少主体），也不存在电子政务价值的基础。因此，研究电子政务的价值，必须和它的用户联系起来，这也是本书构筑电子政务价值评估时一个重要的理论出发点。

关于电子政务价值研究的目标，从公共经济学上来说，研究电子政务价值的重要目标就是完善电子政务绩效评估，以增加社会的福利和效用，其价值体现在它引起的消费福利变化的大小上。

3.1.2　政府绩效

绩效（performance）在英文中是一个相当宽泛的名词，原意为“履行”、“执行”、“表现”、“行为”、“完成”等，现在也可引申为“性能”、“成绩”、“成就”、“成果”等。

政府绩效，在西方又称“公共生产力”、“政府业绩”等，通常是指政府行使各项职能的绩效表现，最直观地表现为政府提供公共服务和社会管理的优劣好坏。一般认为，绩效包含经济、效率和效益三个方面，即“3E”。经济是指投入成本的最小化程度，效率是指投入和产出之间的比率关系，效益则表示产出对最终实现组织目标的贡献大小。自新公共行政以来，公平问题更加得到重视，并成为衡量政府绩效的重要指标，与前三者合称“4E”。

因此，一般认为政府绩效是指政府在社会经济管理活动中的结果、效益及其管理工作效率、效能，是政府在行使其功能、实现其意志过程中体现出的管理能力，它包含了政治绩效、经济绩效、文化绩效、社会绩效四个方面。

3.1.3　绩效管理和政府绩效评估

关于“绩效管理”，美国国家绩效评估中心的绩效衡量研究小组（performance measurement study team）给出了绩效管理的一个经典定义。所谓绩效管理，是“利用绩效信息协助设定同意的绩效指标，进行资源配置于优先顺序的安排，已告知管理者维持或改变既定目标计划，并且报告成功符合目标的管理过程”。简而言之,绩效管理是对公共服务或计划目标进行设定与实现,并对实现结果进行系统评估的过程。

政府绩效评估一直是受到重点关注的问题。它的客观、公正及科学与否,将直接影响政府的管理运作。由于政府绩效评估的复杂性,尽管国内外很多人作了相关的研究,但还是没有一套公认的理想评估模式。尤其是由于国情的不同和地区的差别,各种评估模式的应用效果有很大差异。政府绩效评估是一个国际公认的难题,这主要体现在:目标的多元性、产出的特殊性、劳动的密集性、评估标准指标的难确定性、评估信息的稀缺性、文化背景的交叉性、认知效应的偏差性等。

绩效评估作为绩效管理的核心环节越来越受到各国政府的重视,科学的政府绩效评估体系亦是电子政府追求的重要内容。基于电子政务的中国电子政府正在积极发展之中,传统政府绩效评估理论陈旧并且在实践上存在很多问题,已很难适应迅速发展的中国电子政府,构建适合我国国情的新型政府绩效评估体系不仅必要而且迫在眉睫①。

3.1.4 电子政务绩效

中国电子政务建设中的现实案例表明:网络信息技术作为先进生产力代表的价值和作用,并没有得到充分地显示和发挥。大约70%的电子政务项目超出预定的开发周期,许多大型政府信息化项目超出计划交付时间20%～50%是常有的事,软件项目开发费用超出预算的情况则更为严重。并且项目越大,超计划的支出越高。在新的历史条件下,该如何考核与电子政务相关的政府绩效,并如何衡量它和国民经济的关系,这些都是值得深思的问题。

在新公共管理的环境下②,电子政务绩效是指电子政务活动在社会经济管理活动中的结果、效益及其管理工作效率、效能,也包含了政治绩效、经济绩效、文化绩效、社会绩效四个方面。它的核心和实质是电子政务的价值取向。

---

① 邓崧,彭艳:《电子政务支持下的政府绩效评估体系研究》,《云南师范大学学报(哲学社会科学版)》,2005年第37(6)期,2005年11月。

② The Performance Institute:Creating a Performance—Based Electronic Government[R/OL], http://www.performanceweb.org,Oct 2002 .

同政府绩效相比，电子政务绩效主要是指电子政务活动所带来的绩效，它是政府绩效中的重要组成部分，但是由于电子政务的影响日益深远，它对政府绩效的影响也将是多方面的。在更具体的方面，电子政务的绩效包括：促进政务职能转变、提高政府工作效率、促进政务公开和廉政建设、提高服务能力、降低政府成本等方面。

无论是在"3E"还是"4E"的政府绩效评价体系中，经济绩效都是政府绩效中的重要内容。尽管"后现代公共行政"在政府绩效研究中越来越强调政治治理中的"公平与正义"及其他一些难以量化的主观因素，但客观上来说，我们却连政府绩效中的经济分析这一基础部分也没有研究得很透彻。另外，"后现代公共行政"也并不否认公共管理中经济性的重要作用，并且把绩效管理作为现代公共管理中的重要和基础内容。因此，本文将着重研究电子政务价值评估，以完善电子政务绩效的研究。

3.1.5 电子政务价值评估和电子政务绩效评估

3.1.5.1 电子政务价值评估和电子政务绩效评估的定义和目标

所谓评估，是指按照明确目标测定对象的属性，并把它变成主观效用的过程。在哲学上，评估是主体（评价者）对客体属性（评价对象）与主体需要之间价值关系的反映活动，主体自身的需求是主体对客体评估的出发点。

因此，电子政务的评估过程应当是用户根据自身的需求，对电子政务的某些应用和服务进行评价的过程。

电子政务价值评估是指在一定机制下，评价主体（如用户等）根据自身的需求，对电子政务应用和服务的价值进行系统评估的过程。

电子政务绩效评估是指在一定管理机制下，评价主体对电子政务实施的结果进行系统评估的过程。

从系统的观点来看，电子政务评估在管理中是一个反馈的过程，是使电子政务管理系统闭合的一个重要因素。总之，电子政务价值评估和电子政务绩效评估的目的不是为了评估而评估，而是为电子政务作相关的决策分析，其根本目标是为了促进电子政务的进一步发展，以提高社会的公共福利。

同政府绩效的评估一样，电子政务绩效评估的研究也是复杂的。当前对于电子政务绩效的评估很多是从硬件、技术方面来进行的外评估，而忽略了电子政务的公共性和社会性方面的研究，也忽视了电子政务参与主体中的社会公众、政府的参与。电子政务的本质是“政务”，而当前的电子政务评估体系很多是从“电子”的角度来展开的。笔者认为，电子政务绩效评价不能单纯以评价“电子化”内容为主，而应充分考虑电子政务所带来的政府业务流程的改变及电子政务参与主体中各方的感受。本文也正是基于这样的思路，借助公共产品中常用的CVM法，结合政府流程，来开展对电子政务价值的研究。

3.1.5.2　电子政务价值评估和电子政务绩效评估的差异和关系

在概念上，电子政务价值评估和电子政务绩效评估并不是完全相同的，但由于它们的密切相关，以至于当前很多的文献研究中，无论是研究其中的哪一者，研究者们都很倾向于把它们放在一起来进行讨论和研究，毕竟它们之间的关联度太大了。但它们之间还是有一定区别的，主要表现在：

1）电子政务价值是评估主体（主要是用户）对电子政务服务应用的感受，类似于经济学中的效用概念；而电子政务绩效是指电子政务活动在社会经济管理活动中的结果。因此价值主要是“名词”的意义，而绩效则还有着过程的含义，包含了一定“动词”的意义；

2）电子政务价值的概念相对而言比电子政务绩效的概念要小一些。从系统学上来说，电子政务绩效评估是依据一定的标准，对电子政务系统作一个“输入”、“输出”的比较分析，从而来判断电子政务的绩效；而电子政务价值评估则是依据一定的标准，主要是对电子政务的“输出”进行分析。

同政府价值和政府绩效评估的关系一样（一般认为，政府的价值取向决定了政府绩效评估体系的构建），电子政务价值评估和电子政务绩效评估之间有着密切的联系。研究绩效，就不可能离开价值分析；研究价值的重要目标也是为了完善绩效体系的构建。价值评估体系本身也就是绩效评估体系中最核心的部分，它们二者是密不可分的，这些体现在：

1）电子政务价值是电子政务绩效评估的核心、主体和灵魂，也是电子政务绩效研究中的难点；

2）电子政务的价值取向可以变革电子政务绩效评估体系；

3）电子政务的价值取向可以引导和调整电子政务绩效评估的行为；

4)电子政务的价值决定了电子政务绩效评估指标的构建；

5)电子政务绩效评估是电子政务价值研究的一个最重要目标。

价值取向决定绩效体系，在各个领域基本上都是如此(如政府价值取向决定政府绩效)，电子政务领域也是如此，电子政务价值是电子政务绩效评估的最关键部分的关键；从系统角度来看，对电子政务系统输入部分的分析相对要容易得多(用传统的人、财、物投入的研究也就可以进行了)，而输出部分的研究却是要复杂、困难得多，因此当前的电子政务绩效研究基本都是集中在输出的研究上(包括不少学者构建的各种电子政务指标体系，也都是为了对电子政务的输出结果进行测评)。对于电子政务系统而言，只有作好了输出的分析，才有可能作好绩效的评估，电子政务的价值评估和绩效评估息息相关。

总之，电子政务绩效的研究是离不开电子政务价值的研究，同样，电子政务价值的研究也很有必要在电子政务绩效分析的框架下进行展开，当前不少电子政务绩效的主要研究内容也涉及了电子政务价值的研究，这两者之间在研究的很多内容上其实是一致的。可以说，它们之间虽然概念不同，但在研究方法和内容上却是紧密相连、密不可分的。

因此，本书在研究电子政务价值的评估方法体系的同时，为避免对电子政务价值评估系统进行孤立的分析，采取和很多研究者一样的做法，把它和电子政务绩效评估结合在一起进行研究，尽可能地多考虑各种电子政务绩效理论方法研究的进展情况(尤其是在文献综述中)，以使相关的工作能够放在电子政务绩效的框架下进行思考和展开，使其在理论和方法上更具有系统性，在应用中更具有可实践性。

3.2 政府绩效研究进展简述

3.2.1 政府绩效评估进展

1993 年，美国国会通过了《政府绩效与结果法案》(GPRA)，同时还成立了由副总统戈尔亲自领导的“国家绩效评估委员会”(NPRA)。这是 20 世纪 60 年代以来美国议会监督体系的第一次根本性转变，标志着议会对行政部门的监督开始转到"绩效"和"结果"上来。同时,该法案也标志着美国政府公共部门绩效评估高潮的到来。这个法案要求将绩效评估制度在联邦政府层级制度化,并要求各联邦机构制定战略规划,明确各自的工作目标和对象,制订围绕这些目标和对象的工作措施,提供可衡量的检验部门工作的绩效标准。

英国也积极地开展政府绩效评估实践工作,可以分为两个阶段:第一阶段为上世纪 80 年代,绩效评估的主体内容是以经济、效率为中心,以解决财政危机为主要目标;第二阶段为上世纪 90 年代以来,主体内容调整为对以质量和公共服务为中心的绩效评估行政改革。

至今,国外政府绩效评估发展最具代表性的评估方法主要有三种:"3E"评价法、标杆管理法和平衡记分卡法。它们分别代表了政府绩效评估的三个不同发展阶段:"3E"评价法是政府绩效评估在方法探索上的开端,标杆管理法预示着对政府绩效全面评估的开始,平衡记分卡法明确提出政府要以长远的眼光对社会的发展作出规划,思考其在社会发展中应承担的使命,指导政府绩效评估①。

(1)"3E"评价法

为了更好地控制政府财政支出,节约成本,在 20 世纪 60 年代,美国会计总署率先把对政府工作的审计重心从经济性审计转向经济性(Economy)、效率性(Efficiency)、效果性(Effectiveness)并重的审计,从单一指标扩展到多重指标,这就是政府施政绩效评估的雏形,俗称"3E"评价法。所谓"经济"是指投入成本的降低程度;"效率"指标反映所获得的工作成果与工作过程中的资源消耗之间的对比关系(Ammons,1996);"效益"指标通常用来描述政府所进行的工作或提供的服务在多大程度上达到了政府的目标,并满足了公众的需求(Paul. D. Epstein)。可以看出,效率只注重数量,而效益(或称为效能)更强调质量,强调结果的满意。因此,效益指标是最具综合性的一个评估指标。从三个指标的内涵可以看出,"3E"评价法更强调成本的节约,强调经济性,这是"3E"评价法的根本价值准则。这一方面是因为最初的绩效评估缺乏完善的

---

① 张成福,唐钧:《电子政务绩效评估模式研究与中国战略》,《探索》2004 年第 2 期,第 36～40 页。

行之有效的考评措施。另一方面更重要的原因在于该方法被应用于公共部门的目的和意图。在面临严重的财政危机的情况下,美国政府的措施不得不更强调经济上的实用性,强调对成本的控制。1972 年,美国政府审计师用于绩效审计的工作量占到了其总工作量的 86%,足见绩效审计在美国政府审计中的地位。为了保证审计的顺利进行,其审计部门是独立于政府行政部门的。美国政府所采取的一系列措施保证了“3E”评价法在一定程度上达到了实施目的,与此前相比政府的财政支出更加有度与合理。由于政府在社会中所追求的价值理念(如平等、公益、民主等)和“3E”评价法单纯强调经济性之间存在矛盾与冲突,“3E”评价法暴露出一系列的不足,需要补充和完善。因此后来又加入了“公平”(Equity)指标,发展为“4E”。但是这些改进和完善都无法消除这一方法本质所含的不足。一方面是因为“3E”评价法本身只强调经济性,较为片面,缺乏统揽全局的能力;另一方面由于政府是国家这一政治共同体内部进行价值的权威性分配的非营利性管理组织,其作用主要表现在为经济发展创造条件并提供服务,以增加社会福利。政府公共部门的非营利性、目标的弹性和软目标性,使得政府投入尤其是产出难以量化。为了避免“3E”的片面性,美国的政府绩效评估体系由硬性指标和软性指标共同构成,硬性指标是由美国会计总署承担的对政府的绩效审计,软性指标是社会大众对政府的评价,定期发布政府支持率,以增强政府执政地位的合法性和政策的权威性。

(2)标杆管理法

随着新公共管理理论的发展,企业化政府、市场化政府呼声的高涨,政府管理借鉴私营企业的做法越来越多,标杆管理法的应用就是其中之一。美国俄勒冈州是以标杆管理法的成功实施而著称的一个州级地区。指标体系设计问题是采用标杆管理进行绩效评估时应注意的核心问题。20 世纪 80 年代由州政府直接领导的俄勒冈进步委员会(Oregon Progress Board,OPB)正式成立,全面的标杆管理法就由该组织集中推进。该组织认为,“标杆管理测评旨在使一个机构、城市或社区走向特定的境界和理想的状态”,这显示的是一种对内部情况的关注。在 20 年的时间里该方法促进了政府绩效的明显好转,成功的核心就在于制定了一套科学、合理、全面的指标体系。该州在指标体系设计方面的成功经验可以归纳为以下几点:与社会在未来时间内所希望达到的愿望以及政府所制定的长期战略保持绝对一致；广泛征求社会各界人士的意见；在以组织战略为导向的基础上，集中于社会需要解决的问题。这样，指标体系大致分为两部分：一是与长远发展有关的战略型指标；二是与当前有关的应急型指标。

OPB依据以上原则所设计的指标体系由三个层次组成：

1)描述指标体系的所属领域；

2)在层次一的基础上选取每一领域中若干具有代表性且具有较高测评价值的部分；

3)在每一部分确定最终具有针对性的测评指标。通过分解最终构成政府绩效评估的158个测评指标。

与"3E"评价法相比，标杆管理法在指标体系构建上更加全面与完善。"3E"评价法的指标仅限于经济、效率和效益，比较片面和单一，在评估内容上侧重于对历史事件既定结果的审计，以对下一年度的财政拨款作出预测。这种评估方法相对于政府行为的复杂性来说过于笼统。而标杆管理的指标体系比较全面，除了经济层面的指标外，还包括政府提供的公共产品如教育质量的比较评估，政府在公益性活动中所作努力的指标等。指标体系的内容在一定程度上引导着政府努力的方向。因此，标杆管理可以使政府全面考虑自身在社会中应承担的责任，从而对社会的全面发展起到领导作用。另一方面标杆管理在评估方法上具有独特性，通过比较来实现评估。标杆管理法的第一步是确定标杆，作为政府奋斗的目标，在每一个实施阶段结束后都把结果与确定的标杆相比较，进行阶段性的总结评估，以对下一阶段的方法作出调整，直至最后达到标杆水平，确定更高的标杆。而"3E"评价法仅仅集中于实施结果的审计，缺乏标杆的引导和激励作用。

(3)平衡记分卡法

1992年，哈佛商学院教授罗伯特·S·卡普兰和大卫·P·诺顿开发出了一种新型的侧重于企业的绩效评估方法：平衡记分卡法。该方法从四个角度来管理组织的绩效：顾客、财务、内部业务和内部创新与学习，并要求彼此之间保持适度的平衡。平衡记分卡在公共部门同样存在适用的可能性。从平衡记分卡本身的思想精髓及其具体内容来看，该方法在公共部门应用的关键有：公共部门(主要指政府部门)对自身战略、使命的准确分析和把握,并对该战略在政府内部各部门进行分解;公共部门对服务对象即"顾客"的正确认识;公共部门内部的不断学习、变革和创新氛围的形成,建立学习型政府。

平衡记分卡在公共部门应用条件的满足,要求实施者在绩效测评时对指标体系进行恰当设计与构建,否则就只能是空中楼阁。因此,指标体系的构建成为该方法运用的关键。规范化的平衡记分指标体系分为三个层次:第一层次包括四个领域,即财务、顾客、内部业务和内部学习与创新。第二层次即上述每个领域所包含的内容。财务领域主要是组织怎样满足股东的需求,一般情况下主要指股东与合伙人。第三层次即每一领域内的每一内容上的具体的、可量化的测评指标。因此,平衡记分卡的指标体系有一定的规范性,尤其在前两个层次上。

标杆管理法的第一步是确定标杆,作为政府奋斗的目标,在每一个实施阶段结束后都把结果与确定的标杆相比较,进行阶段性的总结评估,以对下一阶段的方法作出调整,直至最后达到标杆水平,确定更高的标杆。这里比较和评估完全融为一体,通过比较实现评估,以评估促进与更高水平的比较。

在国内,也开展了大量的相关研究①②③。在理论方面,有的将政府绩效分为统治绩效、管理绩效和服务绩效;有的从法律政策角度作了研究;有的从系统论的角度作了研究;有的从政府治理模式作了研究;有的从信息技术角度作了研究;有的用元评估分析政府绩效评估偏差。在实践方面,目前在国内通用的评估方法有经济审计、目标责任制考核和公众评议法三种。2004 年,《中国政府绩效评估研究》课题组完成的政府绩效评估体系共分三层,由职能指标、影响指标和潜力指标等 3 个一级指标,11 个二级指标以及 33 个三级指标构成,正计划进行实践。

---

① 张道顺:《电子政务公共信息整合机制及策略的研究》,《同济大学博士论文》2005 年版。

② 张小玲:《国外政府绩效评估方法比较研究》,《软科学》2004 年第 5 期,第 1～4 页。

③ 王立华,覃正,韩刚:《电子政务绩效评估的研究述评》,《系统工程》2005 年第 23(2)期,第 9～13 页。

3.2.2 传统政府绩效评估存在的问题

尼古拉斯·亨利认为至少有八种限制因素：测量错的东西、使用无意义的测量、对“同样”概念的不同理解、置换目标、转嫁成本而不是节约成本、利用总体指标掩盖亚群体差异、忽视客观测量的有限性、不能回答怎样与为什么这类问题等①。

当前，我国传统政府绩效评估在理念、方法、技术及实践中主要存在以下问题：

(1)认识上的偏差和理论上的滞后。政府及整个社会在相当长一段时间内对政府绩效评估缺乏理论上的完全认知，定位不合理且重视程度不够，甚至将政府绩效评估等同于公共部门以‘德、能、勤、绩”为基本考核内容的国家公务员考绩。

(2)规范化、法治化不足。表现在评估以政府审计、经济性评介、人事组织考核为主，不仅缺乏强有力的法律支持、司法保障，且评估的内容不具备相对科学性和稳定性，评估程序和方法有很大随意性，评估手段以定性为主，评估主体自立性受到严重干预和影响。这是制约和阻碍我国政府绩效评估改善和发展的主要原因之一。

(3)“效率中心主义”影响过大。虽然政府绩效评估的指标一般以经济、效率、效果和公平(即4E指标)得到公认，但在我国政府绩效评估实践中都不由自主把效率作为基本的价值取向和判断准则，对政府的经济性评价特别感兴趣，进而忽视政府绩效的其他方面，产生政府行为的“短期效应”。

(4)公众参与性不足。长期以来中国政治生活的集权性和非自主性造成了民众对政府的依赖心理和冷漠心理。一方面，政治生活似乎淹没了民众社会生活的各个方面；另一方面人民似乎又远离了政治，成为政治边缘人。根据马克斯·韦伯“官僚制组织”理论，我国传统政府组织结构的高度正式化、自上而下、严格层级节制的金字塔型组织模式将公众排斥在政府组织之外，严重限

① 邓崧，彭艳：《电子政务支持下的政府绩效评估体系研究》，《云南师范大学学报(哲学社会科学版)》2005年第37(6)期。

制和阻碍了公众的政治参与,作为被管理者的公众不愿也很难通过烦琐的层级来参与和自身利益息息相关的政府绩效评估。

(5)在实际评估操作中往往强调经济等一些硬指标,而忽视了公共服务这样一些最本质的软指标。当然,这其中也存在着一些操作上的技术问题。

(6)经济指标是一关键指标,但如何评估,仍值得深入研究。绿色 GDP 的概念提出已有一段时间,但如何应用到实际评估中去,仍有待进一步研究。

(7)电子政务的快速发展,不仅对政府本身产生重大的影响,而且还会对上述几个问题方面产生相关影响。而在目前的各种评估模式中,对电子政务所带来的绩效影响尚未合理地体现出来。

(8)我国电子政务发展除了一些自身问题外,还在很大程度上受到了政府行政权力的制约。而传统的绩效评估体系还不能充分地引导政府去发展电子政务。

(9)电子政务本身是政府绩效的一部分。而目前的绩效评估体系对此所作的研究还不够。

(10)电子政务对绩效评估的方式也会产生影响,而对此所作的研究却比较少。信息技术的发展,使得过去一些较难收集的数据变得容易获取,同时也会相对降低评估模式的成本,如何将电子政务体系中的信息融入政府绩效评估模式中去,传统的评估模式还很难以解决这个问题。

3.2.3 已有研究的不足

(1) 尽管政府绩效评估体制对国内外已有多年研究，但其中定性多于定量，理论多于实践（尤其是结合中国特色的研究），无论是在理论上还是在实践上，均存在着许多问题，传统的政府绩效评估在理论实践上均有待深入研究。

(2)国内目前常用的评估方法在评估理念、指标体系设计、评估程序、法律机制保障等方面都存在不足之处,评估带有自发性、盲目性、形式化、滞后化的倾向,无法真正发挥出全面促进政府服务意识和竞争意识觉醒以及引导政府行为、提升政府效能的作用。

(3)评估体系作为一个复杂的系统,还要受到外部环境的影响。信息技术的飞速发展,电子政务对政府管理带来的变革,使我们有必要重新考虑一套基于电子政务的绩效评估体系,尽管已有学者开始关注这个问题,但关于这方面的理论研究和实践还很少。因此,借鉴国内外优秀的绩效评估方法,联系电子政务的机制,促进我国政府绩效评估理念的改革、评估方法和评估机制的完善,就成为还需进一步深入探讨的课题。

3.2.4 电子政务支持下的中国政府绩效评估的特点

中国电子政府绩效评估作为政府公共管理的必要管理技术和提高政府绩效的强大动力机制,它应该有以下特点:

(1)体现中国电子政府的发展和特质。在我国开展电子政府绩效评估体系的研究,首先应体现具有中国特色的社会主义发展道路,是新公共管理和中国现代电子政府发展的产物;

(2)中国电子政府绩效评估是政府内部机制和外部因素有机结合、相互利用的开放系统,是一个逐步建设的过程,也需要根据国情适时加以调整和完善,如应考虑到我国电子政务的成熟度还不够高,我国东西部间存在着极大的数字鸿沟等问题;

(3)更加注重公共组织绩效,而非传统模式的公务员个人绩效;

(4)结合新公共管理理论和现代政府治理理论,提出电子政务作为公共管理的新的价值取向,如"以民为本,为民服务"、打造"低成本、高效率"的无缝隙政府等,运用定性分析与定量分析相结合的方法,实行新型绩效评估指标体系并注重切实可行的评估过程;

(5)杜绝评估过程中的"居中"现象,真实、全面、准确地反映政府绩效;

(6)评估不是目的和结果,只是手段和方法,目的在于激励政府绩效提高,实现"善治";

(7)打破传统政府组织结构模式的封闭,提供机会让公众参与;

(8)保障政府绩效评估规范化、程序化和客观性的法律机制及其创新;

(9)中国电子政府绩效评估是我国政治与行政体制改革的重要组成部分,以促进电子政府更加完善,推进政治文明建设;

(10)更加注重政府的公共服务绩效。

可以看出,中国电子政府绩效评估应借助信息网络,形成以实现目标和效果为导向的运作规范、优势明显、效果最佳的系统,为公共政策制定和具体目标的确立提供信息需求。不管形式还是内容,既不能照抄照搬西方的那一套,也不能自行其是,而应借鉴西方科学的、具有学习价值的先进理念、方法、价值取向,并与我国电子政府特质相结合,即是电子政府的共性和中国国情的个性的结合体。

3.2.5 建立基于电子政务的中国政府绩效评估体系的必要性分析

电子政务的发展,已对我国的政府治理模式带来深刻的影响,因此,建立和完善基于电子政务的中国政府绩效评估体系,在我国现代公共管理体系中就具有了很强的必要性,这主要体现在以下几个方面①:

(1)是国家经济政治发展的需要。随着我国经济的飞速发展,政治体制的进一步改革,公民素质不断提高,建立科学的政府绩效评估体系可促进并保障我国政治体制朝着正确的方向变革,在理念上完成由管制变为服务,由暗箱变为透明,由垄断变为竞争,由封闭变为开放,由人治变为法治,由低效变为高效的方向转换。

(2)信息技术发展的需要。信息技术的发展,给人民的生活工作行为带来巨大的变化,有些变化甚至是革命性的,因此,政府绩效评估体系应能适应这一变化。

(3)中国电子政府理论的特质要求一套与之适应的绩效评估体系。电子政府是以信息化、网络化作为基本技术支撑的新型政府治理形态,并非传统政府内部实行技术性的信息化。技术只是手段,它必定服务于某种更宏大或更长远的价值目标。电子政府的核心并不是技术,而是借助技术来实现政府新的管理模式。基于电子政务的中国电子政府已初具雏形,但由于历史的因素、制度的束缚以及技术的欠缺,中国电子政府还存在着诸多缺陷。但是,它带来的开放性大大加强了政府行政的透明度和民主程度,为公共部门绩效评估提

---

① 邓崧,彭艳:《电子政务支持下的政府绩效评估体系研究》,《云南师范大学学报(哲学社会科学版)》2005 年第 37(6)期。

供了可以利用的载体，这些不但为绩效评估体系的建立提供了所需信息、技术、人员上的支持，还为整个绩效评估活动的开展创造了良好的物质基础和制度环境。政府绩效评估是电子政府政治改革的重要组成部分，也是信息化与先进管理理论相结合在公共管理实践中的一项技术应用，根本目的是对政府的公共管理活动进行监督和激励，提供信息咨询，促进政府治理水平的提高，实现善治。

3.3 绩效评估的国际背景研究

绩效评估是一种有效管理和控制政府的方式和手段。政府作为凌驾于社会之上的公共事务管理者，它也需要受到制约和控制。因此，政府绩效评估在公共管理中日益得到重视和推崇。同时，它也是当代全球化和民主化发展趋势的产物。自 20 世纪 70 年代后，西方国家政府都不同程度地出现了服务效率低下、公共支出攀升等问题，预算赤字和财政压力使政府管理的合法性和公信力不断下降；各国公民权的实质性扩充，也要求进一步提高政府绩效，并进行有效监督与互动。在此背景下，西方各国的政府改革，均以改善绩效为重要主题，展开大规模的绩效管理与评估运动①②。

电子政务是以现代信息技术为基础进行的政务活动，是信息时代的必然产物。在世界范围内，各国政府为了提高服务质量，强化服务理念，相继开展了形式多样的电子政务实践，并在一定程度上推动了政府管理水平的提高和经济社会的发展。电子政务的产生和发展伴随着新公共管理下的各国政府再造浪潮，而政府绩效改革是其重要内容。可以说，对绩效的考量已经遍及几乎所有政务活动，其中当然包括全球范围内迅猛推广、俨然成为未来政府重要趋势的电子政务。从公共管理的视角来看，“不可衡量，则无法管理”的理念决定了电子政务绩效管理的必然性。而电子政务本身所具有的高投资、高收益、高

---

① 谢一帆：《电子政务绩效评估的国际背景研究》，《电子政务》2005 年第 24 期。

② The Performance Institute：Creating a Performance—Based Electronic Government [R/OL]，http://www.performanceweb.org，Oct. 2002.

风险、运营周期长以及投资不完全可逆的特点，则更加凸显了对其进行绩效评估的必要性和重要意义①。

3.3.1 理论背景:绩效评估是管理主义取向的产物

从广义上讲，管理主义是一个非常宽泛的概念，它可以和以英美为代表的盎格鲁—撒克逊民族的国家中的文化传统相联系，这种文化基础导致英美国家对于管理的信仰，远胜于世界其他国家。从狭义概念上讲，"管理主义"仅指20世纪80年代以来西方发达国家行政改革中的管理主义取向，尽管这些改革运动被冠以不同的名称，如新公共管理、以市场为基础的公共行政、企业型政府、政府再造等，但却基本上描述着相同的现象，即传统官僚体制已经被新形态的以市场为基础的治理模式所取代，并认为公共部门正浮现出新的典范。

二战后，政府规模和职能的不断扩张成为西方各国的普遍现象。凯恩斯主义的兴起使得政府组织规模急剧扩大，政府职能几乎触及到社会生活的方方面面。这种政府职能的不断扩张，尽管取得了许多成功，但也失败不断，以至于出现了公共选择学派所提出的"政府失灵"现象。在新古典主义经济学家的眼里，市场不仅能纠正政府的种种弊端，而且市场的价值要远远超越政府自身的价值。一方面，市场能够提供更有效的激励机制，另一方面，市场可以带来更多的"自由"，为公众提供更多的"选择"。

因此，在西方各国开始普遍反思政府的治理问题，并试图解决传统行政模式所面临的危机之时，"市场"再一次成为人们优先选择的药方。同时，市场价值也赋予管理主义新的内涵。管理主义关注的重点在于政府公共部门内部，通过引进市场机制来完善政府公共组织。在管理主义的改革方案中，每一个公共部门，乃至每一个管理者都要为管理承担责任并体现公共服务的结果，这一点与传统行政模式下的听命于上级，严格照章办事的行为已截然不同。现在，公共部门的领导者和管理者们比以往任何时候都更加关心对自己的责任和结果的评价，以及如何改进自身的管理。因此，绩效管理作为一种新管理工

① 蔡立辉:《西方国家政府绩效评估的理念及其启示》,《清华大学学报》2003年第1期。

具,已成为管理主义改革方案中的重要内容。

绩效评估对于提高政府绩效管理有直接的促进功能,是整个绩效管理体系的基础环节和核心功能。通过真实有效的评估过程,可以全面客观地把握管理信息,为落实其他绩效环节、全面提高绩效水平提供依据。不管人们愿意不愿意,不管评估结果是否令人满意,管理活动的结果都必须能够进行恰当评估。正如菲利克斯·A·尼格罗所言,如果无法衡量,就无法改善,除非能在绩效目标实现程度的衡量方法上取得共识,一切确定绩效目标或标准的努力都是徒劳无益的。

3.3.2 现实背景:西方发达国家政府的绩效评估运动

在新一轮企业型政府改革实践中,西方国家政府大量借鉴了企业先进的管理理念和管理技术,逐步改造自己的治理模式、组织结构、管理技术更新等。相应地,绩效管理方法和工具也随之引入到公共管理领域,并结合公共组织的自身特点得到广泛应用。特别是在以英美两国为代表的当代行政改革方案中,政府绩效管理更是得以贯穿整个改革的过程之中①。

(1)英国政府的绩效评估运动

政府绩效评估应用最持久、最广泛,技术上比较成熟的当属英国。自20世纪70年代以来,由于英国政府面临着严重的财政危机、管理危机和信任危机,1979年撒切尔夫人上台后就开始大力推行行政改革,运用私营部门的管理哲学和方法来改进政府管理,而绩效评估作为一种改进政府绩效的有效工具被引入公共部门,并得到了广泛应用。经过二十多年的发展,绩效评估已成为英国管理主义运动的重要组成部分。

从改革过程看,英国当代行政改革具有较强的延续性,虽然期间历经两届不同党派的政府,但改革始终在原有的轨道上不断推进。其中,几次大的改革可以说明英国政府围绕效率战略所不断推进的绩效管理策略。这几个重要的改革措施依次为:雷纳评审、部长管理信息系统、财政管理新方案、下一步行

---

① 张成福,唐钧:《电子政务绩效评估模式研究与中国战略》,《探索》2004年第2期,第36~40页。

动、公民宪章以及竞争求质量等。

从总体来看，根据评估侧重点的不同，英国政府绩效评估的发展过程可分为效率优先和质量优先两个阶段。从1979年至1985年，评估重点在于经济和效率，追求的是投入产出比的最大化；从1986年开始，随着效益和质量被重视，政府绩效评估的侧重点转向效益和顾客满意，质量逐渐被提到了重要地位。

雷纳评审、部长管理信息系统和财务管理新方案都是在效率优位阶段进行的。

其中，雷纳评审采用的是传统问题诊断式的调查方法，它有利于操作层面上的效率改进，但也带有早期技术效率哲学的痕迹；部长管理信息系统是一个更加完整和全面的改善政府绩效的管理方案，它通过将绩效评估与目标管理、管理信息系统相结合，使政府绩效评估更具有战略性和持续性；而财务管理新方案则是部长管理信息系统的扩张、延伸和系统化，它推动了绩效评估在政府部门的规范应用。在这一时期，政府绩效评估已获得初步发展，在评估内容、评估程序、普及度等方面都得到了很大的提高。

20世纪80年代末以来，英国推行的"下一步行动"方案、"公民宪章"运动和"竞争求质量"运动扭转了"效率战略"的改革方向，开创了质量和顾客满意的新方向。尤其是在"公民宪章"运动中，英国政府用宪章形式把公共服务的内容、标准、责任等公之于众，接受监督，以提高服务水平和质量。通过这一阶段的绩效评估工作，英国政府实现了绩效评估从侧重经济、效率向效益、质量的转变，从政府评估为主向公民评估为主的转变。

(2)美国政府的绩效评估运动

1993年，面对公众要求精简政府机构、强化对政府的监督以及提高政府工作效率的呼声，克林顿政府成立了由副总统戈尔负责的国家绩效评估委员会(NPR)。这场以权力下放、规制精简、市场导向为价值取向的政府再造运动，其推动实施主要来自于两个纲领性文件：一是1993年国会通过的《政府绩效与结果法》(The Government Performance and Results Act ,GPRA)，另一个是1993年NPR的报告《从繁文缛节到结果导向：创造一个花钱少、工作好的政府》(From Red Tape to Result: Creating a Government That Works

Better and Cost Less——亦称"戈尔报告")。

美国政府绩效改革的特点在于:

第一,评估主体多元化。

作为实行三权分立的典型国家,美国国会在对政府的控制上发挥重要作用,而这又集中体现在财政预算方面,具体则由国会所辖的审计总署及各个委员会承担这一职能。

联邦政府的合法评估机构是联邦预算和管理局。按照法律要求,每个联邦机关都要向其提交年度绩效计划和绩效报告。同时,在州政府和地方政府也都由同预算管理相关的机关承担监督绩效预算的责任。

将公众纳入评估主体的范围,这能够适应顾客导向的要求,促使政府和公众形成良性互动,建立更好的服务供给机制,改善服务质量,提高公共生产力的水平。

第二,重视法律的作用。

作为世界上法律体系最为完整规范的国家之一,美国在政府绩效改革过程中仍然借助于法律的力量。除《政府绩效与结果法》外,国会又通过和修订了 14 部法律,以建立一个相互关联的立法网络,彻底改变政府的管理文化,这主要包括财务管理、信息技术和财政控制等关键领域的改革立法。

第三,重视财政控制的方法。

相对于人事控制而言,美国政府更为注重在财政方面的有效监督和制约,运用预算控制的工具,从而形成了对提高公共部门生产力的真正激励。

3.3.3 当代西方政府绩效评估的主要特征

综观 20 世纪 70 年代以来新公共管理下的绩效评估在西方发达国家的发展,可以总结这一时期的绩效评估体现出如下特点①②③:

---

① 谢一帆:《电子政务绩效评估的国际背景研究》,《电子政务》2005 年第 24 期。

② (美)马克·G·波波维奇:《创建高绩效政府组织》,中国人民大学出版社 2002 年版。

③ 卓越:《公共部门绩效评估》,中国人民大学出版社 2004 年版。

(1)政府绩效评估是一种以结果为本的控制

传统公共行政由于受官僚制的影响，评估多注重过程和规则，而很少衡量结果。政府绩效评估作为改革与完善公共部门内部管理的措施，体现了放松规制和市场化的改革取向，是一种以结果为本的控制。如 1983 年英国在 721 个评估指标中，效益性和服务质量评估指标分别是 7 个和 15 个；到 1989 年，在 2327 个指标中，分别是 556 个和 110 个，大大提高了效益和服务质量方面的评估比重。1993 年美国在国家绩效评估中把政府绩效界定为政府官员对结果负责，而不仅仅是对过程负责；其目的在于把公务员从繁文缛节和过度规则中解脱出来，发挥其积极性和主动性，以使他们对结果负责，而不再仅仅对过程负责。因此，政府绩效评估以结果为本，就是要建立一种新的公共责任机制：既要放松具体的规则，又要谋求结果的实现；既要增强公务员的自主性，又要保证公务员对顾客负责；既要提高效率，又要保证效能。

(2)政府绩效评估是一种顾客至上的管理机制

新公共管理由于其市场化的取向,从而促成了政府绩效评估以顾客即公众满意为标准,体现了顾客至上的市场化理念。因此政府绩效评估强调必须以顾客为中心,以公众的需要为导向。为此,应倾听公众的声音,按照顾客的要求提供服务,并为公众提供选择的机会。1993 年克林顿签署了《设立顾客服务标准》的第 12862 号行政命令,责令联邦政府部门制定顾客服务标准,要求政府部门为顾客提供选择公共服务的资源和选择服务供给的手段。1994 年美国国家绩效评估委员会专门出版了《顾客至上:为美国人民服务的标准》。由此可见,政府绩效评估为改善政府与公众的关系、加强公众对政府的信任、实现“更有回应性、更有责任心和更富有效率”的政府改革目标提供了具体措施。

(3)政府绩效评估的主体多元化

这体现在评估过程中有公民和顾客的广泛参与,同时由单纯的政府内部评估发展到社会机构进行评估。如美国锡拉丘兹大学坎贝尔研究所自 1998 年来与美国《政府管理》杂志合作,每年对各州或者市的政府绩效进行评估,并发布评估报告;一些州政府在对其部门年终绩效进行评估时,也往往请专门的评估机构进行评估。但不管是政府机构还是民间机构评估，都将公众满意度作为评估的最终标准。20 世纪 90 年代以来，有关质量和顾客满意度的指标在评估指标体系中大幅增长，加拿大等国还进行大范围的政府顾客满意度调查，将提升公众的满意度作为政府绩效的目标。

(4)政府绩效评估正向制度化和规范化转变

这表现在两个方面：

第一，绩效评估成为政府机构的法定要求。美国《政府绩效与结果法》规定，"每个机构应提交年度绩效规划和报告"，财政预算与政府绩效挂钩；英国《地方政府法》也规定，地方政府必须实行最佳绩效评价制度，各部门每年都要进行绩效评估工作，要有专门的机构和人员及固定的程序；日本也于 2002 年出台了《政府政策评价法》。

第二，绩效评估机构得以建立和健全。如英国的审计办公室负责中央政府机构的绩效评估，审计委员会负责地方政府的绩效评估；美国联邦政府的管理与预算局审批各部的年度绩效计划，审计总署自主选择项目或活动，独立对政府机构进行绩效评估，并向国会和公众公布评估结果。

3.3.4 电子政务价值评估是提升政府绩效的必然要求

政府绩效评估作为一种新的公共管理理念和实践，已经遍及世界各国，而电子政务作为政务活动的重要形式和政府管理的必然趋势，无疑也应当接受绩效评估，它具有政府绩效评估的所有积极意义和正面价值。

(1)电子政务价值评估有利于切实改善政府绩效

电子政务的实质即是以信息技术优化管理创新，以绩效为导向的政务再造工程。

电子政务的价值评估能够帮助政府及时发现电子政务建设中存在的问题与不足，有针对性地采取改革措施。通过改善现状，强化管理，推动政府更为合理有效地利用信息技术和网络资源，从而直接提高行政效率。

电子政务价值评估的特点之一就是将公民作为重要的评估主体，这体现了顾客导向这一新公共管理的基本理念。公民作为电子政务的直接使用者参与评估，可以最直观地体现评估的满意特征，了解公民对电子政务发展水平的满意度，以此为基础改善公共服务的质量和水平。同时，公民参与评估有利于按照公民的需求和意见来设计工作流程和工作方式，改变传统的政府本位主义，推动实现以公民为中心的电子政府。要提高公民在政府事务中的地位和话语权，电子政务的发展可谓一条捷径，而在电子政务的价值评估中作出民本导向的设计和安排则是有效而可行的措施。

(2)电子政务价值评估有利于有效抵御建设风险

在世界各国推进电子政务的进程中，无论是在信息基础设施较为发达的西方国家，还是刚刚起步的发展中国家或转型国家，电子政务项目失败的案例比比皆是。通常信息化项目都存在高风险，相对于一般信息化项目(如企业信息化)而言，电子政务项目的涉及面更广，关系更复杂，经验更少，不确定性更大，因此，风险也更高。随着信息化建设的深化和推进，国际上越来越多的研究已经表明，电子政务项目失败的可能性极高，具有高度风险。国际知名信息咨询机构 Gartner 公司 2002 年 5 月的研究指出，全球大约 60%的电子政务项目均为失败或部分失败。2003 年 11 月，联合国在年度全球电子政务报告中指出，无论是发达国家还是发展中国家，普遍存在电子政务整体成本效益不高的现象，发展中国家表现尤为突出，其项目失败率高达 60%～80%。在此情况下，应该发挥价值评估在抵御电子政务建设风险、防范项目失败方面的重要作用：在宏观上作好与项目相关的产业发展规划，微观上完善项目的立项可行性分析，提前审查影响项目绩效及价值的要素；全程管理项目的关键环节，监控项目的流程绩效，作好全面质量管理工作；核查项目的结项汇报，审查项目的各项指标，总结经验教训，继续开展新一轮的项目。

(3)电子政务价值评估有利于培养政府绩效文化

绩效文化是一种以评判政府治理水平和运作效率为核心的价值观，它能够规范、引导和调整政府的绩效管理行为，是政府管理创新与发展的推动力。绩效评估的推行必须伴随组织文化的相应变革。市场经济的发展和日趋浓厚的政府绩效评估氛围，在客观上促成了绩效文化的构建，使其在政府组织文化中日益占据重要地位。电子政务的产生和发展本身即以提升政府绩效为导向。通过电子政务价值评估的具体实施及对其内容、标准、程序、形式等的宣传，能够提高政府及其工作人员的绩效意识，在施政过程中更加注重“4E”的实现。同时,有利于进一步提高行政活动中的服务理念和责任意识,将公民满意作为政府工作的使命和宗旨,树立公民取向亦即民本主义的价值观。反过来,良好的绩效文化也可以促进电子政务价值及绩效评估工作的长期化、规范化和制度化。

3.3.5 IT 悖论和电子政务黑洞

3.3.5.1 何谓 IT 悖论和电子政务黑洞

从 20 世纪 70 年代开始,美国对信息技术(IT)的投资规模越来越大,人们对 IT 产品及其服务的期望与日俱增,普遍认为 IT 会促进组织提高效率,降低企业交易成本,从而提高企业生产率,进而提高整个生产的生产率水平。然而,20 世纪 80 年代末,一些企业经理注意到对计算机的大量投资并没有转化为生产率的明显提高,人们对 IT 能够引发竞争优势的信念开始动摇①。

此时,经济学家也注意到,从 20 世纪 70 年代中期到 90 年代中期,美国政府公布的劳动生产率(LP)和全要素生产率(TFP)年增长数字远远低于此前。1949 年至 1973 年间,美国非农业生产部门的 LP 年均增长为 2.9%,TFP 为 1.9%。但是 1973 年至 1997 年间,LP、TFP 年均增长率分别仅为 1.1%和 0.2%。而在此期间正是以计算机为代表的信息技术在各行各业的应用迅猛发展的时期。于是,有些经济学家开始对信息技术与生产率增长之间的关系产生怀疑,最早提出质疑的是摩根斯坦利首席经济学家 Steven Roach(1987),他认为计算机使用的巨大增加并没有对经济绩效产生影响。他的研究成果很快在学术界引起关注,诺贝尔经济学奖得主索洛(Robert Solow,1987)更是言简意赅地提出一个著名论断:"除了在生产率统计方面之外,计算机无处不在(We see the computer age everywhere, except in the productivity statistics)。"由此在美国经济学界引出了关于 IT 价值的广泛争论,人们把对 IT 投资的实际生产率效应和期望之间不一致的现象称为"信息技术生产率悖论"

① Kinder, T.: Introducing an Infrastructure for Joined-up-government in Local Public Administration: A West Lothian Case Study, *Research Policy*, Volume: 31, Issue: 3, March, 2002, pp. 329-355.

(Productivity Paradox of Information Technology),或曰"索洛生产率悖论"(Solow Productivity Paradox)。所谓"信息技术生产率悖论",其实质是指为什么信息技术革命的出现与统计上的劳动生产率、全要素生产率增长水平下降相伴随。

"电子政务黑洞" 属于 "IT 悖论" 的一个分支。由于政府信息化的开展要落后于企业信息化，因此 "IT 悖论" 的主要焦点是在企业方面的研究。事实上，信息化对于政府管理所带来的绩效（或者说 "投入—产出" 的经济学分析）也极大地引起了人们的争议，在人甚至提出 "一万个亿等于零" 的说法，即我国在电子政务上的投入根本没有得到回报，这就是所谓的 "电子政务黑洞"。

因此,对于"电子政务黑洞"的理论研究,在更广义的方面可以归为对"IT 悖论"的研究。

IT 在多大程度上转化为经济增长和生产率提高,引起大批经济学家的关注,对于"索洛生产率悖论"的存在原因也给出了多种多样的假说和解释,在 Jack E. Triplett(1999)的文章中,竟然给出了 8 种解释。不过相对而言有代表性的假说有 5 种,分别是:误测假说、扩散时滞假说、管理失误假说、资本存量假说和替代效应假说。下面对这几种假说给以介绍①②③④。

3.3.5.2 学术界对"信息技术生产率悖论"的解释

1)GDP 统计错误假说

认为传统的统计方法没有充分考虑到信息技术革命条件下某些服务行业产出的变化。

① Heneman, R. L. Merit Pay: Linking Pay Increases to Performance Ratings, Reading, MA: Addison-Wesley, 1992: p. 47.

② Chen Yu-Che , Gant, Jon, Transformation Local E-government Service: The Use of Application Service Providers,*Government Information Quarterly*,2001,18(4).

③ Dos Santos, Brian; Sussman, Lyle: Improving the Return on IT Investment: The Productivity Paradox, *International Journal of Information Management*, Volume: 20, Issue: 6, December, 2000, pp. 429-440.

④ Berra, Mariella: Information Communications Technology and Local Development, *Telematics and Informatics*, Volume: 20, Issue: 3, August, 2003, pp. 215-234.

该假说认为,来自于 IT 的大部分收益——更多的便利、更多的产品种类、更高的质量或交易准时等,没有能体现在生产率统计数据中,因为这些收益或 IT 的这些贡献在传统的 GDP 账户中基本上被忽视了。GDP 在信息技术革命条件下没能得到快速增长,关键在于传统的 GDP 统计方法很难准确地计量某些服务行业(如贸易、保险、金融、房地产以及商业服务部门)的真实产出增长。长期以来,GDP 统计上的误测一直是一个问题,但据不少经济学家的判断,GDP 误测的程度在信息技术革命的条件下可能要比此前任何年代都更为严重,他们对"生产率悖论"的解释正是基于这样一种判断。依据这种观点的思路,IT 的运用正在带来统计资料无法捕捉的实际生产率的提高。

2)扩散时滞假说

认为制度的或者其他方面的因素可能阻碍了信息技术的推动作用,导致信息技术革命对提高劳动生产率存在时滞。

与"统计误测"假说的观点相似,"时滞"假说承认信息技术革命对经济增长所产生的推动作用,不过,该假说认为生产率的提高可能存在着一定的时滞。这种观点的典型代表是美国经济史学家 Paul A. David (1990),他的研究发现,人类于 1880 年发明电力,但直到 1920 年,电力的使用才对工业中劳动生产率的增长产生显著影响,其间经历了 40 年。按照这种说法,信息技术具有极大的提高生产率的潜力,只不过这种结果的显现需要时间。而且进入 20 世纪 90 年代后半期,美国经济增长势头强劲,各种统计指标似乎都说明 IT 革命对经济增长的推动作用开始显现,"时滞"假说似乎已得到证实。

3)管理失误假说

管理失误假说认为,极可能是管理不当,导致 IT 投资的浪费,未能充分发挥信息技术的潜在能力,使之成为非生产性的投资。这种假说的代表人物是 Roach。研究发现,美国服务业中"信息技术生产率悖论"问题最为明显,这些部门 IT 投入最多,而生产力增长率却很低,甚至为负。Roach 认为,在 20 世纪 80 年代的美国经济中,与制造业不同,服务部门受到规章制度和缺乏外国竞争的双重庇护,在这样的环境中,服务部门的企业管理人员对 IT 作出了不明智的投资。他还认为，高成本的 IT 基础设备已经把服务部门的成本结构，从一种以可变的劳动成本为主的结构转变成了一种与 IT 相关的固定成本的增加而更缺乏弹性的成本结构。

4)资本存量假说

这种观点的代表学者是 Oliner 和 Sichel(1994)①。从理论上来讲，IT 革命推动经济增长的一个重要途径是 IT 的扩散，而扩散效应的大小一般可以体现在整个经济中 IT 资本形成的速度上。虽然经验上的观察表明，有关 IT 投资增长水平很快(尤其是在 20 世纪 90 年代后半期)，但是 Oliner 和 Sichel 的研究发现，统计上 IT 资本占整个社会资本存量的比重还很小，因而从经济增长核算理论上来讲，其对经济增长的贡献还是很有限的。他们还在传统的经济增长核算分析框架中将总资本分解为 IT 资本和非 IT 资本，构造出如下增长核算方程：

$$\frac{\mathrm{d}Y}{\mathrm{d}t}=\alpha\frac{\mathrm{d}K_{IT}}{\mathrm{d}t}+\beta\frac{\mathrm{d}K_{NIT}}{\mathrm{d}t}+\gamma\frac{\mathrm{d}L}{\mathrm{d}t}+\frac{\mathrm{d}TFP}{\mathrm{d}t}$$

其中 $\frac{\mathrm{d}Y}{\mathrm{d}t}$ 为产出的增长率，$\frac{\mathrm{d}K_{IT}}{\mathrm{d}t}$、$\frac{\mathrm{d}K_{NIT}}{\mathrm{d}t}$、$\frac{\mathrm{d}L}{\mathrm{d}t}$ 分别为 IT 资本，非 IT 资本以及劳动投入的增长率，$\frac{\mathrm{d}TFP}{\mathrm{d}t}$ 为全要素生产率的增长率。α、β、γ 为估算的相应要素的收入份额而得出的权重。他们的分析结果表明，相对于其他要素而言，由于 IT 资本占整个社会总资本的比重过小(仅为 2%)，因而得到的要素收入份额 α 相对较小。即使 IT 资本形成速度很快(也即 $\frac{\mathrm{d}K_{IT}}{\mathrm{d}t}$ 的值很大)，如果 α 值太小，则 IT 资本形成对经济增长的贡献也很有限。不过，资本存量假说可以解释为什么 IT 资本的快速形成没有对经济增长率产生显著的影响，但它并没有回答 TFP 为什么也没有得到快速的增长。

5)替代效应假说

① Oliner S, and Sichel D, Computers and Output Growth Revisited: How Big is the Puzzle?, Brookings Papers and Economic Activity, 1994, pp. 273-334.

对信息技术生产率悖论的解释之一是美国经济学家 Jorgenson 和 Stiroh①(1999)提出的信息技术替代效应理论。他们认为,信息技术的迅速普及是计算机及其相关设备价格急剧下降的直接结果,这导致了信息技术设备对其他形式资本和劳动产生了大规模、持续的替代。在企业提高信息技术的作用、进行信息技术投资、重建经济活动的过程中,这种替代给它们带来了丰厚的利润。但这种替代并不是经济学上所指的"技术变革"。经济学家所指的"替代"是指要素之间的选择在给定的生产函数曲线(等产量线)上的"移动",它没有引起生产函数曲线的移动(即经济意义上的"技术变革"),因而并没有引起生产率的增长。信息技术的先进性和其价格的迅猛下降,使其在厂商或公司层次上迅速替代其他商品和服务成为可能。信息技术的生产者和使用者获得了由 IT 投资带来的超额利润,但这仅为他们自己所有,被他们内部化了(Internalized),而生产率的提高只有在同样的投入带来更多产出的情况下才会发生(比如某些好处溢出到并不是交易方的"第三者"身上),所以没有引起生产率的增长。另外,信息技术的投资迅猛增长,使人们用大量的信息技术替代其他资本和劳动,IT 成为普通资本和劳动的净替代。但这可能会产生人均 IT 资本增加和人均非 IT 资本减少的抵消效应,从而引起经济总体上的生产率水平缓慢增长或停滞不前或下降效应,使"IT 生产率悖论"成为 IT 产品替代效应的一种附属品。

6)无"悖论"假说

认为信息技术革命是一场深远的革命,是一种经济学意义上的技术进步,但也可能是一种发生在生产可能性曲线上的替代效应。

IT 给公司带来的益处主要以"更好的产品质量、节约时间、更便利的工作方式"等形式表现出来,而这些在官方的宏观经济数据中基本表现不出来。微观经济研究之所以能察觉到这些利益,主要是因为能够在产品中提供这些益处的公司其营业额会更高。

生产力或生产率的考察角度是根本的衡量标准,但对于涉及到的业务和

---

① Jorgenson, Stiroh, Productivity Growth: Current Recovery and Longerterm Trends: Informithion Technology and Gromth, *American Economic Review*, 1999(2): p. 89.

管理而言,把生产率作为单一衡量标准则有失简单化。创新很难跟生产率的提高直接联系起来,但却能产生新的收益并使远期收益最优。

自 20 世纪 90 年代中期以来,美国经济一转二十多年的态势,生产率增长明显加速。而且很多来自于企业层面的研究成果表明,IT 资本投资为企业产出和生产率提高作出了实实在在的贡献,于是不少研究人员声称所谓的"信息技术生产率悖论"已经不复存在,就连索洛本人也在 2000 年公开承认"计算机之谜"过时了。

不过,这并不是说随着美国 20 世纪 90 年代中期以来出现的生产率加速增长,所有问题在刹那间就烟消云散了。随之而来的问题是,在这种生产率加速增长的趋势中,IT 到底扮演了什么样的角色?而且,生产率增长的复苏是昙花一现,还是可持续的?这些问题引导经济学家对此进一步研究,多数研究对 IT 的生产率效应给以乐观评价,比如 Jorgenson 和 Tim Bresnahan 的研究,甚至此前对 IT 质疑的经济学者比如 Martin Baily 和 Daniel Sichel 也都认为来自于 IT 的收益确实存在,即便是出现经济周期中的低迷时期,IT 对生产率的积极影响仍然是可以持续的。

当然,对 IT 质疑的观点依然存在,比如 Gordon(1999)发现,从 1995 至 1999 年间,尽管美国大量投资于 IT,但是除去计算机硬件和通讯设备制造业及其对其他耐用品制造部门的极大溢出效应,多数行业并未出现生产率加速增长。

7)"信息技术生产率悖论"的阶段存在性

尽管还存在一定的质疑,但是多数经济学家认为,"信息技术生产率悖论"应该逐渐让位于对信息技术的乐观主义。信息技术与人类历史上推动文明发展和生产率提高的其他技术一样,都会在充分的应用系统建立之后才会完全释放它的能量。随着时间演进,信息技术对于经济增长和生产率提高的作用将更加明显显现,"信息技术生产率悖论"问题会随着时间推移得到解决。

这又引出一个问题,美国的"信息技术生产率悖论"问题随着时间演进在逐步得到解决,其他国家尤其是广大发展中国家的情况又是怎样的呢?

大多数对此领域的研究都集中于美国的数据。然而,正如 Dewan 和

Kraemer(1998)所言,研究人员应该验证这种“生产率悖论”现象是仅仅存在于美国,还是一种全世界共有的现象。由于世界各国之间发展水平存在巨大差异,信息技术水平和应用程度也相差甚远,可以合理的推测信息技术对各国生产率的贡献肯定也大不相同,此前在美国存在的“信息技术生产率悖论”目前应该广泛存在于后发国家。

最近,一些研究已经对此得出了与直觉一致的结论。Kraemer 和 Dedrick (2000)的研究结果表明,IT 方面的投资与生产率提高和经济增长之间存在相关关系,但是这种相关关系在发达国家要比在发展中国家更为明显,他们认为 IT 投资存在一个门槛效应。Pohjola(2000)采用索洛增长模型,发现在发达国家中,对信息技术的投资对经济增长有明显影响,但在发展中国家却没有实质性影响。他认为发达国家拥有成熟的基础设施和人力资源条件,这些都放大了信息技术投资的效应。而发展中国家缺乏与 IT 互补的生产要素,因此很难从信息技术中受益。

对此,我们认为“索洛生产率悖论”具有阶段存在性。在随时间动态演进的进程中,不同发展水平的国家和地区在不同阶段都会存在一定程度的“信息技术生产率悖论”现象,现阶段在发展中国家应该广泛存在“信息技术生产率悖论”现象。只不过,目前要想在经验上讨论和研究发展中国家中的“生产率悖论”问题会受到不少约束限制,随着相关统计数据的丰富和完善,这方面的研究应该大有可为。发展中国家在 IT 方面进行大规模投入还是近些年的事情,这与美国 20 年前的情况类似。给定“生产率悖论”这一事实,随着发展中国家在 IT 资本上的积累,不同发展水平的国家有可能陆续出现“生产率悖论”,然后又随时间逐步得以解决,只不过“信息技术生产率悖论”现象在各个国家和地区何时出现、持续多久会各不相同。

3.3.5.3 亟待建立完善的、科学的电子政务绩效评估体系

前面所提到的各种假设,其实都直接或间接地折射出这样一个问题:即电子政务绩效评估机制尚不完善和健全。无论是“统计失误假说”,还是“扩散时滞假说”,均说明所采用的绩效评估机制还不够科学和完善,缺乏综合的、长远的观点,过于重视了对电子政务的投入分析,而忽视了对电子政务产出的综合研究。

信息化对一个组织的影响是深远的，全局性的。而由于政府组织和企业组织在战略目标上具有一些本质的不同，又使得电子政务的绩效分析要远远复杂于企业信息化的绩效分析。在企业信息化的绩效评估体系尚不成熟的今天，电子政务绩效评估体系的发展则更为滞后。因此，电子政务绩效评估体系的不健全也是产生 IT 悖论（或电子政务黑洞）学说的一个重要原因。

人类所处的时代是以全社会信息化为特征的信息社会,高新技术的发展和网络的日趋发达使信息和知识更易普及,人们正以更直观、更形象的方式来理解用各种方式获得的各类信息和数据的意义,这就是信息的数字化、网络化、智能化和可视化的特征。目前全球范围内普遍存在的一个矛盾:即数据和信息海量增长与社会迫切需要的信息得不到充分的利用和满足。随着信息技术的发展和运用,信息意识不断提高,从而对公共信息提出了深层次迫切需要;公众对政府部门创建的信息的所有权已经成为公众最基本的权利,公众渴望公共服务部门、公共信息系统能够提供“one-stop,non-stop”式透明服务,希望屏蔽政府部门之间的组织界限。然而从过去旧的管理体制、机制、技术、标准中建立起来的各类信息系统、信息资源越来越难以满足人们的需要。建立完善的、科学的电子政务价值及绩效评估体系,成为电子政务建设中无法绕开并亟待解决的现实问题。

3.4 电子政务评估研究进展

对电子政务进行价值及绩效评估,是目前电子政务建设体系中的当务之急。对政府职能的实现程度以及电子政务系统建设的完备程度,是电子政务绩效评估的主要衡量内容。

开始于 20 世纪 70 年代的政府绩效评估受到世界各国的高度重视,在以美、英为首的西方发达国家得到广泛应用和发展。与此同时,信息化作为现代科技产物和发展趋势与公共管理实践相融合,促进政府管理划时代的“革命性”变革:电子政务的产生,为“善治”的实现提供了强有力的技术支撑和物质基础。但是,信息技术能否在最大的公共组织(政府)管理中有效地发挥预期作用，还取决于是否有一套依据电子政务的运行特点而构建的先进的政府绩效评估体系。可以看出，构建既与我国国情相适应又能与世界接轨的科学的新型政府绩效评估体系是实现"善治"的前提保障，势在必行。基于电子政务的中国政府绩效评估是在社会主义的意识形态、中国特色的政治体制、迅速增强的综合国力以及日新月异的网络信息科技基础上假定和塑造的。从宏观层面来说，是整个公共部门（或狭义上就是指政府）的绩效的测评，政府为满足社会和民众的需求所履行的职能，体现为政治的民主与稳定，经济的健康、稳定与快速发展，人们生活水平和生产质量的持续提高，社会公正与平等，国家安全和社会秩序的改变，精神文明的提高等方面。由此看出，电子政务下的中国政府绩效评估应借助信息网络，形成以实现目标和效果为导向的运作规范、优势明显、效果最佳的系统，为公共政策制定和具体目标的确立提供信息需求。

3.4.1 电子政务评估的基础

电子政务是政府机构为了适应经济全球化和信息网络化的需要，将政务处理与政府服务的各项职能通过网络实现有机集成，并通过政府组织结构和工作流程持续不断的优化与创新，以实现提高政府管理效率、精简政府管理机构、降低政府管理成本、改进政府服务水平等目标。

根据电子政务和绩效管理在优化政府管理方面的内在切合，电子政务价值和绩效评估体系应有如下四方面的构建基础。

(1)政务流程的再造；

(2)政府管理成本的控制；

(3)政府效率的提高；

(4)政府服务质量的改善。

由此看出，结合信息技术构建的电子政务绩效管理体系，是在新公共管理理论的基础上，将计算机科学和管理科学的优秀成果，运用到了公共管理的实践当中。从理论上讲，绩效管理由四个环节构成，它们是绩效计划、绩效执行、绩效评估和绩效反馈。这四个环节循环往复实现，可以不断提升组织整体绩效水平。而在电子政务绩效管理的战略框架中，公共组织在完成了目标设定后,必须要依赖一定的工具来检验最终结果是否实现,或者实现的程度如何。评估绩效,就成为提高公民所要求的公正、正当程序、平等机会等民主价值的要求。因此,绩效评估在电子政务绩效管理体系中占有重要的地位,而且也是绩效管理过程中难度最大、最富有挑战性、最充满争议的阶段。在绩效评估的过程当中运用什么样的评估工具,确定哪些指标,将是整个过程成败的关键。同时,由于公共部门绩效评估的特殊性和复杂性,这其中包括了公共组织的多重价值、多维角度和多元评估主体,因此我们利用电子政务的技术优势建立有效的综合评估体系还需要付出极大的努力才可以实现。

3.4.2 电子政务评估研究进展

3.4.2.1 电子政务价值评估的研究进展

由于电子政务价值在电子政务绩效研究中的重要性,很多学者对此给予了关注和重视,在这方面的研究虽然取得了一定的成果,但仍存在着很大的不足。根据对相关文献的分析,目前这方面的研究文献[①]具有以下特点:

1)研究电子政务价值取向的文献多,研究电子政务价值确定的理论和方法的文献少。大量的文献是在现代公共行政的背景下,结合我国政治发展的特色,来对电子政务的价值取向作定性描述;而针对如何确定电子政务价值的理论和方法的文献则很少;

2)从政治学、社会学方面来研究电子政务意义的文献多,从经济学、管理科学与工程等方面研究电子政务价值的文献少;

3)对电子政务价值作概念介绍、定性描述的文献多,而对电子政务价值作定量分析的文献少;

4)从战略方面作宏观理论研究的多,而从微观方面作具体技术方法研究的少。

目前,国内外关于电子政务价值定量分析的文献极少。在国外,关于电子政务价值定量分析的理论和方法几乎还是一片空白。在国内,2004 年,

---

① 考虑到电子政务研究的时效性,这里笔者主要通过网络调研了 2001 年至 2006 年 5 月的国内外相关学术文献,查询范围和手段主要利用中国期刊网、Elsevier、ProQuest 等。

彭国甫[1]研究了价值取向与政府绩效体系的关系（主要是定性的理论描述，也并末涉及电子政务，但对电子政务价值的研究有借鉴意义）；2005 年，杨雷[2]提出了在电子政务价值评估中可以使用 CVM 法，这在理论上对电子政务价值评估研究是一个极大的创新，但由于缺乏具体的模型，在具体的工程应用及技术方法上也仍是一片空白，这离真正的实践应用还有不小的距离。

本书的研究也正是要基于管理科学与系统工程的理论方法，对电子政务价值的评估进行建模和工程技术化，以期产生一套能够走向实际应用的电子政务价值评估方法体系，从而推动我国电子政务的进一步发展。

总之，加强电子政务价值研究的视角，尤其是从管理科学和系统工程的角度来对电子政务价值作定量的研究，对于完善电子政务价值评估体系，有着重要的意义。但在这一方面，还有着很多的工作要做。

3.4.2.2 电子政务评估的几种模式及其优缺点

由于电子政务的快速发展，针对电子政务本身的评估研究也逐渐多了起来，目前国际关于电子政务绩效评估的研究工作可大致划分为以下几种模式[3][4]。

模式 1：以政府网站为主

政府网站作为电子政务的最终表现，很大程度上是政府对公民（G2C）的触点。一般有两种常用的方法。第一种，分类测评政府网站各项指标的方法，以世界市场研究中心（World Markets Research Center）与布郎大学（Brown University）为代表。它包含总体指标：针对联系信息、出版物、数据库、门户网站和网上公共服务的数量五个方面；操作指标：具体细化为电话联系信息、联系地址等 22 个指标。更深入的政府网站测评还针对网上服务能力、网上信

---

① 彭国甫：《价值取向是地方绩效评估的深层结构》，《中国行政管理》2004 年第 7 期，第 75～79页。

② 杨雷：《电子政务效益的经济分析与评价》，经济科学出版社 2005 年版。

③ 王立华，覃正，韩刚：《电子政务绩效评估的研究述评》，《系统工程》2005 年第 23(2)期，第 9～13 页。

④ Olavi Kongas：Management of Large Public Sector IT Projects in Finland ，Public Management Department，2000. 10. 26.

息、保护隐私政策、安全政策和残疾人通道五类指标进行了细化研究。第二种，重点测评政府网站几大类指标的方法。以爱森哲(Accenture)为代表，运用服务成熟度(Service Maturity)和传递成熟度(Delivery Maturity)来评估政府网站的能力。

模式 2:以基础设施为主

电子政务以 ICT（信息通讯技术）在政府部门的运用为切入点，因此基础设施的技术指标是国际 IT 界和电子政务过程中最常用的绩效评估标准。以 IBM 为代表的电子政务研究院等部门从 ICT 的应用角度，对电子政务的基础设施设定了三类实用的技术标准，为电子政务的绩效评估研究提供了思路。这三类指标为：灵活（Flexibility），可升级（Scalability）和可靠（Reliability）。

模式 3:兼顾软硬的指标体系

电子政务不仅是基础设施这些硬件方面的问题，更需要将设施和技术与具体操作的人力资源紧密结合起来。电子政务既有"电子"又有"政务"的问题。一些国际机构采纳软硬件综合的指标体系，以联合国与美国行政学会为代表，提出三类指标。第一类，政府网站的状况，将其分为五个层次:①起步层次(Emerging Presence)；②提升层次(Enhanced Presence)；③交互层次(Interactive Presence)；④政务处理层次(Transactional Presence)；⑤无缝隙或完全整合层次(Seamlessor fully integrated)。第二类，基础设施的状况，操作指标为六项关键指标:①每百人拥有计算机数量；②每万人拥有互联网主机数量；③公民上网的百分比；④每百人拥有电话数量；⑤每百人拥有移动电话数量；⑥每千人拥有电视机数量。第三类，人力资源状况。最后，将全球电子政务能力分为四个等级:高等、中等、基本和缺乏。

模式 4:以全社会的网络绩效为主

哈佛大学国际发展中心采用两类指标:第一类，网络使用情况(Network Use)，操作指标对应为信息通讯技术使用方面的数量与质量；第二类，"加速"要素(Enabling Factors)，操作指标对应为:网络获取(信息的基础设施、软硬件与支持要素)，网络政策(信息通讯技术的政策、商务与经济环境)，网络社会(网络学习、机会与社会资本)，网络经济(电子商务、电子政务与相应的基础设施)。

模式 5:提出基本评估准则

提出电子政务绩效评估的基本准则,从公共管理的视角,是绩效评估的第一步,也是最关键的一步。一般常会借鉴的共识准则为"4E":经济(Economical)、效率(Efficiency)、效益(Effectiveness)、公平(Equity)和"3R":责任(Responsibility)、回应(Response)、代表性(Representation)。这在规划绩效评估的框架时不容回避。如 OECD 提出电子政务应以促进"善治"(Good Governance)为准则,细化为:合法,法治,透明、负责、完整(Transparency, Accountability, Integrity),效率(Efficiency),连贯(Coherence),适应(Adaptability),参与、咨询(Participation and Consultation)。

另外,电子政务绩效评估分析可以从以下三个层次来进行。

第一,产出(Output)层次。电子政务的绩效可以表现在建设的"纯产出"方面,例如:政府网站、光缆、服务器、电话、电视等硬件基础设施,软件操作平台等成果。

第二,结果(Outcome)层次。电子政务的绩效可以表现在建设结果的经济(Economical)和效率(Efficiency)两方面。即提高电子政务建设,能否节省政府的经济成本,能否加速工作流程,能否提高工作效率。

第三,影响(Impact)层次。电子政务的绩效还可以表现在建设的社会影响方面。最重要的有两方面:一是效益(Effectiveness)和公平(Equity)方面,考察电子政务能否促进社会的整体效益和社会公平的进程;二是责任(Responsibility)、回应(Response)和代表性(Representation)方面,考察电子政务能否提升政府的责任,对公民的回应力,扩大公民对于政务的代表权限。

张成福①从产出层次(output)、结果层次(outcome)、影响层次(Impact)三个角度,提出电子政务绩效评估的实质分析,见表 3.1。

① 张成福,唐钧:《电子政务绩效评估模式比较与实质分析》,《中国行政管理》2004 年第 5 期,第 21~23 页。

表 3.1 电子政务绩效评估的实质分析

层次	模式一	模式二	模式三	模式四	模式五
产出层次(output)	重点	重点	重点	重点	兼顾
结果层次(outcome)	——	——	重点	重点	兼顾
影响层次(Impact)	——	——	——	兼顾	重点

上述电子政务的绩效评估模式基本可以代表当前的主流评估思路和具体的做法。

从比较研究的角度,每种模式又各有优势和弱势,如表 3.2 所示。

表 3.2 各种模式的优弱势比较

	优势	弱势
模式 1	运用“黑箱原理”,将政府网站的绩效近似为电子政务整体流程绩效的方法,便于测评和量化分析	测评针对的是网站外在表现,而非全程的管理实况,有出现误判的可能
模式 2	有利于政府在电子政务的基础设施特别是硬件方面的绩效提升,有助于政府在长期建设过程中的资源节省和硬件的可持续发展	“技术决定论”的理念,有重“电子”轻“政务”的倾向,容易忽略公民对于电子政务的期望
模式 3	有利于全面考评电子政务的绩效,得出总体上的结论	在原有指标的基础上进行的二次加工,在汇总和加权时存在人为增加误差的因素
模式 4	关注全社会的网络绩效优势是能够将电子政务的绩效评估进行全面的社会整合,得出更加全面、综合的结论	评估的面广类多,首先面临着评估数据的来源困难问题,其次是数据的精确性问题,再次是数据之间的相关性和整合的问题
模式 5	提出基本的评估准则优势是强调公共行政精神,凸显公共行政理想,有助于强化电子政务重在“政务”的建设思路	比较笼统、宽泛,不容易进行定量分析,在实际操作中难以落到实处

当前很多的电子政务绩效评估模式主要都集中在前两种模式,都有着重“电子”轻“政务”的倾向,评价指标不一定客观科学,因此而建立的指标评价体系也经常面临困境和实际的挑战。“强调公共行政精神,凸显公共行政理想”

是当前公共部门绩效评估体系中重要的一项内容，作为公共绩效评估中的重要内容，电子政务绩效评估也应遵循这一理念。

本书也正是强调公共行政精神，拟从流程出发，充分考虑社会公众的意愿，结合经济学的方法，来进行电子政务绩效评估方法体系的新探索。

3.4.2.3 国际进展

在国际上，关于电子政务评价指标体系方面的研究成果和文献很多，但基本上限于综合评估，自 1999 年电子政务风靡全球以来，一些国际组织、跨国公司、大学/研究机构在密切跟踪全球电子政务发展动态的同时，发展出了各自的一套电子政务评价指标体系，一些国家的电子政务负责机构也推出了自己的一套测评方法。

世界市场研究中心和布朗大学①在 2001 年对 196 个国家和地区的 2288 个政府网站进行了测评。该评估设计的指标体系包括：①网上服务能力。网上服务指“服务过程全部在网上完成”，最常见的网上服务如：网上订购出版物、购买邮票、受理投诉等；②网上信息。网上信息包括：提供电话号码的信息，地址信息，链接其他网站的服务，网上出版物，数据库，目录索引，音频剪辑，视频剪辑；③保护隐私政策。政府网站应该明确提出有关保护隐私方面的声明，为持怀疑态度的那部分公民重新树立信心；④安全政策。政府网站应该明确提出有关安全方面的声明，为公民提供安全感；⑤残疾人通道。对于残疾人而言，政府网站上的残疾人通道是至关重要的。它是指网站能够为视力或听力有残疾的公民提供帮助。

Accenture 公司的专家从 2002 年 1 月 7 日至 1 月 18 日的两周内，使用了加拿大、新加坡、美国等共 23 个国家的国家级政府网站提供的政府服务，并评定这些服务的质量和成熟度。他们评定了 9 个政府职能部门提供的 169 项不同的服务。

Accenture 的评分系统包括服务成熟度和客户关系管理（CRM）两个指标，其中，服务成熟度被分配了 70％的权重，而 CRM 被分配了 30％的权重，

① World Markets Research Center, Brown University, Global E-government Survey, http://www.worldmarketsanalysis.com.

某个政府的服务在两个量度上的得分综合起来计算出这个政府的“总体成熟度”。其中,服务成熟度又包括服务成熟广度和深度两个方面。CRM测量政府将服务提供给用户时达到的精致程度,它又有五个子指标,分别是洞察力、互动、组织性能、客户建议和网络。

联合国公共经济与公共管理局(DPEPA/UNDESA)与美国公共管理学会(ASAP)①在2002年5月对联合国190个成员国的电子政务建设情况进行了调查研究与分析比较,并发表了一份联合报告。该报告从“政府网站建设现状”、“信息基础设施建设”以及“人力资源素质”等三个方面提出了衡量一国电子政务发展水平的“电子政务指数”,并以此对133个成员国的电子政务发展水平进行了评估。其中,“信息基础设施建设”包括六个主要指标:每百人计算机拥有量、每万人的互联网主机拥有量、网民占国家人口的比例、每百人的电话线拥有量、每百人的移动电话拥有量、每千人的电视机拥有量。“人力资源素质”包括三个指数:联合国开发计划署的人文发展指数、信息提供指数以及城镇人口与农村人口比率。

TNS(世界第四大市场信息咨询服务公司,从事社会和政府方面的研究)②连续几年发布了全球电子政府门户网站的测评报告。研究报告中,TNS公司提供了自己的一套电子政务评价的指标体系:①发展程度(延伸的社会广度和行业深度);②应用程度(政务的技术能力和集成度);③人口覆盖面;④对个人隐私信息安全的关心。

3.4.2.4 国内进展

1)我国电子政务绩效评估的开展存在着很多问题

要想认真作好绩效评估,一是要按照用户的价值观进行评估,二是要在方案设计开始之先就设计出评估标准,三是要重视电子政务的成本核算。

电子政务需要有绩效评估,这已经成为学术界的共识。但是另一方面,由于制度欠缺,使得电子政务绩效内评估的开展有很大的困难,主要表现在以下

---

① Division for Public Economics and Public Administration Fun, American Society for Public Administration: Benchmarking E-government: A Global Perspective, 2002. (5).

② http://www.tnsgloba1.com.

几个方面。

①内评估的制度基础几乎是空白

美国联邦政府电子政务绩效的内评估是建立在三大制度的基础之上：第一，始自19世纪末、成形于20世纪70年代的政府信息管理和政府信息资源管理；第二，始自20世纪初、自60年代已成为政府预算常规程序的投资项目费用效益分析；第三，始自1949年、法制化于20世纪80年代的针对政府行政的绩效评估。审视一下我国的现状，就可以看出这三大制度基础几乎都不存在，主要表现在：

a.政府信息资源管理尚待启蒙；

b.政府项目的费用效益分析形同虚设；

c.政府行政的绩效评估刚刚提上日程。

②内评估制度近期内难以建立

如果不顾及制度基础，把政务绩效评估单纯视为一项技术、一种方法、一套指标体系，那就不会有任何实际效果。

a.强行建立评估指标体系无济于事

2004年8月初，一些媒体报道说“中国政府绩效评估指标浮出水面”。这是人事科学研究院牵头完成的课题，参与的人除了学者还有地方政府。这套指标是为了弥补地方政府原有考核指标之不足，属于内评估范畴。指标体系含3大类33项指标。

复旦大学国际关系与公共事务学院浦兴祖教授认为，这是把“科学发展观”引入政府绩效评估之中的一次非常好的尝试；中国人民大学公共管理学院张璋博士则认为：“这是一个很好的错误的例证，可以告诉我们向什么方向走才正确！这个体系的错误之处可分三个层次。其一，谁来推行这个体系？没有！其二，指导思想是计划思维的延续。其三，指标设立也欠科学。严格来讲政府绩效不是一个管理问题，而是一个政治问题。单纯从管理角度解决政府绩效是舍本求末的做法，只有从政治的高度考虑这个问题才能从根本上解决。”

b.可以建立粗略的项目评价制度

费用效益分析并非项目经济评价的惟一方法，另一常用的方法是费用效果分析。两者之间的主要区别有二。第一,"效益"的度量是定量的,而且是货币化的,因而与"费用"有同一量纲;"效果"的表述则是定性的,非货币化的,不能与"费用"相加减。第二,费用效益分析可用于不同类项目之间的比较,从理论上讲可以确定投资的优先序列;费用效果分析只可用于同一类项目的不同方案比较,回答"是否还有更经济更合理的方案"。

③电子政务的外评估

已有的很多案例(包括前面所提到的评价案例)基本上都是以网站分析、外部评价、排序比较为特点的外评估,有学者认为这些评估称为"电子政务测评"要更符合实际,它们离"电子政务绩效评估"还有一段距离。一般来说,这些测评工作都不考虑(也无从考虑)投入了多少资源、投入与产出相比是否对称、是否达到了原定目标等等这些不可能从网站上得到的信息。

国内也有一些机构在比较困难的条件下,开展了电子政务测评工作。其中最著名的,一是中国时代计世咨询有限公司受国务院信息化工作办公室委托研究、并于 2002 年 9 月公布结果的报告,测评对象是 36 个城市的市政府网站;二是北京大学网络经济研究中心受国家信息化专家咨询委员会委托研究、并于 2003 年 10 月公布结果的报告,测评对象是全国 257 个地级市政府网站。

电子政务的外评估,还存在着一些制度障碍,使得评估方式只能局限于网站分析,而难以提升到"公共满意度测评"这一高级阶段。而电子政务的公共性决定了电子政务的绩效必须要充分考虑到电子政务系统的公共服务职能。

2)国内积极开展电子政务绩效评估研究

在国内,近年来也开展了不少的研究工作。有学者从政治、经济、法制、文化、组织管理等方面分析了电子政务影响行政效率的因素,从定性的角度作了描述。

从 2002 年开始,国内围绕电子政务评估的研究陆续展开,关于绩效评估指标体系的研究也取得了一定的成效。互联网实验室[①]推出的《电子政务战略测评》试运行结果得出的结论是,目前我国电子政务进行得最好的是办公自动化,最差的是公众服务。该《测评》引入了社会卷入度、用户体验度、信息化

① 互联网实验室站点. http://www.chinalabs.com。

成熟度、环境变革度 4 个指标，每个指标下还有若干小节，这是中国第一份电子政务测评的系统方案，收到了良好的市场反响。

广州时代财富科技公司①于 2002 年 5 月 15 日发布的《中国电子政务研究报告》显示，目前我国的电子政务还处于比较低的水平，无论是信息的实用性和完整性还是实质性的电子政务功能都还离公众的期望有很大差距，中国的电子政务度仅为 22.6%。这项指标是在对 196 个政府网站的内容、功能及问题进行详尽的分析的基础上，根据评价电子政务水平的指标体系得到的。该指标体系是一个较为全面的评估体系，包含政府机关的基本信息、政府网站的信息内容和用户服务项目、网上政务的主要功能以及电子政务的推广应用 4 个方面共计 30 项评价指标。

国家信息中心研究的《中国电子政务发展评估研究》②从广义相对论入手，引入“时间、空间、质的规定性和量的可计算性”，提出了“电子政务发展评估六维理论”和“无限用户管理法”，并开发了具有中国特色的电子政务发展评估系统模型：即中国电子政务发展状态评估模型、中国电子政务发展环境评估模型、中国电子政务投资评估模型、中国电子政务发展过程评估模型。该课题在电子政务绩效评估研究方面迈了很大一步，它划分了评估的六个维度，并且建立了一系列的评估模型。

2004 年，大型电子政务专业杂志《电子政务》发布了中国城市电子政务发展研究课题组《2003～2004 中国城市政府门户网站评价报告》③，本次调查正是以服务型政府为基本判系，聚焦最具代表性和普遍性的 336 个中国城市政府门户网站，重点考察了电子政务在线应用力（OAA）和电子政务实现度（EGR）两项指标，并以此作为衡量城市政府门户网站发展水平的依据。

2004 年，杨云飞等④对电子政务评价指标体系作了研究，在理论上提出了用包含“电子集中、电子安全、电子管理、电子服务、电子决策”的指标体系来

---

① 广州时代财富科技公司站点. http://www.FortuneAge.com。

② 王长胜：《电子政务蓝皮书》，《中国电子政务发展报告》，社会科学文献出版社 2004 年版。

③ 课题组：《中国城市门户网站总体排行》，《电子政务》2004 年第 3 期，第 154～162 页。

④ 杨云飞：《电子政务评价指标体系研究》，博士论文 2005 年。

评估电子政务系统，但尚未应用于实践。2005 年，杨洋等①从 COBIT 的角度建立一套三级指标体系，来对电子政务系统的绩效作了分析。2006 年，中国互联网中心也建立一套评价指标体系，主要从网站的角度对中国地区电子政务发展水平作了评估研究②。

从国内外电子政务绩效评估指标体系的已有设计可以看出，目前文献资料的评估是一种后评估，只是建立了对已经实施的电子政务进行绩效评估的指标体系，而很少涉及电子政务的价值和经济效益评估。虽然电子政务作为公共产品，其价值的分析是非常复杂的（这是由于公共产品的特殊性所带来的），但在新公共管理迅速发展的今天，需要我们去面对和解决电子政务的绩效评价中的价值问题。

3.4.3 美国政府的电子政务绩效评估制度

电子政务是政府信息管理与信息资源管理（在信息时代借助电子技术）的延伸，电子政务绩效评估则是政府绩效评估的最新组成。因此，考察美国政府的电子政务绩效评估，应该上溯到它的两个源流：信息资源管理和政府绩效评估。

若以政务内涵来划分，政务绩效评估又可以分为两类。一类是针对“政府项目”的评估，大体上类似于对企业投资的评价；另一类是针对“政府行政”的评估，大体上类似于对企业日常经营管理的诊断。

3.4.3.1 联邦政府项目的费用—效益分析

美国联邦政府项目的绩效评估，在机制上主要是受制于国会监督，在管理上主要是基于根深蒂固的费用—效益分析③。

在美国，从整个国民经济角度来确定政府投资的费用和效益，最初开始于 1902 年根据《河港法》评价水域资源工程项目。费用—效益分析的正式定型则在 30 年代，当时美国政府运用它来评定一些水域资源开发工程是否合算；

---

① 杨洋：《电子政务系统绩效评价体系研究》，同济大学博士论文 2006 年 3 月。

② 2006 年 10 月，亚太地区城市信息化国际会议，上海。

③ One Stop Shopping for Government Information: Information Policy and Technology Series, Anneliese May, National Conference of State Legislatures, 2001.12.

此外一些州政府还用它来评价某些公路建设方面的投资项目。1936年,美国《全国洪水控制法》规定所有提出来的洪水控制和水域资源开发等项目,都要符合一项标准:"不论受益者是谁,项目的预期效益必须超过其预计费用。"这样,费用—效益分析正式成为评价工程项目的一种方法。

第二次世界大战期间,费用—效益分析被美国政府用来指导有关资源分配方面的决策。因为战时资源紧张,必须通过选择来将它们用在更有效的地方,也就是说,使有限的国民经济资源得到最有效的利用。

20世纪60年代后期,联邦政府开始实行"设计计划预算制度"。该制度要求从费用—效益的角度来审查政府的各级计划项目是否合算。由于政府的活动范围日益扩大,各种不同形式的费用—效益分析亦日益受到重视;对于编制计划预算工作的人员来说,进行费用—效益分析,已成为愈来愈重要的一项职责。

不仅边界清晰的政府项目要作费用—效益分析,而且政府采取的经济措施(减免税等)也要作费用—效益分析。费用—效益分析先后被卡特政府的总统行政命令12044、里根政府的总统行政命令12291、克林顿政府的总统行政命令12866所要求。其中,里根政府的总统行政命令12291要求,所有联邦机构提交给联邦管理与预算局OMB的主要条例,都要进行"条例影响分析"。主要条例的定义是,每年对经济的影响超过1亿美元,或具有其他主要成本或价格影响。

根据"Stevens修正案","2001财年国库券和一般行政拨款法案",国会要求OMB要定期提交关于联邦条例的效益和费用的报告。

3.4.3.2 *政府行政的绩效评估*

政务绩效评估在很大程度上可以而且应该纳入公共财政预算绩效评估。

1)预算绩效评估

自1921年起,美国共进行了5次预算改革,最近一次(1992)推行的是"企业化预算制度",或可称为"绩效基础预算"。20世纪80年代以后的预算危机,促使各国政府纷纷对预算制度进行改革,例如英国的"财务管理方案"、澳大利亚的"财务管理改善计划"、新西兰的"财政法",以及美国的"首席财务官法"与"政府绩效与结果法"等,都可以算是"企业化预算制度"兴起的例证。

财政预算绩效评估体系是公共财政框架的重要组成部分之一，是将现代市场经济的成本—收益理念融入到政府财政的预算管理之中，使政府预算能像企业财务计划一样，对政府的行为进行内控，并通过这种内控，保障政府目标的实现，提高政府运行效率，促进政府职能转变，提高政府与市场的协调能力。

2)政府绩效与结果法

20 世纪 80 年代，美国政府成立了一个全国绩效评估委 NPR，由副总统亲自领导，对政府的行政过程和效率、行政措施与政府服务的品质进行全面评估。NPR 开展了大量的调查研究，访问了第一线的联邦雇员，直接收集了多达 1200 项具体意见和建议，于 1993 年提出《创建经济高效的政府》和《运用信息技术改造政府》两份报告，认为借助信息技术进行再造工程，能使政府运作更加顺畅，并能够节约成本。

美国审计总署 1992 年发表的一份报告总结出实施信息资源管理有 11 种障碍，并将其分成三大类：第一类是知识障碍，第二类是制度障碍，第三类是政治障碍。该报告中还引述了这样一句话："摒弃信息资源管理就是自动数据处理这种非常狭隘的观点的时代已经到来。"

在一系列工作的基础之上，1993 年出台了《政府绩效与结果法》，其他的配套措施也相应出台。其中最重要的是《联邦绩效检查》，其主要内容包括：A. 服务标准——创立了近 2000 个社会公众标准，该标准是绩效计划、绩效报告中有关绩效目标的灵魂；B. 绩效协议——总统与部长之间签订的关于承诺完成绩效目标与结果的协议，个人考评与激励机制紧密相连；C. 绩效管理的"再发明实验室"——给予管理者充分弹性，消除不必要的控制；D. 绩效合作伙伴——关注联邦资金的价值及其使用效果，赋予地方政府在项目管理上更多的弹性，并突出他们在绩效管理及其结果上的责任。

3.4.3.3 联邦政府电子政务及其绩效评估的制度基础

从技术方面看，电子政务当然源起 IT 产业的发展。从制度方面看，如前所述的"政府信息资源管理"、"政府项目的费用—效益分析"、"政府行政的绩效评估"这三条主脉络，为电子政务及其绩效评估奠定了制度基础。这些制度包括法律、政策、政策咨询、机构与管理四个层面[①②③]。

1)法律层面

从1889年的《通用记录处理法》开始，相关法律有《预算和审计法案》(1921)、《联邦报告法》(1942)、《记录处置法》(1943)、《信息自由法》(1966)、《隐私权法》(1974)、《文书削减法》(1980、1995)、《信息科学技术法》(1981)、《国际通信重组法》(1981)、《政府绩效与结果法》(1993)、《电信竞争与放松管制法》(1995)、《电信法》(1996)、《文书工作消失法》(1998)等。许多授权或拨款议案中也有大量的指导政府机构信息活动的条款。

2)政策层面

OMB自1985年起不断发布通报《联邦信息资源管理》，对实施政府信息资源管理和推进电子政务起到巨大作用；所发布的其他通报包括《联邦声像活动的管理》、《政府文书削减法的实施》、《机构间共享个人数据指南》、《建立政府信息定位服务》、《联邦咨询委员会的管理》等。

3)政策咨询层面

从19世纪末到20世纪80年代初，美国国会先后成立了八个专业委员会，负责对联邦政府的记录管理情况进行调研并提出具体措施，其中包括对引入信息资源管理概念和制定《文书削减法》作出直接贡献的联邦文书委员会(1975年成立)。联邦政府的审计总署、内务委员会、全国绩效评估委等，非政府机构的洛克菲报告、萨蒙报告等，都曾作过大规模调研并提出政策建议。

4)机构与管理层面

设立预算局(OMB的前身，1921)、建立美国国家档案馆(1934)、开发联邦信息定位系统(1980)、开发政府信息库存定位系统(1993)等。

自1993年美国前总统克林顿和副总统戈尔在其任期内首倡电子政务之

---

① Wee, Chow-Hou; Tan, Soo-Jiuan; Chew, Kim-Ling: Organizational Response to Public Relations: An Empirical Study of Firms in Singapore, *Public Relations Review*, Volume: 22, Issue: 3, Autumn, 1996, pp. 259-277.

② 邱霈恩译：美国《1993政府绩效与结果法案》译文，《中国行政管理》2004年第5期，第28页。

③ 张燕君：《美国公共部门绩效评估的实践及启示》，《行政论坛》2004年第3期，第87～89页。

后，在联邦政府内逐步形成了一整套管理体系，概括来说包括以下几个子系统。

①领导与管理层。“电子政府”计划（E-Government）是由总统管理委员会（PMC）领导、由总统行政办公室及 OMB 两个部门联合执行的，主要由 OMB 负责。

日常事务由 OMB 专管信息技术和电子政府的副主任直接来抓。副主任对主任负责，主任则向总统管理委员会报告事务进程以及获得相应的批准。总统管理委员会也关注政府机构间的组织和程序的变革，促进以公民为中心的改革，这与电子政务项目的宗旨是一样的。

由此，总统管理委员会成为联邦政府转型为 E-Government 的关键的管理部门。OMB 对推进电子政务、开展绩效评估起着举足轻重的作用。

②信息主管 CIO 制度。美国政府建立了信息主管制度，联邦政府的首席信息官由 OMB 第一副局长兼任，政府各部门也同时设立首席信息官，各州政府也都有相应的首席信息官。CIO 委员会在来自其他联邦管理委员会的成员参与下，形成“业务指导委员会”，关注 E-Government 的四大业务，即 G2C、G2B、G2G 和联邦政府内部的效率和效力。

③政策制定。为了推动电子政务计划，OMB 成立“电子政务特别工作组”，于 2001 年 8 月正式开始工作。它由来自 46 个政府机构的成员组成，由 OMB 负责信息技术和电子政务的副主任领导。该小组 2001 年 9 月围绕“为取得电子政务的战略性进展应采取的重点行动”提出了建议，10 月总统管理委员会讨论并通过了这些建议。随后，各机构的项目小组会同 OMB 制定了电子政务计划实施框架，并将其列入 2003 财年预算。各机构都制订有详细的电子政务项目计划，并为投资和实施这些项目建立了伙伴关系。

要注意的是，这个工作组只是一个政策的主要制定者，而具体的电子政务项目实施则依赖于外部力量。在美国目前的 46 个机构部门中，每个部门参与的人数不等，多则 3～4 人，少则 1 个人，这些人统一听从 OMB 的调配，参与相关的项目研究。

④技术推动。在联邦政府下面或自发组织或由政府及一些公益性团体组织，共组成 10 个推动政府信息化的机构，冠以一个总名称——政府技术推动

组。这些机构主要有:政府信息化促进协会联盟、IT产业顾问协会、州级信息主管联盟、国家电信信息管理办公室、政府评估组、首席信息化小组等。

政府技术推动组负责全国的政府信息化管理指导工作,包括技术推进、法规政策建议、管理投资、业绩评估等。

3.4.3.4 联邦政府电子政务绩效的一次内评估

2001年8月即2002财政年度开始前一个月,布什总统公布了他的总统行政管理议程(PMA)——联邦政府改革行政管理的一个五点计划。在这个议程中,布什总统承诺了一个以绩效为导向的、基于市场的以及以公民为中心的政府。

总统行政管理议程提出的五个政府行动计划分别为:把绩效整合到预算中、以公民为中心的电子政府、改善财务管理、人力资本的战略性管理、竞争性来源。所有五个目标都是彼此相关的,绩效是它们的共同的思路。

总统行政管理议程明确指出,"电子政府不是把大量的政府信息表格和纸张搬到网上,更确切地说,它是关于政府更好地利用技术来更好地服务于公民和提高政府效率,缩减政府决策的时间,从数周或者数月缩减为几小时或者几天"。

2003年10月底,美国的绩效学会、理性公共政策学会、国家公共管理学院等机构联合发布了题为"建立一个基于绩效的电子政府"的报告。从文件性质看,这是一份围绕总统行政管理议程所做的电子政务的年度白皮书。从文件内容看,由于立题就是"基于绩效",评论对象(PMA)的指导思想也是绩效,所以大部分篇幅都涉及到绩效评估的理念和实际操作。

在这一报告中,展示出此次电子政务绩效评估的几个侧面。

1)评估主体

进行此次绩效评估的调查研究小组,是由"优秀的政界人士组成的团体"形成的。项目由著名的政府绩效管理专家Carl D·DeMaio设想和领导,由绩效协会、富士通咨询公司和Reason基金会提供人员配备。

项目显然得到了联邦政府的支持,所以才能要求"反馈的资料送到联邦政府的信息技术职位的3500个联系人手中",才能"与每一个部门级的CIO办公室进行了多次联系,要求政府机构提供电子政府行动计划的名称和业务案例信息”，才能“采访了多组来自 23 个联邦政府机构的 IT 员工——调查他们的程序表、他们的行动计划和他们关于电子政府的绩效测量标准”。事实上，首席信息官委员会向它的会员发布了关于该项目的报道。

大体上可以判断，此次评估是一次得到政府支持与配合的内评估，类似于内部审计，但政府未必有所资助，审查的内容也不是财务而是绩效。

2)评估对象

总统行政管理议程提出的五个目标都是全政府行动计划，所以评估的对象就是联邦政府的全部 25 个机构，对它们如何推进五个目标之一——“以公民为中心的电子政府”——进行评价。

3)调研和评估的内容

评估主体根据总统行政管理议程的要求，确定了调研和评估的四个关键任务。调查的方法主要是大量的采访和案例研究。

第一，明确定义“以市民为中心”的 IT——什么构成一个“以公民为中心的电子政府行动计划”。

第二，确定决定性的成功因素——确定指导性的实践，提高“以公民为中心的行动计划”的设计、调整、测量和管理上的成功。

第三，提供关于成本节省和项目绩效提高的测量标准的证明文件。

第四，认可 IT 的“绩效领导者”。

4)“绩效领导”裁定

由于总统行政管理议程提出了电子政府记分标准，各机构也有电子政府记分卡，所以优胜者标准是比较明确的。

研究小组基于评估，提出五个政府机构当选为电子政府的“绩效领导”，获得特殊褒奖。在 2002 财政年度，“全面绩效管理”的优胜者是美国劳动局，“实现成本效益”的优胜者是海军部和国家科学基金会，“提高项目执行成效”的优胜者是财政部的美国国内税局，“跨机构行动计划的合作关系和行政管理的有效使用”的优胜者是小企业管理局。

5)总体评估结论

通过绩效评估，对 2002 财政年度的电子政府行动计划归纳出 10 个结论，既有肯定的内容也有批评的内容；对未来的发展提出 27 条政策建议，其中有些建议相当具体且可操作性极强。

主要结论有两条：

第一，尽管某些方面仍然有待于改进，政府以及OMB因为它们在电子政务行动计划中的强有力的领导作用而受到表扬。对于政府在电子政务中的重要地位存在明确的认同。另外，总统的行政管理议程在每一个政府机构中受到越来越明显的关注。

第二，机构通常不能用与任务密切相关的IT绩效测量来调整、管理和评价电子政务的成功。在大多数情况下，研究小组不能获得它们进行案例研究的有效绩效测量标准。事实上，一些机构汇报说没有测量电子政务绩效的方法，缺乏一个健全的、系统性的程序来收集和汇报绩效管理数据。

因此，研究小组认为，"大多数政府机构普遍不能有效地测量它们的电子政务绩效，这也许最终会妨碍在电子政务领域取得最初的成果。对于2002财政年度在信息技术上支出的480亿美元，本次调查表明：这些支出中的大多数没有通过与任务密切相关的绩效测量标准加以合理化调整。这一实践代表着一种'高风险'的商业做法，可能导致IT项目的失败，以及对于纳税人的浪费。"

在美国开展的这一次关于电子政务的绩效评估案例，有着它的经验和教训，值得我们在开展适合我国的电子政务评估时借鉴。

4 现代公共管理与电子政务

管理学的原理是支撑电子政务研究的一块基石，电子政务的本质就是提高政府管理能力，使其向社会提供高效率、优质量、低成本、高透明的服务，因此它和公共管理有着密切的联系。电子政务的发展，必须要和现代公共管理的发展结合起来。本章主要介绍了现代公共管理中的新公共管理、新公共服务、治理理论等理论，及它们对电子政务的支撑。

4.1 新公共管理

新公共管理(NPM，New Public Management)是个非常松散的概念，它既指一种试图取代传统公共行政学的管理理论，又指一种新的公共行政模式。新公共管理理论是当代国外行政改革的主要理论基础，影响很大。

新公共管理是在20世纪80年代，西方一些国家政府管理相继出现严重危机，传统科层体制的公共行政已经不能适应迅速变化的信息社会的发展，无法解决政府所面临的日益严重的问题的背景下诞生的。它主张在政府公共部门采用私营部门成功的管理方法和竞争机制，重视公共服务效率，强调在解决公共问题、满足公民需求方面增强有效性和回应力，强调自上而下的统治性权力与自下而上的自治性权力交互，强调政府与公民社会的协商与合作，强调政府低成本运作，强调公共服务的质量和最终结果，强调引进企业管理的若干机制和方法来改革政府，强调顾客第一和消费者主权，强调政府职能简化、组织结构“解科层化”、作业流程电子化。

对于“新公共管理”的内涵，政治实践者和理论工作者有不同的论述。胡德(Hood)从管理过程的角度看待“新公共管理”,包括七个方面:公共政策领域中的专业化管理、绩效的明确的标准和测量、格外重视产出和控制、公共部门内由聚合趋向分化、公共部门向更具竞争性的方向发展、对私营部门管理方式的重视、强调资源利用具有更大的强制性和节约。休斯(Owen E. Hughes)从一般管理的框架入手得出了新公共管理的综合性的框架,认为“新公共管理”的内容包括战略、管理的内部要素、管理的外部构成要素三个部分。西方行政学者帕特里夏·格里尔(Patricia Greer)概括了“新公共管理”的各种内涵:公共服务组织的非集成化(disaggregation),即分散化;对高级人员的雇佣实施有限任期的契约制,而不偏好传统的职位保障制;全面货币化激励,而不是传统的通过精神、地位、文化和货币等因素的混合和单一的固定工资制的公共部门的控制结构;高级管理人员通过系统地约束一线管理人员的行为来“自由地管理”;公共服务的供给(provision)与生产(production 或 delivery)分开;强调降低成本;重点从政策转向管理,主要重视服务提供的效率和成本,更加重视绩效和评估的量化方法和效率标准;从程序转向产出的控制和责任机制。

经济合作与发展组织(OECD)关于发达国家政府改革的研究报告,对新公共管理的主要内涵作了总结归纳。一般认为,新公共管理与传统行政管理有所不同,其主要主张有:

(1)政府服务应以社会和公众的需求为导向;

(2)更加重视政府的产出、结果、效率和质量;

(3)主张放松行政规制,实行绩效目标管理,强调对绩效目标完成情况的测量和评估;

(4)政府应广泛采用企业中成本—效益分析、全面质量管理、目标管理等管理方式;

(5)取消公共服务供给的垄断,对某些公营部门实行民营化,让更多的私营部门参与公共服务的供给;

(6)重视人力资源管理,提高人事管理的灵活性等。

新公共管理把企业管理中的一些科学管理方法,如目标管理、绩效评估、成本核算等引入公共行政领域,对提高政府工作效率具有极大的促进作用,它调整和改善了政府与社会、市场之间的关系,将竞争机制引入政府公共服务领域，打破政府部门的垄断，提高了公共服务的效率和质量，同时也缓解了政府财政困难以及与公众之间日益突出的矛盾；新公共管理注重遵守既定的法律和规章制度，向注重实际工作绩效，特别是顾客（社会公众）的满意程度方向发展。

新公共管理改变了传统公共模式下的政府与社会之间的关系，对政府职能及其与社会的关系重新进行了定位和再思考：政府不再是高高在上、自我服务的官僚机构，政府公务人员应该是负责任的“企业经理和管理人员”，社会公众则是提供政府税收的“纳税人”和享受政府服务作为回报的“顾客”或“客户”，政府服务应以把公众作为顾客为导向，增强对社会公众需求响应力，这也正是当前我国政府信息化建设的出发点和基本要求。

新公共管理借用经济学的观点和方法分析公共组织，分析的起点就是经济人假设。在这里，学者的批判主要集中在两个方面。首先，经济人假设的真实性问题。经济人的动机并不代表政府组织中政治官员和官僚的真实动机，人会在群体中受到组织文化的影响和人际关系的影响，组织实质上是一个相互影响的系统和网络①。人性是复杂的，人的理性也是有限的。其次，经济人假设所造成的组织管理的约束和激励问题。经济人假设要求按照“胡萝卜加大棒的约束激励机制”，这忽略了官员的伦理和自律在约束官员行为方面的重要性，“欺诈、腐败、内线交易等似乎已成为地方性的流行病；同时经济人假设使政治家和官僚在公众面前变成了不受尊重的人，官员的士气受到影响，士气不振的工作者显而易见不能进行有成效的工作”②。对市场价值的重新发现和利用是公共选择的核心。但对市场的推崇和过度宣扬，使得新公共管理陷入了一条腿走路的误区。最著名也是最为猛烈的攻击来自世界银行的资深公共管理专家尼克·曼宁所撰写的《发展中国家新公共管理的合法性》一文。在文中，他提出三个基本问题，并通过对这三个问题的解答试图证明“新公共管理模式已经过时”的论点：①新公共管理在与旧公共行政的对阵中真的获胜了

---

① Mitchell E. Daniels, E-government Strategy, office of Management and Budget ,2002. 2. 27.

② Owen E. Hughes, *Public Management and Administration* (Second Edition), St. Martin's Press, Inc., 1998.

吗？②在执行的范围之内，新公共管理确实发挥作用了吗？③在实践中，它是否足够成功可被看做是成熟的理论模型？该文章认为新公共管理“显然没有”实现其理论承诺，而且在实践中无法适用于经合组织（OECD）或英联邦惯例之外的国家。挪威奥斯陆大学汤姆·克瑞廷森教授认为，“新公共管理”理论的实际目标是提高公共服务私人提供者的利润，而不是所标榜的以消费者为中心。在现实生活中，“新公共管理”理论发挥的是一种意识形态的作用。“新公共管理”理论是西方国家右翼意识形态在国家治理和行政管理领域的反映，是与右翼经济主张一脉相承的政府管理理论。

针对新公共管理中的市场管理主义理论，Frederickson 指出，管理主义强调机构间的协调、企业创新、实验和风险的承担，却漠视传统公共部门管理方式与组织结构所奉行的秩序、可预测、稳定、责任和公平；过去政治领导者的决策将公平、正义视为民主政体的基石，而市场管理主义的决策思维却转向注重抉择、竞争和成本的概念；当传统行政领域把中心置于直接面对公民或服务对象的基层官僚，而市场管理主义却把目光放在高级管理者的工作上，强调其“掌舵”而非“划桨”；市场管理主义者强调由具有企业家精神的领导者出任要职，而非由民主政治选举的政务官决定政策，但是，强调效能与成本的新形态政府官员，能否在组织精简、资源拮据的公共职场大刀阔斧地改革？或是承担民主政治下更多的公共责任？这些都是令人质疑的所在（Frederickson，H. George，1997）。

还有一些学者，如密诺格（Minogue，2001）甚至认为新公共管理模式本身就有缺陷，不应该从发达国家到发展中国家普遍应用。市场的基本价值是效率，但是效率并不是公共部门和社会的惟一的价值追求，用单纯的效率价值忽略甚至替代其他的价值（诸如作为公平的正义、民主、公民权利、公众参与等），有悖于公民对政府的要求。新公共管理把私营企业的管理模式移植到政府当中去也会遇到许多麻烦，甚至造成混乱和冲突。根据新公共管理理论，公共部门市场化的途径主要有二：一是民营化（privatization），二是签约外包（contracting out）。民营化和签约外包可能使成本提高，私人组织在没有竞争和没有市场的情况下很难有很高的效率。民营化和签约外包使合同的执行和责任的追究变得复杂和难以实现，需要许多技术和政治问题解决，同时还容易造成公共工程中的合谋和贪污腐化。其次,私营企业的技术运用于公共部门存在许多自相矛盾的弱点。

对于新公共管理理论,国内学者也是持不同意见。例如,对于新公共管理的基本定位,学术界存在两大基本的分歧,一种观点认为,新公共管理的出现具有库恩(Thomas Kuhn)在科学革命中提出的"典范"或"范式"(Paradigm)意义,是政府管理科学的革命性的变革(陈振明,2000);另一种观点则认为新公共管理只是一种"寻求政府良好治理的一种努力",是多种管理的工具和方法的"交响乐"(张成福,2001)。

但是,目前几乎所有国内外学者都承认,新公共管理学的发展是在国外政府改革的实践与传统公共行政学的发展中诞生的。它的产生为完善政府管理提供更有力的理论基础。尽管有人把它称为公共行政学的分支或者公共行政学的新范式,但它绝不是传统意义上的公共行政学①。

新公共管理不是对现存行政管理体制和方式进行局部调整,而是对传统公共行政模式的一种全面清算和否定,以期达到政府治理善治的秩序,电子政务正是通向这个秩序的重要途径。新公共管理理论对电子政务的发展影响是深刻的,电子政务的发展需要与新公共管理的发展结合起来。

4.2 新公共服务

正当新公共管理的理论和实践在全球盛行之时,新公共行政的呼声及其对新公共管理的反思,也逐渐受到重视(Frederickson,H. G.,1997)。新公共行政强调"民主价值"(公正、正义、公平、济弱扶贫、社会福利等)的重要性,对新公共管理长期以来重视功利主义的精神、强调成本—效益计算、推动民营化政策、政府业务外包等做法持怀疑态度并有颇多微词。无论是 Waldo 等学者所提出的"迈向新公共行政"(Marini,F.,1971),抑或是由 Wamsly 等学者所提出之"重建公共行政"(Wamsley,Wolf,1996),皆试图寻回公共行政在新公

① Owen E. Hughes, *Public Management and Administration* (Second Edition), St. Martin'sPress, Inc., 1998.

共管理思潮的冲击下所忽略的公共性与公共利益。就新公共行政的立场而言，政府的重要与否，取决于能否有助于落实民主价值以及彰显公共利益。正是由于新公共管理模糊了政府与公民、政府与社会之间的本初关系，严重损害了现代民主制度所倡导的宪政主义与公共精神，社会开始呼唤一种新的政府运行模式。于是，治理理论与新公共服务理论应运而生。

新公共管理的一个重要观点就是政府不再同时掌舵和划桨，而是把划桨的任务赋予更为高效率的市场，政府则专心作好掌舵的工作。而新公共服务理论矛头直指新公共管理的“掌舵而非划桨”之说法，其在对这一“流行语”进行批判的基础上，试图重新确定公务员和公民之间的关系。丹哈特(Denhardt)夫妇则针对性地提出了一个实质性的问题：“当我们急于掌舵时，我们是否正在淡忘谁拥有这条船?”([美] Janet V. Denhardt，Robert B. Denhardt，2003)为此，新公共服务理论认为，政府是人民的政府，因而政府在为“国家”这条船掌舵的时候，必须听从人民的意见，要改变“政府独自掌舵”的局面。在此，新公共管理的流行语“掌舵而非划桨”被新公共服务的“服务而非掌舵”所取代。从对政府与公民之间关系的思考出发，新公共服务理论的倡导者丹哈特认为，政府的职能是服务，而不是掌舵，对于公务员来说，越来越重要的是利用基于价值的共同领导来帮助公民明确表达和满足他们的共同利益需求，而不是试图控制社会的发展方向；政府服务的对象是公民而不是顾客，公共利益是就共同利益进行对话的结果，而不是个人自身利益的聚集，因此，公务员不是要仅仅关注“顾客”的需求，而是要着重关注于公民并且在公民之间建立信任和合作的关系。

这主要体现在以下几个方面。1. 追求公共利益：公共行政官员必须促进建立一种集体的、共同的公共利益观念，确切地说是要创立共同的利益和共同的责任。2. 重视公民权胜过重视企业家精神：致力于为社会作出有益贡献的公务员和公民要比具有企业家精神的管理者能够更好地促进公共利益，因为后一种管理者的行为似乎表明公共资金就是他们自己的财产。3. 承认责任并不容易：公务员应该关注的不仅仅是市场，他们还应该关注法令和宪法、社区价值观、政治规范、职业标准以及公民利益。4. 不仅重视生产率更重视人的作用，而且认为如果公共组织及其所参与其中的网络基于对所有人的尊重而通过合作和共同领导来运作的话，那么，从长远来看，他们更有可能取得成功。5. 超越企业家身份，重视公民身份：使公共管理人员和公民都致力于为社会作出有意义的贡献，公共利益就会得到更好的实现。与新公共管理不同的是，新公共服务思想体现了公共行政的宪政主义传统，把公民、公民权和公共利益置于新公共服务的首要位置，这使它在对新公共管理批判的基础上实现了对其管理主义实质的超越①。

新公共服务是在以往各种管理模式基础上发展而来的一种以公民为本位的政府管理模式，其认为在纷繁复杂的社会中，政府试图要为社会掌舵的目标难以实现，因此政府应该重新定位自己的角色——服务社会。"新公共服务理论试图将管理的视角逐渐切换到对管理乃至社会发展根本价值的关注上来，其所强调的是把民主、公平等价值观放置于公民本位和公共利益这一更广泛的框架体系之中，进行理念整合的规划和设计。"

作为解决目前政府"合法性危机"的惟一出路，新公共服务提倡公共利益、公民权利、民主程序、公平和公正、回应性等理念。它强调"公民优先"，在此基础上明确区分了"顾客满意"原则与"公民满意"原则，表达了一种对民主价值的全新关注。正如登哈特强调的："与新公共管理（它建立在诸如个人利益最大化之类经济观念之上）不同，新公共服务是建立在公共利益的观念之上的，是建立在公共行政人员为公民服务并确实全心全意为他们服务之上的。"

很显然，这是一场效率（经济）与公平（价值）之间的争论。"公共管理是政府的艺术和管理的艺术的联姻。效率和经济主要属于管理理论的范畴，而社会公平属于政府理论的范畴。……因此，政府管理能够而且必须既讲求效率又追求公平"（H. George Frederickson，1996）。新公共管理对于传统行政中官僚制、行为失范、活力不足等缺陷的批判，以及重塑政府的重要方案，强调在技术和工具的层面上引入市场精神、企业精神，追求管理效率，以实现对一系列公共管理困境的救治，应该说是无可非议的。但是，新公共管理以革新理念为经，以管理手段为纬，进行公共利益的追求，在工具理性（instrumental ra-

① 王丽莉：《"新公共服务"评析：对新公共管理的批判》，《理论与改革》2004 年第 3 期，第 33 页。

tionality)的主导下,容易形成官僚意识形态,偏重效率、效能以及经济(economy)的管理价值,相对地忽略了多元主义(pluralism)、行政伦理(administrative ethics)以及代表性官僚(representative bureaucracy)政治价值,或者正当法律程序(procedural due process)及实质公平的法律价值。因此,新的政府管理模式必须重视整体价值观的平衡,在追求管理主义的“3E”的同时,注重公平、正义等民主价值观。

4.3 公共产品理论

20 世纪 50 年代,美国学者萨缪尔森提出并部分解决了公共产品理论的一些核心问题①,他认为纯粹的公共产品或劳务是指这样的产品或劳务,即每个人消费这种物品或劳务不会导致别人对该产品或劳务消费的减少。并提出了公共产品的两个标准:非排他性和非竞争性。1956 年蒂鲍特(C. M. tiebout)发表了论文《一个地方支出的纯理论》,随即出现了大量关于地方公共产品问题的文献,地方公共产品问题指:一些公共产品只有居住在特定地区的人才能享用,因此个人可以通过迁居,来选择他所消费的公共产品。“地方公共产品”理论是对萨缪尔森公共产品理论的进一步补充。

萨缪尔森关于公共产品特点的概括虽然得到了很大的认同,但也存在着一些缺陷,主要表现在:

(1)它只表明了公共产品的非竞争性,忽视了非排他性。“免费搭车”是阻碍公共产品配置达到最优的主要原因,而其存在的必要条件是产品具有“非排他性”和“非竞争性”,而事实上,“非排他性”和“非竞争性”所涉及的范围一般并不一致。

(2)萨缪尔森所阐述的公共产品的两个特征,是对公共产品自然特征的描述性概括,其潜在的结论是这两个特征是天然决定的,因而一种产品的公共产品性质也是天然决定的,是不以人的意志转移的或无法改变的。但是,现实中各种产品的经济性质却是不断变化的,而且在许多情况下受制于人的作用。

---

① 〔美〕萨缪尔森,诺德豪斯:《经济学》,高鸿业总译,中国发展出版社 1992 年版。

(3)萨缪尔森对公共产品两个特征的概括是高度抽象的,只适用于对假设的纯公共产品,即同时具有完整的“非排他性”和“非竞争性”的产品的分析,而不适用现实中的公共产品的分析。因为现实中多数的公共产品实际上很难同时完整地具有这两个特性,通常,很多公共产品的消费在一定的条件下是存在一定的排他性或竞争性的。

在萨缪尔森的基础上,美国学者布坎南建立了以“内部俱乐部理论”为基础的“布坎南模型”,提出了准公共产品理论①。它考虑了在现实世界中,大量存在的是介于公共产品和私人产品之间的一种商品,即准公共产品和混合商品。准公共产品是指具备“非排他性”和“非竞争性”两个特点中的一个,另一个不具备或不完全具备,或者虽然两个特点都不完全具备但却具有较大的外部收益的产品。准公共产品是介于纯公共产品和私人产品之间的公共产品,外部性是其最突出的特征。由于准公共产品具有公共性,但公共性又不完全的特点,即具有一定的市场性,因而有着不同于纯公共产品的提供方式。

该理论虽然更进了一步,但也存在着一定的缺陷,表现在:布坎南的“内部俱乐部产品”理论无法应用“非排他性”的产品,同时也忽视了俱乐部成员对俱乐部产品在喜好上的差异。

在国内,也展开了相关的研究。李成威等认为②:公共产品的“公共性”必然是与某个组织相联系的,于是从供给(私人、集团、政府)和生产(私人、政府)的角度对公共产品进行了划分,提出了公共产品提供与生产理论,并分析其应用意义。

目前,人们对公共产品特征的概括总结仍然不统一,但普遍认为公共产品经济属性的获得(即决定一个产品是公共产品还是私人产品),主要来源于后天的制度安排。即公共产品与私人产品的区别主要不在于生产的方式上或资金来源上,而主要在于消费方式的不同上,这实际上主要是源于不同的产权制度的安排。因此,公共产品的特征主要体现在它与私人产品的差别上,而公共

---

① James M. Buchanan, An Economic Theory of Clubs, Economic, 1965, 32(February): pp. 1-14.

② 李成威:《公共产品提供和生产的理论分析及其启示》,《财政研究》2003年第3期,第6~8页。

产品和私人产品的差别就是在产品交易或分配过程中的差别。公共产品是公共消费的，任何特定范围内的成员都可以无偿地获得特定的产品的消费。而一种产品作为私人产品，则要通过购买或付费的方式来实现消费者的排他性消费。因此，私人产品是通过市场交换，从其提供者手中转移到其消费者手中，因而有交易成本；而公共产品是由公共部门直接提供给公共消费的，从其提供者手中转移到消费者手中的过程不存在市场交易，是零交易成本的。这些认识对准确地把握公共产品的生产和提供方式、对确立新的公共管理的模式和方式是极为重要的①。

尽管对电子政务的公共性目前还缺乏具体的理论论述和量化，但毫无疑问，它应当是有公共性的，因此这一点应当是开展电子政务价值和绩效研究时首先予以考虑的。

4.4 治理理论

治理和善治理论是 20 世纪 90 年代兴起的公共管理理论，治理的概念源于社会资源配置中市场与政府的双重失效。其基本含义是指在一个既定的范围内运用权威维持秩序，满足公众的需要，其目的是在各种不同的制度关系中运用权力去引导、控制和规范公民的各种活动，以最大限度地增进公共利益。

治理和善治问题已经成为摆在各国政府面前的重大问题，经济全球化、全球信息化背景下，各国政府规制和公共政策之间的激烈竞争，全球范围内的信息交流和社会交往，公众可以对不同政府治理模式进行比较，并在比较中鉴别出能够最有效地满足人们需求的政府治理模式，从而使得政府治理成为一个国家核心竞争力的基本构成要素。

治理理论的核心观点是主张通过合作、协商、伙伴关系，确定共同的目标等途径，实现对公共事务的管理。其理论观点是：

(1)治理意味着管理主体的变化，政府不再是国家惟一的权力中心，各种

① 崔运武：《论当代公共产品的提供方式及其政府的责任》，《思想战线》2005 年第 1 期，第 2～7 页。

公共和私人机构也可成为一定层面上的权力中心；

(2)公共产品的供应可以由私人部门和第三部门承担，与政府部门相互依赖，互通资源，分担政府的责任；

(3)治理的目的是达到善治，实现管理者与被管理者的协调与合作。

政府是治理环境的机构主体之一，政府管理活动是治理过程的一个方面，政府在治理环境中的作用表现为：调节政府职能、增强公民社会内部的交流和互动、与"第三部门"合作共同达到善治的最高目标。善治是公共利益最大化的社会管理过程，其本质就是政府和公民的合作管理。善治包括六个基本因素是，合法性(Legitimacy)、透明性(Transparency)、责任性(Accountability)、法制(Rule of law)、回应(Responsiveness)、有效(Effectiveness)。

信息的有效沟通是实现善治的前提，信息技术尤其是电子政务治理方式削弱了传统政府治理的根基，包括对政府信息控制方式的全面的冲击，大众易于接受到各种信息，加速政治社会化，对政府治理的合法性、行为等等形成挑战，对集权的冲击等等，促进了政府职能由管制型向服务型政府转化，使政府结构更加合理化，促进了公民参政和议政。

管理与治理的区别表现为：

政府管理指的是"有正式权威支持的活动"，它把注意力集中在"3E"(效率、效益、效果)；集中在等级控制以及权威与责任的明确分配上；集中在目标之上，这也是20世纪80年代和90年代目标管理的复兴原因；管理关注的是结果，我们知道在一个跨组织的网络中，没有一个行为者对一种结果负责；可能对于期望的结果与如何评估结果都没有统一的意见，而且中心没有实现自己的偏好的手段。在许多人都有贡献，但是无法辨认出贡献究竟是谁的情况下，存在着"多头管理问题"，如果没有一个人能够在事后承担责任的话，那么就没有一个人需要在事前负责地行动。

治理指的是"由共同的目标支撑的活动"，治理比政府管理范围更广，它不仅包括政府组织，而且包括非正式的、非政府的机制，这些组织之间的相互依存，彼此界限变得更加灵活、模糊。治理理论的核心观点是主张通过合作、协商、伙伴关系，确定共同的目标等途径，实现对公共事务的管理。其理论观点是：

(1)治理意味着管理主体的变化,政府不再是国家惟一的权力中心,各种公共和私人机构也可成为一定层面上的权力中心;

(2)公共产品的供应可以由私人部门和第三部门承担,与政府部门相互依赖,互通资源,分担政府的责任;

(3)治理的目的是达到善治,实现管理者与被管理者的协调与合作,是政府与公众的互动,是两者对社会的共同治理。

20 世纪 80 年代末 90 年代初产生的治理理论是"一套十分复杂且充满争议的思想体系"。西方治理概念涉及的最核心的问题就是权力多中心化,由此引发主体多元化、结构网络化、过程互动化和方式协调化的诉求。其产生的背景是,面对全球化的国际事务,以及日益活络的社会互动和高度复杂的公共问题,过去强调政府角色、国家干预的"统治"典范,已然无法充分回应人民的需求以及有效地回应危机的发生。因此,一个超越传统政治学架构、问题解决取向的"治理"典范就在理论与实务压力下酝酿而出(陈钦春,2005)。虽然治理的思想是全球化时代的产物,但它与西方的现代性理论有着深刻的历史渊源。究竟什么是最好的政权形式?霍布斯、卢梭看重权力的合法性来源,提出社会契约的思想;孟德斯鸠更重视行使权力的方式,提出三权分立的学说;圣·西蒙则认为权力应该掌握在科学家、工程师和行政官员的手中,"用对事物的管理代替对人的统治",开辟了现当代专家(技术官僚)治国的路径,与上述各家思想相比,治理理论同样追求人类社会和自然资源的最佳管理体系(陈力川,2003)。

由于我国学术界对于治理概念的使用非常混乱,这里澄清治理的译文及使用。"治理"(Governance)是相对于"统治"(Government)提出的概念。"治理"一词对应的英文单词为"Governance",其原意为"控制"、"统治"或"操纵",在国外多用于与国家公共事务相关的管理活动和政治活动。实际上,该词作为社会和政治管理的工具,被引入到 1975 年 5 月的三边委员会针对欧洲、美国和日本的关于《民主国家治理》的报告中(Holly Sklar,1980)。该报告试图将民主诉求和补偿的期待同当时的西方资本主义制度联系在一起,从而使得社会秩序具有一种新的管理模式(博尼·坎贝尔,2003)。治理一词来源于私营部门使用的词汇(corporate governance),1999 年被世界银行采纳,作为转变国家结构以适应经济自由化的手段，但实际上是高度政治化的要求，因为它是在重组社会内部各级责任分配的借口下，达到消弱中央集权国家、将其再分配的功能服从于自由经济规律的目的。我国学者对于 Governance 一词的英文译称不尽相同，有的译成“治道”（如彭湃先生的《政府治道变革》），有的译成“管治”（如顾朝林教授等编著的《城市管治》），有的译成管理（联合国人居处的中文版本《健康的城市管理》），有的译成“治理”（国家发改委事业单位改革研究课题组译的《分散化的公共治理》），还有的译作“协同治理”（见科技中国与协同治理网站）等。其实，根据全球治理委员会的定义，“治理是个任何组织、公与私管理共同事务的各种方法的总和，是一个持续的过程”，以及联合国开发署（UNDP）1996 年的一份报告《人类可持续发展的治理、管理的发展和治理的分工》（Governance for Sustainable Human Development，Management Development and Governance Division）可以看出，治理（Governance）是区别于管理（Management）的；从西方文献关于 Governance 的定义来看，其含有统治和管理两方面的含义，在英语中，治理一词一方面界定权力行使、监督，换言之，也即由一个体制机构行使的“政府统治”；另一方面，它又指一种政府统治或管理的方法（Serfati Claude，2003）。因而译作“治理”更符合中文的表述习惯。

目前，有关治理的概念有多种定义，不同的机构与学者从各自的角度给出了不同的解释。世界银行在《治理和发展》一书中对治理的定义偏重规范和管理：“治理是通过建立一套被接受为合法权威的规则而对公共事务公正而透明的管理，是为发展而在管理一个国家的经济和社会资源方面的权力。”世界银行还将治理分为高、中、低三个音域。高音：在治理的背景下，公共行政部门的现代化；中音：“善治”在政治、经济及行政层面的正常状态；低音：参与、人权和民主化。欧洲联盟在 2001 年发表的《欧洲治理白皮书》中对治理的定义强调行使权力的程序：治理是影响到欧洲的权力的行使，特别是从开放、参与、责任、效率与和谐的观点出发的程序和行为。法国人类进步基金会对治理的定义重视不同层次关系的协调和对话：治理是公民利益间关系以及地方、国家和全球等各不同层次间关系在公共空间中的组织艺术；是具有意义、兼顾各种社会复杂性并有利于对话和集体行动的游戏规则的创造艺术（法国夏尔·雷奥波·马耶人类进步基金会,2005)。全球治理委员会1995年发表的题为《我们的全球伙伴关系》的研究报告认为:"治理是各种公共的或私人的个人和机构管理其共同事务的诸多方式的总和。它是使相互冲突的或不同的利益得以调和并采取联合行动的持续的过程。这既包括有权迫使人们服从的正式制度和规则,也包括各种人们同意或以符合其利益的非正式的制度安排。它有四个特征:治理不是一整套规则,也不是一种活动,而是一个过程;治理过程的基础不是控制,而是协调;治理既涉及公共部门,也包括私人部门;治理不是一种正式的制度,而是持续的互动。"(转引自俞可平,2003)1998年,加拿大法律改革委员会委托治理学院召开了一个有关治理问题的圆桌会议,与会的各方专家对治理的概念达成了以下共识:治理包含的范围比政府大;治理不属于权力机构;网络和进程是治理的关键因素;治理,作为一个生态系统,包括互相连接和流动;治理是在公共利益领域引导社会;治理关系到重要的国际层级;媒体在治理中的作用至关重要,特别是在制定公共日程和影响重要参与者的行为方面;治理在一个特定的社会如何发展演变,文化和传统是决定性的因素;在任何治理体系中,公民的角色都是最基本的(Working Group,1999)。

R·罗茨(R. Rhodes)指出:治理标志着政府管理含义的变化,指的是一种新的管理过程,或者一种改变了的有序统治状态,或者一种新的管理社会的方式(R. Rhodes,1996)。他列举了治理的六种不同定义:(1)作为最小国家的管理活动的治理,它指的是国家削减公共开支,以最小的成本获取最大的效益;(2)作为公司管理的治理,它指的是指导、控制和监督企业运行的组织体制;(3)作为新公共管理的治理,它指的是将市场的激励机制和私人部门的管理手段引入政府的公共服务;(4)作为善治的治理,它指的是强调效率、法律和责任的公共服务体系;(5)作为社会控制体系的治理,它指的是政府与民间、公共部门与私人部门之间的合作与互动;(6)作为自组织网络的治理,它指的是建立在信任和互利基础上的社会协调网络。另有学者认为:"治理意味着一系列来自政府但又不限于政府的社会公共机构和行为者。它对传统的国家和政府权威提出挑战,政府并不是国家惟一的权力中心。"(Gerry Stoker,1999)"治理是政府与社会力量通过面对面合作方式组成的网状管理系统。"(Obert Leach,2001)还有人提出"新治理"(New Governance):"新治理力求用一个全球观点将旧观念和新思想结合起来，以合作、柔性、成果和公民介入为中心，而不是发号施令，整体上看，相当于一种管理公共事务的新方法。”(Kettl，etl. 1999)

治理理论的兴起，与市场的失效和国家的不足相关。市场的失效指的是仅运用市场的手段，无法达到经济学中的帕累托最优。市场在限制垄断、提供公共品、约束个人的极端自私行为、克服生产的无政府状态、统计成本等方面存在着内在的局限，单纯的市场手段不可能实现社会资源的最佳配置。同样，仅仅依靠国家的计划和命令等手段，也无法达到资源配置的最优化，最终不能促进和保障公民的政治利益和经济利益。正是鉴于国家的不足和市场的失效，愈来愈多的人热衷于以治理机制对付市场和国家协调的失败(俞可平，2003)。从治理的角度看，决策权不应为某个人或某个团体所霸占，而应当属于所有社会活动的参与者，他们之间的关系是平等的合作伙伴，合作的领域可以是一个企业，一个组织，一个国家，或者是一个需要解决的公共问题。因此，治理的空间可以被描述为一个广阔的活动场所，它要求所有的参与者都按既定规则办事，使每个人的行为高度透明，具有可预见性。以上几点正体现了民主的一般精神(陈力川，2003)。见表 4.1 所示。

表 4.1　关于市场模式、政府科层模式与治理模式的特征比较①

	市场模式	政府科层模式	治理模式
基本关系	契约和产权	雇佣关系	资源交换
依赖性程度	独立	依赖	相互依赖
交换媒介	价格	权威	信任
冲突解决和协调方式	讨价还价和法院	规则与命令	外交式斡旋
文化	竞争	从属与服从	交互作用

世界银行现在使用“good governance”(善治)一词来代替“governance”，这是由于并非所有治理都一定是良好的。于是从 1996 年起，世界银行便开始鼓励使治理的概念往“善治”滑移。其包含五个基本方面：第一，合法性(legit-

① Gerry Stoker (Eds.) (1999), The New Management of British Local Governance, Forwarded by R. Rhodes, New York: St Martin's Press, Inc.

imacy)。它指的是社会秩序和权威被自觉认可和服从的性质和状态。善治要求有关的管理机构和管理者最大限度地协调各种公民之间以及公民与政府之间的利益矛盾,以便使公共管理活动取得公民最大限度的同意和认可。第二,透明性(transparency)。它指的是政治、经济等各种信息的公开化。透明性要求上述这些信息能够有效地参与公共决策过程,并且对公共管理过程实施有效的监督。与之相应,透明程度愈高,善治的程度也愈高。第三,责任性(accountability)。它指的是人们应当对自己的行为负责。公众,尤其是公职人员和管理机构的责任性越大,表明善治的程度越高。第四,回应性(responsiveness)。从某种意义上说,这一点是责任性的延伸。它的基本意义是,公共管理人员和管理机构必须对公民的要求作出及时的和负责的反应,不得无故拖延或没有下文。回应性越大,善治的程度也就越高。第五,有效性(effectiveness)。它有两方面的基本意义,一是管理机构设置合理,管理程序科学,管理活动灵活,行动者之间相互协调;二是最大限度地降低管理成本。善治程度越高,管理的有效性也就越高。

从管理走向治理有着其必然的结果。管理虽然可能适合线性的官僚制,但是不适合管理跨组织的网络。随着社会的发展尤其是信息技术的突飞猛进,随着公民社会和市场机制的发育成长,公民社会以及第三部门组织种类和数量的壮大,给传统的政府管理提出了挑战。公众民主意识参与国家和社会管理的愿望越来越强烈,在此基础上建立的各类组织在公民事务中发挥的作用越来越显著,组织形式也显得复杂,尤其是公众多渠道快速获取各类信息和资源,打破了传统政府管理下的垄断格局。政府部门在处理部分公民事务特别是跨组织的公民事务管理中越来越显得力不从心,因为网络社会为公众提供平等的资源,网络没有中心,每一个权利主体都是平等的,有权享受各类资源,政府部门需要改变自上而下、以政府为中心的治民活动,即由管制型向服务型政府转化,实现国家的权力向社会回归,实现还政于民。

4.5 公共管理学对电子政务评估的支撑

管理学的原理是支撑电子政务研究的一块基石,管理学的理论是研究电子政务价值的重要方法，涉及的内容也很多，电子政务的本质就是提高政府管理能力，使其向社会提供高效率、优质量、低成本、高透明的服务，因此它和公共管理有着密切的联系。电子政务的发展，必须要和现代公共管理的发展结合起来。

传统的政府公共行政管理体制是建立在韦伯的科层制理论基础之上，政府行政管理所面临的环境、行政管理所能采取的手段和方法都发生了根本的变化。公民的自我意识在不断提高，客观上要求政府部门必须能够顺应时代的发展，对已存在的服务公众的观念意识、管理体制、行政管理方法手段作出变革和调整。

现代公共管理学的发展，让人们对社会资源的配置有了更新的思考和探索，这些对于电子政务的发展也有着很深刻的意义。各国对于电子政务的投入日益加大，其建设模式将和公共管理的模式密切相关，对它的投入产出分析也应当从现代公共管理的视野来进行思考。

在信息技术迅速发展的今天，制约电子政务进一步发展的因素将不再是技术层面上的因素，更多的将会体现为管理和体制上的因素。只有理清电子政务的管理机制，才能科学地建立电子政务的价值与绩效评估体系。

在现代公共管理学中的新公共管理、新公共服务及治理理念的倡导下，电子政务的发展应当追求以用户为中心、以绩效为导向、注重多方参与、突出服务本质的电子政务模式。

公共管理学对电子政务价值评估体系的支撑可以体现在以下几个方面：

(1)公共产品理论是开展电子政务价值评估的重要理论基础。作为信息化绩效中的一种，它和其他信息化绩效(如企业信息化绩效)在本质上有无差别，在研究的复杂度上可否一样，在采用的研究方法上可否完全相同，这些都可以从公共产品理论中去探索。本书也正是基于电子政务作为公共产品的理论依据，采用了国际上常用来分析公共产品的 CVM 方法来分析电子政务的价值，因此，公共产品理论为本书后面的研究提供了理论支撑。

(2)新公共管理要求建立一套科学的电子政务绩效评估体系。新公共管理追求政府的高效率和低成本，追求为民服务的理念，这些都是开展电子政务绩效评估所应遵循的基本原则。

(3)新公共服务和治理理论要求电子政务的发展必须要考虑用户的参与，突出其服务的本质。这样，电子政务的发展就不仅仅是技术和网络那么简单的问题，要考虑到公平与正义，以民为本，以用户为中心，让社会上的人都能参与到电子政务的发展中来，并从中得到相应的收益。这一目标的实现，需要政府、企业、社会等多个方面来共同关注和思考电子政务的发展策略和模式。

(4)管理的业务过程研究是使电子政务价值评估体系落到实处(变得可以操作)的重要支撑。无论什么样的电子政务评价体系，在实际应用中，都要和实际的电子政务应用相联系，这样就需要得到其中具体的管理过程和内容的支持。本书在将具体的理论评价模型进行工程技术化时，也正是从电子政务管理中的两个重要内容(信息整合和政务流程)来展开的。因此，在电子政务评估过程中，“管理科学与工程”的学科支撑也是其中关键的内容。

5 电子政务评估的方法技术论

电子政务是在现代科学技术飞速发展的情况下形成的新兴研究领域，对它的研究需要从多个角度来进行，尤其是需要跨学科研究。根据电子政务的发展特性，系统学、政治学、经济学、管理学及一些公共管理技术方法是支撑电子政务价值评估工作开展的重要理论基础。这一章对这些理论方法作一些简要的介绍，并从哲学、学科和技术等层次对电子政务评估的方法体系作了相关论述。

5.1 电子政务绩效评估方法论的哲学基础

在哲学上，方法论与本体论、认识论、价值论有着密切的关系，并与特定时期的哲学思潮有关，现代西方哲学思潮大致可以划分为科学主义、人本主义两大体系。20 世纪下半叶，随着耗散结构论、协同学、超循环理论、混沌和分形理论等一系列复杂性理论研究的出现，复杂性理论成为自然科学研究的重要前沿，并且复杂性理论也被广泛地应用到社会科学的研究上面，成为一门多学科交叉的新兴学科①。因此，研究电子政务绩效评估的方法，有必要从哲学层面来探讨电子政务绩效评估的方法论基础，从而来指导电子政务绩效评估应用的开展。

5.1.1 电子政务绩效评估的本体论

本体论(Ontology)是指研究世界的存在及其本质和本性的理论。本体论

① 吴建南：《公共管理研究方法导论》，科学出版社 2006 年版。

在古希腊被称为第一哲学，"本体"一词来源于希腊文 ontos（即存在，有），本体论就是以本体为研究对象的学问①。在康德（Immanuel Kant）明确把科学与哲学区分开来之后，对科学的批判性反思就成为哲学的一个主要研究领域，其中科学是否蕴涵着本体论承诺，科学的本体论承诺对科学发展的影响等问题西方哲学界都有着广泛的讨论。康德、胡赛尔（Husserl Edmund）、奎因（Willard vanOrman Quine）、库恩（Kuhn Thoms Samua）、劳丹（Larry Laudan）等西方主流哲学家尽管各自的哲学观点不同，但都承认科学具有本体论承诺②。奎因认为不论是科学家或是哲学家，当他们在建构和谈论一种理论时都连带着他们的本体论态度，任何科学理论都有其本体论承诺③。当代科学哲学家劳丹认为科学研究进行得以可能的本体论为前提④，任何具体科学都是在特定的"研究传统"中展开活动的，这里的"研究传统"以他的话就是"一组本体论和方法论的'做什么'和'不做什么'"。20 世纪初以来本体论的复兴虽然呈现出迥然各异的态势，但其共同点则是对人类生存问题的关注和对人文精神的呼唤。

对于电子政务这个公共管理中的新兴领域来讲，一般的哲学观点如实证主义、结构主义、经验主义、行为主义、现象学、本体诠释学等以及诸多一般方法论如耗散结构理论、协同学、超循环理论、突变论、分形理论和混沌理论等都可以应用，一般的科学方法如归纳、演绎、证实、统计等也不例外，因此对电子政务的认识途径和研究方法论体系应当是多元的。事实上，科学是使知识系统化与形式化的事业，它并不局限于某一特定的认识论，人本主义与结构主义同实证主义一样是系统的和严密的，只是由于它们认识论的不同而采用了不同的方法论。科学的发展是一个历史的、动态的、革命的过程，要想获得突破必须摆脱原有的思维框架和元话语的束缚。电子政务绩效评估的研究对象、研究的技术条件、服务的对象及成果无不是在一定的社会和物质的条件下的

---

① 肖建华：《本体论的哲学意义》，《江汉论坛》2003 年第 2 期，第 62～67 页。

② 宋宽锋：《试论科学的本体论前提和生存论基础》，《学术月刊》2001 年第 5 期，第 14～20 页。

③ 李小兵：《奎因的本体论承诺》，《社会科学》1994 年第 4 期，第 50～56 页。

④ 拉里·劳丹：《进步及其理论问题》，上海译文出版社 1991 年版，第 79～80 页。

产物，与之相应的概念、解释、范式、语言表达、研究方法都会随着社会历史和事实的改变而改变，电子政务绩效评估也是一个动态的过程，也会随着社会环境的发展而发展。

5.1.2 电子政务绩效评估的认识论

认识论是探讨人类认识的本质、结构，认识与客观实在的关系，认识的前提和基础，认识发生、发展的过程及其规律，认识的真理标准等问题的哲学学说，又称知识论。唯心主义认识论否认物质世界的客观存在，坚持从意识到物质的认识路线；不可知论否认客观世界可以被认识；唯物主义认识论坚持从物质到意识的认识路线，认为物质世界是客观实在，强调认识是人对客观实在的反映，申明世界是可以认识的；辩证唯物主义的认识论则进一步把实践作为认识的基础，把辩证法运用于认识论。

电子政务绩效评估的认识论首先要理清该体系下的主体与客体的关系，我们在研究电子政务绩效评估时，由于研究出发的视角不同，可能会采取的形式也不同：如主体、客体完全分离（客观分析的方法），主体、客体完全不分离（主观分析的方法）以及介于这两者之间的分析方法等。因此，一套电子政务绩效评估制度的研究，也取决于研究者对电子政务的认识和研究的视角，这样，不同的研究者就会得出大相径庭的评估制度。

5.1.3 电子政务绩效评估的价值论

价值论转型主要是就西方哲学的发展轨迹而言的。西方最初的哲学，也就是古希腊哲学，主要是思考和回答宇宙的本原或始基的哲学，通常被称为本体论哲学，中世纪的经院哲学也基本属于这类哲学。文艺复兴以后，人的解放和科学的发展，促使哲学开始转向主要思考知识或真理的问题，如什么是知识、知识是怎样获得的等，这就是通常说的认识论哲学。进入工业社会以后，由于生产力的飞速提高，极大地展现了主体人的能动的创造力量，使世界的财富或“价值”的创造迅速提升，但与此同时，也使人的贬值等异化现象越发普遍起来，价值问题开始进入现代人的视野。到了 19 世纪中期，新康德主义弗莱堡学派的思想家出于哲学自身的困惑，开始把哲学问题归结为价值问题，提出了价值哲学的构想。这些思想首先影响到了英语国家，特别是美国，到 19 世纪末 20 世纪初，价值论已为西方哲学普遍重视。这就是西方哲学从本体论到认识论，从认识论到价值论的转型①。

价值哲学研究的是价值问题，但价值问题并不是一个与价值哲学相伴生的问题，人类对价值的思考是古已有之的事，是哲学中最古老的问题之一，只不过历史上人们很少直接使用"价值"一词，而是使用其他具体价值词如"善"、"利"、"美"等来表述价值问题。这种情况，西方和中国大体一样。正因如此，"价值"一词在相当长的历史时期里，不是作为哲学概念，而是作为经济学概念来使用的。对经济之外的事物，人们通常也不用"价值"概念来评价。国内有一部《价值学说史》②，涵盖了西方和中国的价值学说，也包括马克思的价值学说，但通篇讲的都是经济学范畴的价值，正说明了"价值"这一概念在历史上的学术隶属范畴。在西方思想史上，较早使用"价值"概念的是休谟、笛卡尔和康德等，但在他们那里，"价值"也只是一般性概念，而不是范畴性概念。

价值是人们对事物的认识、态度、观念、信仰和偏好，是人的主观思想对客观事物的认识态度。从哲学上来说，是主体需求与客体属性之间的关系，即"A 事物对 B 事物有价值"的过程。因此研究价值就应该考虑主体与客体的关系。

关于电子政务价值，笔者对其作了分析③，认为电子政务价值是公众对电子政务服务的认识、态度、偏好和行为的反映，在经济学上也称为效用。从哲学上来看，电子政务价值是电子政务用户的需求和电子政务服务某些属性的关系。没有电子政务（缺少客体），自然不存在电子政务的价值；离开了用户（缺少主体），也不存在电子政务价值的基础。因此，研究电子政务的价值，就有必要和它的用户联系起来。

关于电子政务价值研究的目标，从公共经济学上来说，研究电子政务价值的重要目标就是完善电子政务绩效评估，以增加社会的福利和效用，其价值体

---

① 罗中起：《价值论转型及其哲学方位》，《沈阳师范大学学报（社会科学版）》2007 年第 31(4)期，第 56～59 页。

② 何炼成：《价值学说史》，陕西人民出版社 1984 年版。

③ 邓崧：《论政府绩效下的电子政务价值评估》，《情报杂志》2007 年 9 月。

现在它引起的消费福利变化的大小上。

5.1.4 电子政务绩效评估的方法论

由于方法论是对研究者思维抽象而基础的概括，很难找到一个统一的分类标准，学术上对于方法论的研究也有很多的划分，下面列举几种方法论。

(1)科学主义

科学主义源于经验主义，实证主义、逻辑实证主义和批判理性主义等均属于其下。此处主要举经验主义、实证主义两个方面。

经验主义是科学主义的开端，它相信客观事实，认为所有的科学只和客体相关，而无须理论性解释，经验的东西就是存在的东西。因此，其认识论就是通过经验来认识世界，方法论就是呈现经验的事实。简言之，就是收集“事实”，使它条理化并加以表达。

实证主义是近代自然科学尤其是诸如物理、化学等学科研究的核心思想。因此实证主义方法论也被称为“科学方法”或假设—演绎法。实证主义认为，一切科学都必须在观察的基础上，通过实验来检验，进而建立法则和理论。

实证主义与经验主义都以观察为基础，但是实证主义不仅仅只是呈现事实，它还必须对事实进行检验，并以此为基础提出以后可以用于预测或是解释的理论。实证主义认识论认为，知识是通过经验取得的，而且这些经验要经过一致认可的可证实证据的证实。其方法论是对事实陈述的证实。

科学主义在电子政务绩效评估中的应用表现在：在电子政务绩效评估时，应当遵循电子政务的发展规模，评估的体系应当建立在大量的客观事实和数据基础之上。

(2)人本主义

人本主义走的是与科学主义不同的另一个方向。人本主义强调的是主观性而非客观性，强调的是个别性而非重复性，它认为人是世界的主体，人是研究的起点，也是研究的回归点。人本主义包括意志主义、生命哲学、存在主义、法兰克福学派。与人本主义比较密切的是现象学。人本主义的认识论认为知识是在人的意识世界中主观获取的，其方法论为研究个人的世界。以存在主义、现象学为例，人本主义研究多以深度访谈等为研究方法。

人本主义是电子政务绩效评估中重要研究视野之一，它在电子政务绩效评估中的应用表现在：在作电子政务绩效评估时，应当充分考虑用户的因素，强调用户的感受，把这些因素纳入到相关的电子政务绩效评估体系中来。

(3)结构主义

结构主义的理论基础是瑞士语言学家索绪尔(Ferdinand de Saussure，1857～1913年)的结构语言学。结构主义认为，研究所关注的并不是对象本身的意义，而是这些意义得以产生的机制。"结构主义是作为对人道主义(存在主义)以及现象学的反动而出现的"，结构主义的认识论认为，现象世界并不一定能反映机制世界，而要通过研究组成系统的各要素的相互关系来认识。因此结构主义的方法论涉及到理论的建构，理论可以解释我们所观察到的东西，但其真实性是不可检验的，因为并不能直接证明它们的存在。

如果从结构主义的视角来研究电子政务绩效评估，可以将电子政务分为多个子系统，并去研究这些子系统之间的关系和影响机制，从而来构筑科学的电子政务绩效评估体系。

(4)复杂性理论

"复杂性"在20世纪70年代之前，研究涉及甚少。之后，关于复杂性、非线性理论的研究开始增多，从上个世纪70年代到90年代期间，涌现了耗散结构论、协同论、超循环论、混沌和分形理论等处于科学研究前沿的一系列新理论。并且复杂性理论逐渐成为自然科学与社会科学所共有的研究指导理论，新的研究成果不断涌现。与之前的"简单性"(相对于复杂性而言)理论相比，复杂性理论将成为未来科学研究的重要理论工具。

复杂性理论的认识论认为，从系统的自组织过程中可以认识事物尤其是高度复杂的系统。其方法论就是通过研究系统自组织的产生条件、动力机制、产生途径等方面来认识复杂现象。

电子政务绩效评估研究对象本身由于具有公共性、目标多元化等特性，因此研究过程高度复杂，正是这种研究对象的复杂性，造成了电子政务绩效评估(乃至公共绩效评估)的困难。因此，复杂性理论也是电子政务绩效评估研究的重要理论工具。

5.1.5 电子政务绩效评估的方法论与市体论、认识论、价值论的关系

电子政务绩效评估的方法论与本体论、认识论、价值论的关系见图5.1。

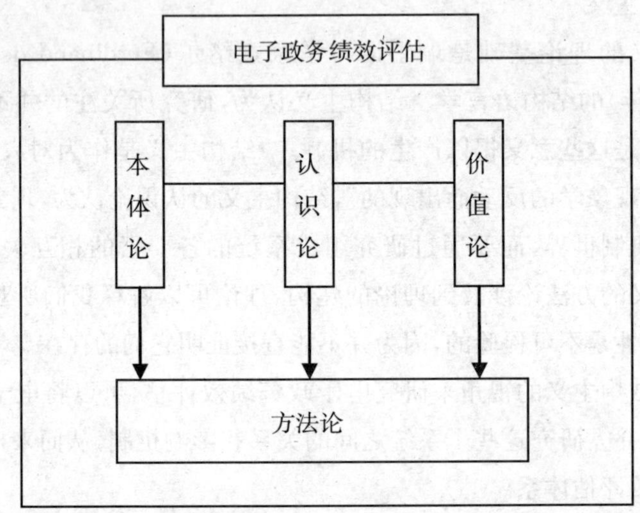

图5.1 电子政务绩效评估的方法论与本体论、认识论、价值论的关系

如图5.1所示，电子政务绩效评估的方法论在哲学层面上，会受到其他哲学形态的影响，对于特定的研究者来说，他所采取的电子政务绩效评估方法论与相关的本体论、认识论和价值论是统一的。电子政务绩效评估的本体论主要考虑的是电子政务研究的主体和客体，电子政务绩效评估的认识论是反映电子政务绩效评估研究中的主、客体的关系，电子政务绩效评估的价值论反映了研究者在评价客体过程中价值立场，而电子政务绩效评估的方法论则是这一研究、互动过程中的方法路径。因此，电子政务绩效评估的方法论应当和电子政务绩效评估的本体论、认识论和价值论是一致的，并受到它们的影响。

5.2 电子政务绩效评估方法的学科基础

电子政务是伴随现代科技和现代政府管理飞速发展的产物，它本身就是

多学科交叉的。电子政务绩效评估作为公共绩效研究的重要组成内容①,其研究方法具有大系统的复杂性,要求综合的知识,与多个学科相关。因此,电子政务绩效评估在方法上的研究一定要多学科交叉,需要借助多个学科的研究方法。管理学和公共管理学是支撑电子政务绩效评估的重要学科,这已在前一章中作过介绍,下面简要地介绍一下系统学、政治学、经济学及它们对电子政务评估的支撑。

5.2.1 系统学基础

系统学是现代公共管理学的基石之一,公共管理学的系统方法是从系统工程中移植过来的系统分析的一部分。电子政务体系本身就是一个复杂巨系统,因此电子政务价值与绩效的研究需要系统科学理论的支撑②。

运用系统科学要掌握以下原则:整体性原则、层次性原则、关联性原则、优化性原则、模型化原则。

系统方法就是根据行政对象所具有的客观的系统特征,从整体出发,着眼于整体与部分、层次、结构、环境等的相互联系、相互作用,求得优化的整体目标的综合方法。

系统方法是现代公共管理技术方法中层次较高的、适用性很强的技术方法。因为系统的存在具有普遍性,系统方法的运用也就具有普遍性。用系统方法研究电子政务价值评估,有利于明确电子政务价值评估系统和环境的关系,有利于确定内部各个环节的关系,从而有利于建立科学的电子政务绩效评估体系。

5.2.1.1 系统建模应遵循的原则

根据系统模型的要求,可以导出系统建模时应该遵循的原则:

1)切题。模型只需包括与研究目的有关的方面,而不是对象系统的所有方面。

---

① 陈振明,薛澜:《中国公共管理理论研究的重点领域和主题》,中国社会科学 2007 年第 3 期,第 140~152 页。

② 苗东升:《系统科学精要》,中国人民大学出版社 1998 年版。

2)清晰。一个大型复杂系统是由许多联系密切的子系统组成的,因此对应的系统模型也是由许多子模型(或模块)组成的。在子模型之间,除了保留研究目的所必需的信息联系外,其他的耦合关系要尽可能减少,以保证模型结构清晰。

3)精度要求适当。建立系统模型,应该视研究目的和使用环境不同,选择适当的精度等级,以保证模型切题、实用,而又不致花费太多。

5.2.1.2 系统建模的主要方法

针对不同的系统对象,可以采取不同的方法建造系统模型,其中主要方法有以下五种:

1)推理法。对于内部结构和特性已经清楚的系统,即所谓的“白箱”系统,可以利用已知的定律和定理,经过一定的分析和推理得到系统模型。

2)实验法。对于那些内部结构和特性不清楚或不很清楚的系统,即所谓的“黑箱”或“灰箱”系统,如果允许进行实验性观察,则可以通过实验方法测量其输入和输出,然后按照一定的辨识方法得到系统模型。

3)统计分析法。对于那些属于“黑箱”,但又不允许直接进行实验观察的系统,可以采用数据收集和统计分析的方法来建造系统模型。

4)混合法。大部分系统模型的建造往往是上述几种方法综合运用的结果。

5)类似法。即建造原系统的相似模型。有的系统,其结构和性质虽然已经清楚,但其模型的数量描述和求解却不好办,这时如果有另一种系统,其结构和性质与之相同,因而建造出的模型也类似。但是,该模型的建立及处理要简单得多,我们就可以把后一种系统的模型看成是原系统的相似模型。利用相似模型,按对应关系就可以很方便地求得原系统的模型。

上面针对不同情况提出了建造系统模型的五种方法(或思路)。应该指出的是,这些方法只能供系统建模者参考,而要真正解决系统建模问题还必须充分发挥人的创造力,综合运用各种科学知识,针对不同的系统对象,或者建造新模型,或者巧妙地利用已有的模型,或者改造已有的模型,这样才能创造出更加适用的系统模型。因此,有人把建造系统模型看成是一种艺术,这说明建造系统模型确实需要充分发挥人的创造性,而不可能有现成的模式可以照搬。

5.2.1.3 系统分析的步骤

1)明确问题与确定目标。当一个有待研究分析的问题确定以后,首先要对问题进行系统的合乎逻辑的阐述,其目的在于确定目标,说明问题的重点与范围,以便进行分析研究。

2)搜集资料,探索可行方案。在问题明确以后,就要拟定解决问题的大纲和决定分析方法,然后依据已搜集的有关资料找出其中的相互关系,寻求解决问题的各种可行方案。

3)建立模型。为便于对各种可行方案进行分析,应建立各种模型,借助模型预测每一方案可能产生的结果,并根据其结果定性或定量分析各方案的优劣与价值。

4)综合评价。利用模型和其他资料所获得的结果,对各种方案进行定性与定量相结合的综合分析,显示出每一种方案的利弊得失和效益成本,同时考虑到各种有关因素,如政治、经济、军事、科技、环境等,以获得对所有可行方案的综合评价和结论。

5)检验和核实。以试验、抽样、试运行等方式检验所得到的结论,提出应该采取的最佳方案。在系统分析过程中可以利用不同的模型,在不同假定条件下对各种可行方案进行比较,从中选优,获得结论,提出建议。方案能否实施,则是决策者的责任。

5.2.2 政治学基础

5.2.2.1 政治决定电子政务的意义

电子政务,重在政务。这个政务,就是公共行政,电子政务的发展,由公共行政自身的发展决定。而纵观公共行政的思想演进,政治中的意义,才是公共行政的真正中心,各种行政形式,只是不同现代化条件下,对意义的不同显现和实现方式。电子政务如果不想做无用功,首先还是要追问意义:我们到底要做什么,在什么条件下来做我们想做的事?可以说,政治根本的意义在于“谋幸福”,在眼前体现为“为人民服务”。如何作好服务,既要认清当前约束条件,如服务的效率问题还没有解决,更要直面世界潮流带来的挑战,要求我们以更具效能、更加公正的方式提供服务,将来还有社会自我服务的问题。

按照工业化这样一个大范畴进行区分,实际有两种意义和阶段上的官僚制。一种是韦伯式的官僚制,一种是公共选择式的官僚制。影射到电子政务的政务观上,如果信息技术与韦伯式的官僚制结合,意味着电子政务的目标模式,是不触及现有政务职能划分的单纯技术手段的应用,如政府上网工程。如果信息技术与公共选择式的官僚制结合,意味着电子政务的目标模式,是在职能转变意义上的信息技术应用①。

从绩效模式上看,两种官僚制的共同点在于效率导向。这也是被公共行政学界普遍认为的这种模式的传统性所在。韦伯式的官僚制,是大政府模式,支持这种模式的电子政务,如同其政务本体一样,侧重在将政府作为一个成本中心,只考虑效率,不考虑成本,搞的完全不是有效益的信息化。公共选择式的官僚制,是小政府模式,这种模式及其信息化实践,往往在受到财政压力情况下,把成本控制当做首要任务,追求将效率建立在成本控制之上。

面对这一大堆问题,总的趋势,政务现代化越向前发展,电子政务越内生于政务本身,越成为政务本身的实现方式。为了避免挫折,我们需要加强对公共行政的研究,更需要加强对政治的研究,因为政治决定电子政务发展的意义。

5.2.2.2 我国电子政务在"以人为本"方面的特点

我国特殊的行政生态环境,决定了在官僚制框架下的电子政务在"以人为本"方面具有如下特点:

1)以人为本是在政治—行政二分前提下提出的。政治决定行政,行政不能背离政治本质自我膨胀。我国信息化"目的是要提高行政透明度,提高管理效率,推进勤政廉政。说到底,如果搞信息化后不能便民,反而更麻烦和更复杂了,就没有生命力。要确实让老百姓感到信息化是为人民服务,为老百姓服务,这才有意义"。为人民服务的根本宗旨决定了我国行政的特点,不同于仅仅将公民当做顾客的管理主义,提以人为本就是要避免走发达国家现代化的弯路。这与新公共行政旨在扬弃政治—行政二分的背景不同。

2)以人为本是在以职能为中心的工业化行政体制环境中提出的。我国目

① 汪向东,姜奇平:《电子政务行政生态学》,清华大学出版社 2007 年 7 月。

前的行政环境不适合整体上的政府流程再造,因此以人为本不同于新公共行政的公民导向,是工业化条件下的以人为本。

3)以人为本是在官僚制背景下提出的。我国在实现工业化过程中,要充分发挥官僚制的积极作用。强调以人为本,有助于发挥官僚制中的积极作用,同时限制官僚主义的恶性膨胀,而且越是不得不倚重官僚制,就越要提高官僚的使命感。

4)我国政治体制与西方不同,对电子政务的政治诉求也不同,以人为本不是政治体制改革,不等于政治性的电子民主,它更多着眼于从行政伦理和民主行政方面入手完善现有行政体制。

5.2.2.3 政治学对电子政务评估研究的理论支撑

姜奇平等认为,新公共行政的信息化实质就是扬弃政治与行政的二分。电子政务在"一站式"服务之后是什么?狭义的新公共行政,包括治理理论在内,给出了一个近期的答案。这就是电子民主。它不光涉及行政体制改革,还要涉及政治体制改革。用弗雷德里克森的话说,就是"我们应当以这种方式,即以增强变革的前瞻性、回应性及公民参与的方式,管理公共组织和机构"。在这里,治理,意味着政治的含义发生了变化。公共行政,已不再限于政府,这就不仅不再是行政内部的变革,甚至带来政治本身的变革。

电子政务的本质是"政务",因此研究电子政务就无法脱离政治学的一些理论支撑。中国的政治学体系是在马克思主义指导下成长起来的,目前仍在"加深理论研究,拓展研究领域"的发展过程之中。

政治学对电子政务价值评估研究的理论支撑主要体现在以下几个方面:

1)马克思主义政治学的基本原理;

2)行政管理学;

3)公共政策。

5.2.3 经济学基础

5.2.3.1 经济学对公共管理的影响

自20世纪70年代末80年代初以来,与经济上的新自由主义思潮和政治上的新保守主义思潮相伴随,西方公共管理学界形成了新公共管理思潮。这一思潮对西方各国的政府实践产生了深刻的影响,掀起了一场声势浩大的政府改革运动,其基本趋势是由传统的韦伯官僚制模式转变为以市场为基础的政府管理新模式。这场政府管理的新实践导致了传统公共行政理论陷入合法性危机,促成了新公共管理的兴起,其强调以市场机制改造政府、以企业家精神重塑政府。此种政府管理新模式的产生与20世纪70年代以来经济学理论的新发展关系极为密切。经济学"为人们抨击官僚制提供了理论基础,造成了政府总体规模的缩减,并为以市场为基础的公共政策设计提供了方法论基础"(休斯,2001)。

其中,公共选择理论和新制度经济学对现代公共管理的影响最大。

休斯认为,以市场为基础的新公共管理受到20世纪70年代以来经济学理论新发展的深刻影响。新古典经济学对市场价值的重申改变了公共官僚组织。经济学,特别是公共选择理论、委托代理理论和交易成本理论融合到新公共管理中,取代了官僚组织中高层人员信奉的传统公共行政观念。

经济学对于新公共管理的巨大影响主要是因为"相对于含糊不清的公共行政理论来说,经济学理论是精确的,具有可预测性的,经验主义的,并且是建立在解释人们如何行动的激励理论之上的"(休斯,2001)。经济学以自利、理性的经济人假设为逻辑起点,能对人类行为作出更好的解释和预测,从而使新公共管理获得比传统公共行政更有力的理论基础。

经济学的理性经济人假设为解决上述官僚制弊病提供了一条可供选择的思路。经济人特征包括:追求个人利益最大化,对个人行为的收益成本进行精确的比较分析。在市场交换制度下,个人利益最大化的理性经济人在"看不见的手"的指引下不自觉地促进了公共利益。市场制度是有效配置资源、实现个人利益与公共利益兼容的制度。公共选择理论运用新古典经济学的理论假设研究政治市场中所有的公共选择者,认为政治家、官僚和选民在政治决策过程中均是自利的理性的效用最大化者,并试图阐明、构造一种真正能把个人的自利行为导向公共利益的政治秩序,提出了以市场为解决方案的观念。新制度经济学对经济人假设进行了修正,认为经济人具有有限理性、机会主义特征。有限理性指个人不能想像出决策的全部备选方案,不具备关于未来各种可能性及其后果的完备知识和预见,特别是在信息不对称和存在私人信息的情形下。机会主义是指人们的一种狡诈的自私自利的行为倾向，如故意扭曲事实真相、误导、隐瞒、迷惑他人和浑水摸鱼。有限理性和机会主义假设是讨论经济组织中的交易成本和委托代理问题的微观基础，并可扩展运用到对公共组织的分析中。

经济学对新公共管理理论建构的知识影响主要表现在两个方面：对官僚制的批评和以市场为基础的制度设计。前者揭示了政府官僚体制规模膨胀、效率低下和责任缺位等弊端的成因。公共选择理论对此进行了精辟的分析，委托代理理论亦有阐释。之外，公共选择理论和新制度经济学提出了以市场为解决方案的政策建议，以市场模式取代传统官僚制①②③。

5.2.3.2 公共选择理论

公共选择理论是"对非市场决策的经济学研究，或者简单地定义为是把经济学运用于政治科学的分析"（缪勒，1999）。在公共选择理论对官僚制的分析中，影响最大者当推尼斯坎宁。他在《官僚制与代议制政府》一书中提出的官僚预算最大化假说，大大推动了公共选择理论对官僚制的研究，并对现实产生了深刻影响。尼斯坎宁认为经济理性的官僚在双边垄断结构中利用其在公共服务生产的垄断地位和政治制度缺陷追求个人效用函数最大化，这直接表现为官僚预算最大化。公共选择理论认为政府低效和规模不断膨胀的根本原因在于官僚制在公共服务供给中的垄断特性，具体而言：①缺乏竞争，官僚机构垄断了公共物品的供给，缺乏节约成本、提高效率的压力；②缺乏利润激励机制，由于公共产出的非市场性质，公共产出难于测量，官僚的目标并非利润最大化，而是预算规模最大化，造成公共生产过剩；③缺乏监督，官僚机构在公共生产信息方面占有优势，监督者有可能受到"被监督者"的操纵。在监督机构面前，被监督者所处的地位使他们实际上可以强制规定最符合自身利益的政

① 徐友浩，吴延兵：《顾客满意度在政府绩效评估中的运用》，《天津大学学报（社会科学版）》2004 年第 10 期，第 325～328 页。

② 郑春梅：《关于提高政府绩效的若干思考》，《长白学刊》2004 年第 6 期，第 23～25 页。

③ Schminke, Marshall; Cropanzano, Russell; Rupp, Deborah E: Organization Structure and Fairness Perceptions: The Moderating Effects of Organizational Level, *Organizational Behavior and Human Decision Processes*, Volume: 89, Issue: 1, September, 2002, pp. 881-905.

策(勒帕日,1985)。

公共选择理论主要从经济学的角度来分析政府的管理活动,强调个人自由和市场作用,打破政府垄断,建立公私机构之间的竞争机制,从而使公众获得自由选择的机会,并认为这是解决政府困境的根本出路。政策选择包括:①增加服务主体,让私人企业、非营利公共组织等,与政府机构一道来参与公共产品的生产与提供;②创造市场机制和形成竞争格局,用公私组织之间和公共组织之间的竞争服务来为公众提供"用脚投票"的机会;③破除垄断,允许不同组织之间在职能和管辖范围上重叠交叉。

5.2.3.3 委托代理理论

委托代理理论通常用于分析组织中的科层关系。委托人赋予某个代理人一定的权利,一种代理关系就建立起来了,这个代理人受契约(正式、非正式的)制约代表着委托人的利益,并相应获取某种形式的报酬(埃格特森,1996)。委托人和代理人的目标冲突与信息不对称是委托代理问题的核心。在有限理性和机会主义的经济人假设下,代理人利益与委托人的利益未必一致,他可能去追求个人利益而把委托人的利益放在次要位置甚至以牺牲委托人的利益为代价,产生逆向选择和道德风险问题。在公共选择领域,选民和政治家、政治家和官僚构成委托代理关系。官僚作为代理人根据显明或隐性契约负责公共服务的供给,必须忠实执行委托人的意愿。但是在实际的运作中,由于公共生产的非市场性质、利润激励的缺乏和官僚机构的实际垄断地位,政府机构存在严重的委托代理问题。官僚追求自身利益,在一定程度上与委托人的利益相冲突。同时,官僚与政治家拥有的公共物品和公共服务供给信息的种类和数量不同,官僚在这种信息不对称中处于优势地位。政治家要减少官僚的投机行为,必须获取足够的信息,这将大大增加代理成本。从而在作为委托人的政治家和作为代理人的官僚之间的契约中,可能存在严重的逆向选择和道德风险问题。官僚利用其拥有的不对称信息,追求自身效用最大化,在实质上逃避了委托人的监督和控制。

总之,公共选择理论和委托代理理论认为官僚机构在公共服务供给中的垄断地位及派生的信息不对称是政府弊病丛生的根源所在。政府低效、官僚主义等政府失灵现象都可溯源到官僚机构对公共物品生产的垄断及对生产信息的独占优势地位上。打破官僚机构的这种垄断地位、引入竞争激励机制就成为提高政府绩效、消除政府失灵的当然选择。正如缪勒所言,“无论何时,只要可能,政府就会像独家垄断者一样行事;无论何处,只要存在竞争,它就会趋于对效率产生一种有益的影响,这与企业之间竞争的效果是相同的”(缪勒,1999)。

对市场价值的重新发现和利用是公共选择的核心。公共选择理论认为要改善官僚制的运转效率、消除政府失灵的根本途径在于取消任何形式的“公共垄断”,在公共部门中恢复竞争,引入市场、准市场机制。根据其官僚预算最大化模型,尼斯坎宁提出了相应对策:在官僚机构之间引入竞争,打破某些机构对公共服务供给以及对生产成本信息的垄断;重构公共部门的激励结构,激励官僚采取最小化成本策略,而非预算最大化策略,以效率逻辑取代扩张逻辑;将私人市场方法扩大运用到公共服务的生产中,采取签约外包方式提高效率。另一方面,公共选择理论主张分权化、公共组织的小规模化,给予公民“用脚投票”的机会,个人通过在生产公共物品的不同“俱乐部”之间作出进入或退出的选择来促进公共部门之间的竞争,激励它们提高公共物品的生产效率。

委托代理理论认为解决委托代理问题的关键在于如何设计适当的激励机制,诱导代理人去追求委托人的目标,使其行为符合委托人的利益,达到“激励兼容”。根据公共部门的特性,可以采取以下途径来减少官僚的机会主义行为:其一,缩减政府规模,将公共服务签约外包。一般而言,私营部门委托代理问题比公共部门的较轻。通过供给生产相分离、签约外包等方式可以将公共部门委托代理问题转移到私营部门中去,从而减少公共部门的委托代理问题。其二,加强监督,获取代理人所掌握的信息,降低其讨价还价的能力,从而抑制代理人的机会主义动机。同时,强化有利益冲突的个人或部门之间的竞争。竞争能减少委托人所面临的代理成本,而提高代理人从事投机行为的成本。其三,制定激励契约。固定报酬制度不能对个体产生有效的激励效果,反而会强化官僚的偷懒动机。采取绩效工资制可以有效激励个人,实现个体利益与共同利益的相容。

交易成本概念产生于对企业性质的分析,指事前签订契约、事后监督和实施它的各类费用之和。交易成本理论认为新古典经济学的零交易成本假设是不现实的，利用市场机制需要付出交易成本，企业的出现与交易成本相关。从交易成本的观点来看，官僚机构垄断公共服务生产的传统模式无疑以巨大的交易成本为代价，无法实现资源的最优配置，因此应运用市场检验或签约外包将公共服务转由非官僚机构承担，降低交易成本。但是，利用官僚机构提供公共服务和利用市场都存在交易成本，问题的关键在于如何确定政府与市场两者的合理边界，使总交易成本达到最小。在官僚机构垄断公共服务的情况下，引入市场机制是合理的选择，但同时亦应注意到运用市场机制也需付出交易成本，不能想当然认为市场机制必然优于官僚制。

5.2.3.4 经济学对电子政务评估的支撑

公共选择理论和新制度经济学的以市场为基础的改革理念导致了新公共管理的市场导向、结果导向和顾客导向。比较公共选择理论、委托代理理论和交易成本理论提出的市场化改革主张和新公共管理诸多公认特征，可以发现两者之间存在紧密的传承影响关系：公共选择理论与新公共管理特征中的预算削减、民营化、供给生产相分离、签约外包、用者付费与凭单制、竞争、分权化等相关；委托代理理论则构成了供给生产相分离、绩效责任、分权化、绩效管理、改进财政管理和审计、绩效稽核、人事管理等特征的理论基础；交易成本理论对新公共管理特征中的供给生产相分离、签约外包、分权化产生了相当的影响(Gruening，2001)。

由上可见，经济学对电子政务价值与绩效评估体系运动起到了重要的指导和推动作用。经济学，特别是公共选择理论和新制度经济学对电子政务价值与绩效评估体系的理论和实践产生了不可低估的知识影响。基于此，经济学对于电子政务价值与绩效评估体系研究而言有着特别的意义。

其一，经济学作为一门较为成熟的社会科学，为电子政务价值与绩效评估体系提供了强有力的理论支持，为其发展成为严密、完整的理论体系奠定了基础。电子政务价值与绩效评估体系形成于西方政府改革运动中，其教义、特征是从实践中提升而来。经济学以普遍的人性假设为基础，运用均衡分析和边际分析方法，通过建立理性模型进行演绎推理，能对个体行为作出更好的解释和预测。虽然经济学在公共部门中的运用受到了广泛的批评，但是不可否认经济学的假设、理论和方法对于公共部门管理研究而言是相当有效的、可资借鉴的。经济学对官僚机制缺陷的分析和对市场机制优越性的强调改变了社会思潮，促成了电子政务价值与绩效评估体系运动的兴起，为其以市场为基础的公共政策设计提供了理论支持。电子政务价值与绩效评估体系以经济学为基础，借鉴其假设、理论和方法，从而有可能发展成为政府管理新的理论体系的重要分支。

其二，经济学与电子政务绩效的跨学科整合转变了传统的政府管理思维，开阔了公共行政的研究视野，丰富了其理论内容。经济学指出传统的规制取向的官僚制存在严重的激励问题，认为“公共垄断”导致了公共生产中的资源浪费、政府规模膨胀，破除了对官僚机构作为高效公共服务的直接垄断生产者的迷思。基于人性预设的转变，政府管理由如何完善规则来控制官僚转变为如何有效激励官僚更好地提供公共服务，重视绩效和结果，减少繁复的规章制度对官僚的制约，在公共部门间开展竞争，运用市场机制激励个体提高效率，从而走出规制导向的困境。公共选择理论和新制度经济学的研究方法和分析工具，如政治市场、激励兼容、交易成本等，融入电子政务绩效评估体系的理论框架中。

其三，经济学为审视电子政务绩效评估体系的价值提供了深刻的洞察力。电子政务绩效评估体系主张的市场导向在本质上源于新保守主义经济学对市场价值的重新发现、对小政府的回归，是 20 世纪 70 年代末以来成为主流的市场化运动在政府管理方面的呈现。从历史发展和时代背景来看，如今的市场化浪潮是对二战后凯恩斯政府干预主义长期盛行导致的政府规模不断膨胀、预算赤字剧增和最终导致的难于解决的经济滞胀的严重后果的反动。电子政务绩效评估体系是从这个市场化运动中派生出来的，对它的理论价值的定位应置于时代背景和宏观背景中考察。电子政务绩效评估体系是公共部门应对社会要求、顺应市场化浪潮的时代产物，破除了传统的公私简单二分，把竞争与垄断视为问题的实质，由规制转变为激励，这将对政府管理产生深远的影响。

5.3 技术方法体系

5.3.1 层次分析法(AHP)

层次分析法(Analytical Hierarchy Process ,AHP)是美国匹兹堡大学教授撒泰(A. L. Saaty)于 20 世纪 70 年代提出的一种系统分析方法。它综合定性与定量分析,模拟人的决策思维过程,来对多因素复杂系统,特别是难以定量描述的社会系统进行分析。目前,AHP 是分析多目标、多准则的复杂公共管理问题的有力工具。它具有思路清晰、方法简便、适用面广、系统性强等特点,便于普及推广,可成为人们工作和生活中思考问题、解决问题的一种方法。它在能源政策分析、产业结构研究、科技成果评价、发展战略规划、人才考核评价以及发展目标分析等许多方面得到广泛的应用①②③,层次分析法也是电子政务价值评估中可能会经常用到的确定权重的方法。

用 AHP 分析问题大体要经过以下五个步骤:

(1)建立层次结构模型;

(2)构造判断矩阵;

(3)层次单排序;

(4)层次总排序;

(5)一致性检验。

其中后三个步骤在整个过程中需要逐层地进行。

5.3.2 德尔斐法(Delphi)

德尔斐是美国兰德公司于 1964 年首先用于技术预测的。它是专家会议调查法的一种发展,它以匿名方式通过几轮函询,征求专家的意见。预测领导

---

① 许树柏:《层次分析法原理》,天津大学出版社 1988 年版。

② 汪应洛:《系统工程理论及应用》,高等教育出版社 2000 年版。

③ 李宝多:《层次分析方法的运用 360°绩效评价的操作》,《科技与管理》2004 年第 1 期,第 51～52 页。

小组对每一轮意见都进行汇总整理，作为参考资料再发给每位专家，供他们分析判断，提出新的论证。如此多次反复，专家意见趋于一致，结论的可靠性越来越大。

德尔斐法曾在20世纪七八十年代成为主要的预测方法，得到了广泛的应用。经过不断的改进、完善，德尔斐法目前仍然是技术预测和社会预测方面的常用方法。下面从德尔斐法的特点、专家的选择、预测的问题、预测过程、应遵守的原则以及后果的处理和表达方式等方面进行介绍。

德尔斐法具有如下特点：

(1)为克服专家会议易受心理因素影响的缺点，德尔斐法采用匿名形式。应邀参加预测的专家互不了解，完全消除了心理因素的影响。专家可以参考前一轮的预测结果，修改自己的意见而无须作公开说明，无损自己的威望。

(2)德尔斐法不同于民意测验，一般要经过3～4轮。在匿名情况下，为了使参加预测的专家掌握每一轮预测的汇总结果和其他专家提出意见的论证，预测领导小组对每一轮的预测结果进行统计，并将其作为反馈材料发给每位专家，供专家作出下一轮预测时参考。

(3)作定量处理是德尔斐法的一个重要特点。为了定量评价预测结果，德尔斐法采用统计方法对结果进行处理。

德尔斐法应遵守如下原则：

(1)对德尔斐法作出充分的说明。在发出调查表的同时，应向专家说明预测的目的和任务，专家回答的作用，以及德尔斐法的原理和依据。

(2)问题要集中，提出的问题有针对性。

(3)避免组合事件。

(4)用词要确切。

(5)领导小组意见不应强加在调查表中。

(6)调查表要简化，问题数量适当限制。一般认为上限以25个问题为宜。超过50个问题要相当慎重。

5.3.3 数据包络分析(DEA)

美国著名运筹学家 A. Charnes、W. Cooper 和 E. Rhodes 等人提出的数据

包络分析(DEA)的评价方法①,这种方法仅依赖于输入、输出指标数据对评价单元进行相对有效性评价,具有两大特点:一是不需要事先确定输入和输出之间的具体关系表达式,是处理具有多输入、多输出指标评价问题的有力工具;二是各项指标的权重是依据输入、输出指标的实际数据求得的最优权重,避免了主观因素的影响。自问世以来,DEA 方法以其独有的特点和优势受到人们的广泛关注。但是,该方法对原始数据要求较高,特别是在决策单元和指标的对等数据方面,它要求决策单元的个数应不少于输入指标与输出指标总数的两倍②。

其原理如下:

设参加评价的评价单元有 n 个:$DMU_1, DMU_2, \cdots, DMU_n$,已选定 m 个输入评价指标,指标向量为 $X_j = (x_{1j}, x_{2j}, \cdots, x_{mj})^T$,$s$ 个输出评价指标,指标向量为 $Y_j = (y_{1j}, y_{2j}, \cdots, y_{sj})^T$。

根据确定的输入输出指标体系,可建立 DEA 的基本模型(P)及其对偶形式(D):

$$\max \quad h_{j0} = \mu^T Y_{j0} + \sigma \cdot \mu_0$$

$$(P)\begin{cases} \omega^T X_j + \mu^T Y_j - \sigma \cdot \mu_0 \geqslant 0, (j = 1, 2, \cdots, n) \\ \omega^T X_{j0} = 1 \\ \omega \geqslant 0, \mu \geqslant 0s \end{cases}$$

$$\min \quad \theta$$

$$\begin{cases} \sum \lambda_i X_i \leqslant \theta X_{j0} \\ \sum \lambda_i Y_i \geqslant Y_{j0} \\ \sigma \cdot \sum \lambda_i = \sigma \\ \lambda_i \geqslant 0, \quad i = 1, 2, \cdots, n \end{cases}$$

其中 $\omega = (\omega_1, \omega_2, \cdots, \omega_m)$,$\mu = (\mu_1, \mu_2, \cdots, \mu_s)$ 分别表示输入输出指标的

① Charnes A, Cooper W, Rhodes E: Measuring the Efficiency of Decision Making Units, *European Journal of Operation Research*, 1978, 2: pp. 429-444.

② 盛昭瀚,朱乔,吴广谋:《DEA 理论、方法与应用》,科学出版社 1996 年版。

权重。当参数 $\sigma=0$ 时,(P)为 C^2R 模型;当 $\sigma=1$ 时,(P)为 C^2GS^2 模型。前者用来评价 DMU 的技术规模有效性,后者用来评价 DMU 的技术有效性。在具体计算时,较多采用其对偶形式(D),模型中 θ 表示评价单元 DMU_{j0} 的有效值,$\theta=1$ 表示评价单元 DMU_{j0} 为 DEA 有效,$\theta<1$ 则称评价单元 DMU_{j0} 为非 DEA 有效①。

5.3.4 电子政务作为公共产品的成本—收益分析(CBA)

作为公共产品(电子政务的公共产品属性将在后面作深入讨论分析),对电子政务的成本—收益分析(CBA)具有公共产品的成本—收益分析的一些特点。

下面简要介绍一下成本—收益分析的主要内容。

(1)现值分析

在考虑一定的贴现率的情况下,所用计算公式如下:

$$PVC=\sum_{T=0}^{n}\frac{C_t}{(1+r)^t}$$

式中 PVC——费用现值

C_t——第 t 年的费用

r——贴现率

n——项目服务年限

在每年发生等量费用的情况下,上面公式简化为如下形式:

$$PVC=C_t\frac{(1+r)^{t+1}-1}{r(1+r)^t}$$

(2)效益现值

效益现值计算公式如下:

$$PVB=\sum_{T=0}^{n}\frac{B_t}{(1+r)^t}$$

式中 PVB——效益现值

B_t——第 t 年的费用

---

① 魏权龄:《评价相对有效性的 DEA 方法》,中国人民大学出版社 1988 年版。

其他符号意义同前。

在每年发生等量效益的情况下，上面公式可以简化为如下形式：

$$PVB = B_t \frac{(1+r)^{t+1}-1}{r(1+r)^t}$$

(3)净效益现值

净效益现值为效益现值和费用现值之差。

$$NPVB = PVB - PVC = \sum_{T=0}^{n} \frac{B_t - C_t}{(1+r)^t}$$

式中 $NPVB$——净效益现值

在每年发生等量费用和效益的情况下：

$$NPVB = (B_t - C_t)\frac{(1+r)^{t+1}-1}{r+(1+r)^t}$$

按照净效益现值准则的要求，只要电子政务项目的净效益现值大于零，即 $NPVB>0$，就认为该电子政务项目是可行的，所以电子政务项目的净效益现值越大越好。

作为公共产品，电子政务的有效配置与私人产品的有效配置是极不相同的问题，有效配置公共产品要远比有效配置私人产品复杂和困难。一般认为，配置私人产品主要由市场机制来运作就可以了，但配置公共产品，则存在"市场失灵"和"政府失灵"等问题，尽管目前有很多学者正在对这些问题作研究，但尚未得到很好的解决办法。因此，电子政务的有效配置是一个极其艰巨的问题。

曼昆(1999)等认为，公共产品的成本—收益分析(CBA)是非常困难的。因此，作为公共产品的电子政务 CBA 分析也将是复杂和困难的。

5.3.5 帕累托(Pareto)过程分析

帕累托最优(Pareto Optimality)是博弈论中的重要概念，并且在经济学、工程学和社会科学中有着广泛的应用。帕累托最优是以提出这个概念的意大利经济学家维弗雷多·帕累托的名字命名的，维弗雷多·帕累托在他关于经济效率和收入分配的研究中使用了这个概念。

帕累托最优是指资源分配的一种理想状态，假定固有的一群人和可分配的资源，从一种分配状态到另一种状态的变化中，在没有使任何人境况变坏的前提下，使得至少一个人变得更好，这就是帕累托改进或帕累托优化。帕累托最优的状态就是不可能再有更好的帕累托改进的余地，换句话说，帕累托改进是达到帕累托的路径和方法。

综上所述，帕累托改进是指一种变化，在没有使任何人境况变坏的前提下，使得至少一个人变得更好。一方面，帕累托最优是指没有进行帕累托改进的余地的状态；另一方面，帕累托改进是达到帕累托最优的路径和方法。

一般来说，达到帕累托最优时，会同时满足以下三个条件：

(1)交换最优

即使再交易，个人也不能从中得到更大的利益。此时对任意两个消费者，任意两种商品的边际替代率是相同的，且两个消费者的效用同时得到最大化。

(2)生产最优

这个经济体必须在自己的生产可能性边界上。此时对任意两个生产不同产品的生产者，需要投入的两种生产要素的边际技术替代率是相同的，且两个消费者的产量同时得到最大化。

(3)产品混合最优

经济体产出产品的组合必须反映消费者的偏好。此时任意两种商品之间的边际替代率必须与任何生产者在这两种商品之间的边际产品转换率相同。

如果一个经济体不是帕累托最优，则存在一些人可以在不使其他人的境况变坏的情况下使自己的境况变好的情形。普遍认为这样低效的产出的情况是需要避免的，因此帕累托最优是评价一个经济体和政治方针的非常重要的标准。

事实上，帕累托过程分析在当前的公共管理中也有着重要的意义，在电子政务的建设及评价中有着实际应用的价值。

5.3.6 条件价值评估法(CVM)

条件价值评估法是评估一些具有公共性产品价值的有效方法，虽然引入我国的时间不长(20 世纪 90 年代末)，但这几年在国内逐渐得到关注，研究者们把它引入到一些行业中进行了价值研究;在国外,近年来学者们也对该方法投入了很大的热情。这些从国内外论文的发表数量上可以反映出来,近些年来关于CVM法应用的论文比过去多了很多。笔者估计,这可能与新公共管理和现代公共行政近年来在各国的兴起有关。现代公共管理理论的发展,需要得到其他学科理论方法的支持,如经济学方面的理论方法,CVM法正好在解决这些公共产品的价值评估上有着传统经济学分析方法不可替代的作用,这就使得CVM这种在私人产品市场分析中不常用到的方法近年逐渐成为了研究热点。

国内外把该方法应用于环境、旅游、轨道交通等不少领域的价值分析,并作了实证研究。但在电子政务领域目前还没有人应用,杨雷(2005)提出了在电子政务效益分析中使用CVM的可能性,但并未作具体的实践。笔者赞同这种观点,并作了更进一步的分析。根据分析,由于电子政务的复杂性,CVM法在实际电子政务价值评估应用中还必须借助更实际的观察视角和相关的数学模型,才有可能得到实际应用。

关于CVM法,文章后面将结合电子政务价值评估中的应用作具体的介绍。

5.4 电子政务绩效评估的方法技术体系及原则

5.4.1 电子政务绩效评估的方法技术体系

"研究方法"是人们在探究事物发展规律、认识影响现象决定因素的过程所采用的具体的手段、途径和方式。电子政务绩效的方法技术论是人们为探究电子政务价值而采用的手段和过程,综合前面的分析,可以从高到低分为三个层次:电子政务绩效评估的方法论(哲学层面)、电子政务绩效评估的学科支撑(基本方法层面)和电子政务绩效评估的技术体系(操作层面)。它们之间的关系框架体系见图5.2。

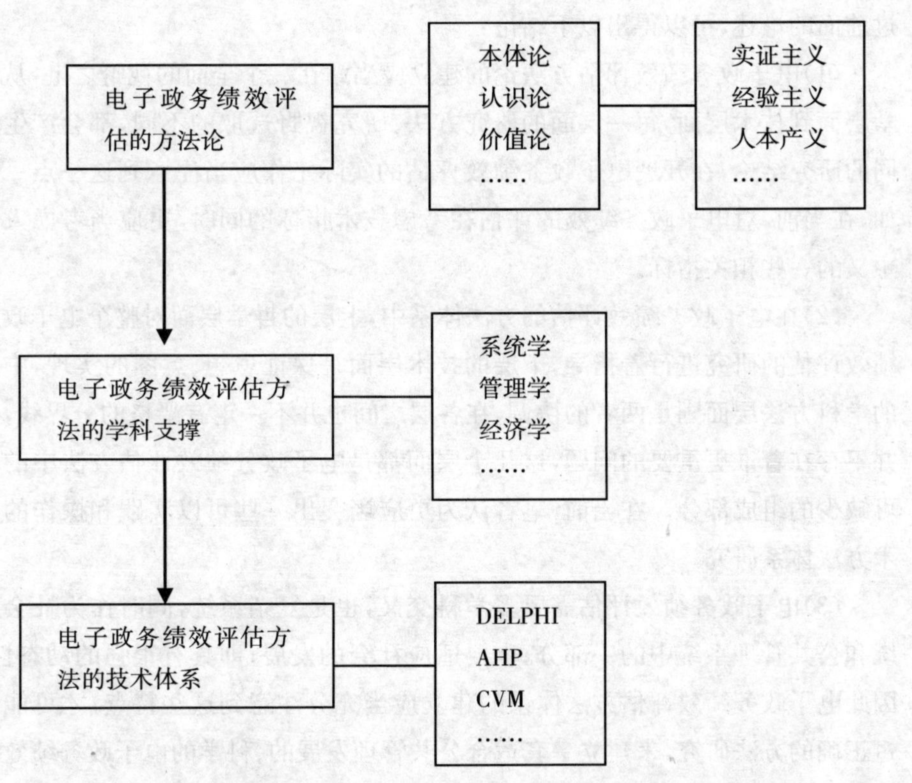

图 5.2　电子政务绩效评估的方法论、支撑学科与技术方法的框架体系

电子政务绩效的研究在我国的公共管理中正逐步成为热点，包括笔者[①]在内的很多人也尝试着从不同的角度来进行探讨，但整体上来看，电子政务绩效评估的理论和方法还很不成熟，正处在摸索之中，因此也没有形成一套广为认同的电子政务绩效评估制度。但毫无疑问，科学的研究方法才会使我们在探索适合我国的、科学的电子政务绩效评估制度的道路上走得更有效率。经

---

① 邓崧，白庆华：《从成本角度分析电子政务服务集成模型》，《管理科学》2005 年第 18(4)期，第 58～62 页。

张成福，唐钧：《电子政务绩效评估：模式研究与中国战略》，《探索》2004 年第 2 期。

王立华，覃正，韩刚：《电子政务绩效评估的研究述评》，《系统工程》2005 年第 23(2)期，第 9～13页。

邓崧，彭艳：《电子政务支持下的政府绩效评估体系研究》，《云南师范大学学报（哲学社会科学版）》2005 年第 37(6)期，第 15～18 页。

过前面的论述，可以得出以下结论：

(1)电子政务绩效评估方法论的建立应当站在一个全面的视野之上，从哲学层面到技术层面，每一层面的研究方法、研究视野选取的不同，都会产生不同的研究结论，在开展电子政务绩效评估的实际工作应当注意到这一点。例如，在当前，对电子政务绩效的评估在考虑技术指标的同时，更应当考虑人本主义的一些相关指标。

(2)在电子政务绩效评估的方法体系中，上层的哲学层面对整个电子政务绩效评估的研究进行着指导，下层的技术层面是保证思想、意图的实现，中层的学科方法层面则是两者的协调，在各层之间也并不一定有严格的分界线，也并不存在着谁更重要的问题，这几个层面都是电子政务绩效评估方法中的不可缺少的组成部分。在当前，笔者认为更应当突出一些可以实践和操作的技术方法体系研究。

(3)电子政务绩效评估需要多学科交叉，也是复杂系统，同时作为社会系统和公共管理系统中的一部分，也要适应社会的发展，即具有很强的动态性。因此电子政务绩效评估方法体系的建立应当充分注意到这些特点，才可能通过正确的方法研究，来建立一套适合公共管理发展的、科学的电子政务绩效评估制度。

5.4.2 电子政务绩效评估的原则

进行电子政务绩效评估必须在一定的理论指导下设计指标体系，确定实施方式，并要遵循一定的基本原则，方能保证评估结果有效，有针对性。

(1)科学性

科学性原则主要体现在理论与实际结合和采用科学方法等方面。电子政务绩效评估要有科学的规定性，各个评估指标的概念要科学，要确切，要有精确的内涵和外延，计算范围要明确，不能含糊其词，不能有不同的解释，不能各有所取。评估指标必须与绩效、效益的科学概念相一致。

科学性原则还要求评估指标体系要能比较准确地反映在不同情况下所反映出来的不同特点。电子政务的绩效评估，要能反映出政府工作的特点和信息化工作的价值。电子政务的工作内容既不同于企业也不同于传统的政府工作。这些特点决定了对电子政务进行绩效评估的指标体系明显区别于对传统政府部门的评估体系，也区别于一般的信息化评估指标体系。

(2)系统优化

对电子政务进行绩效评估是一个广泛、综合的系统性问题，不是用一两个指标就能解决问题的，因此，必须建立若干指标进行衡量，才能评估其全貌。这些指标必须相互联系、相互制约。系统优化原则要求评估指标体系要统筹兼顾各方面的关系，包括统筹电子政务在“经济效益、社会效益、管理效益”等方面的关系，统筹当前与长远之间的关系，整体与局部之间的关系，技术与经济之间的关系，定性与定量之间的关系等。

遵循系统优化的原则就要求在设计评估指标体系的方法时应采用系统方法。例如系统分解和层次分析法（APH 法），由总体指标分解成二级指标，由二级指标再分解成三级指标，即常说的目标层、准则层、指标层，并组成树状结构的指标体系，使体系的各个要素（单项指标）及其结构（横向结构、层次结构）能满足系统优化的要求。也就是说，通过各项指标之间的有机联系方式和合理的数量关系，体现出对上述关系的统筹兼顾，并达到评估指标体系的整体功能最优，能够较客观全面地评估电子政务的绩效。

(3)通用可比

电子政务的绩效评估，不仅仅是对同一单位这个时期与另一时期作比较，同时还会涉及到不同单位之间的比较。因此，评估指标体系的设计必须在两个方面具有通用性和可比性：一是对同一单位不同时期进行比较时（即纵向比较），评估指标要具有通用性、可比性；二是对条件不同、任务不同的单位进行横向比较，要根据各单位在实现电子政务过程中的共同点进行设计，同时采取调整权重的方法，适应不同性质、不同类型的单位。

另外，评估指标应尽可能与国内、国际的有关评估指标相一致，评估指标的定义尽可能采用国内、国际标准或公认的概念，评估的内容尽可能剔除不确定性因素和特定条件环境因素的影响。

(4)实用性

实用性的原则体现在以下几个方面：

评估指标体系繁简适中，计算评估方法简便易行；在能基本保证评估结果的客观性、全面性的条件下，指标体系尽可能简化；计算方法、表述方法简便、明确、易于操作，便于在计算机上进行统计分析；评估指标所需要的数据易于采集，各种数据尽可能在现有的统计制度、会计制度中得到；各项评估指标及其相应的计算方法、各项数据，都要标准化、规范化；在评估过程中体现质量控制原则，依靠评估数据的准确性、可靠性和计算评估方法的正确实施来保证整个评估过程的质量。

(5)目标导向原则

对电子政务进行评估，其目的不是单纯的评出优劣和名次，而是要引导和鼓励电子政务的建设工作朝着正确的方向和目标发展，指标体系在设计过程中就要具有正确的目标导向作用。

贯彻目标导向原则，需要明确电子政务绩效评估的目标，例如一方面要重视成本—收益，另一方面也要重视用户满意度；一方面要把信息技术的应用推广作为目标，另一方面也要考虑到政府机构的安全性原则。此外，提高工作人员的信息化技术水平也应受到足够的重视。

6 电子政务的公共产品属性分析

本章利用萨缪尔森等关于公共产品的理论体系，结合我国的公共管理，讨论了电子政务的公共性及其与电子政务层次性之间的关系，并从系统科学的角度研究了电子政务服务的提供模式。经研究得出以下结论：电子政务服务是一种准公共产品，它的公共性一般随着电子政务层次的降低而降低。由于电子政务具有准公共产品的特性，对它的建设可以引入市场机制，结合各层次电子政务的特性，电子政务的提供模式可以采用政府提供、混合提供及私人提供等多种模式。电子政务的公共性应当是开展电子政务价值和绩效研究的一项重要理论基础。

6.1 电子政务的公共性分析是电子政务价值评估的基础

经济调节、市场监管、社会管理以及公共服务，是社会主义市场经济条件下政府的四项主要职能。在继续加强经济调节和市场监管的同时，更加重视政府的社会管理和公共服务职能。目前，我们已能切身感受到政府正在通过各种方式进行调整，而电子政务的建设也正在进入以公共服务为核心的阶段。

在对电子政务价值和绩效作相关的研究之前，首先应对电子政务的本质属性进行研究。它和其他信息化有何差别？它有何特质？只有明确了这些问题，才能将电子政务同其他信息化区分开来，才能保证更进一步的电子政务价值评估的研究。

笔者认为，电子政务同其他信息化的一项重要差别就在于电子政务的公共产品属性，这就决定了在对电子政务绩效的定义和分析上有很大的不同。因此，本节对电子政务的公共性进行分析和讨论。

电子政务对现代政府的管理模式带来了深刻的影响，人们在关注电子政务给政府带来影响的同时，也非常关注电子政务的建设模式，作为公共产品，电子政务的建设模式应当与当代的公共管理相结合，它的提供模式也可以应用现代公共管理的理论来进行指导。

随着全球信息化的发展，知识经济时代的到来，信息技术的革命引起了社会生产生活的巨大变化，人们也越来越关注信息技术给企业、政府带来的变化①，在这些方面进行了大量相关的理论方法和实践研究②。现代信息技术与政府管理相结合就要求政府向社会提供高效率的电子政务服务，此过程即是政府信息化的主要内容。但在此过程中，电子政务的建设走的是"先实践后理论"的道路，这样在实践中就可能会碰到不少问题和困境，事实上，在全球的电子政务服务建设中，也的确碰到了这样的问题，如财政投入不足等，从而阻碍了电子政务服务体系的发展。因此，从理论上首先认清电子政务服务作为公共产品的一些特征，对电子政务体系的建设和电子政务价值评估都有着重要的意义。

这部分内容从公共产品理论的角度，应用当代公共产品的技术方法，分析电子政务的公共性，为后面的电子政务价值评估提供基本的理论支撑。

6.2 电子政务是一种准公共产品

目前关于电子政务有多种定义，随着时间的发展和认识的深入，对它的定义也是动态的。当前，一般认为电子政务是政府通过行政管理体制改革、转变职能、结构调整、形成规范的运作流程，成为高效、透明、廉洁、低成本政府，通过现代信息技术把这种改革的成果固化下来而形成新的行政管理和服务系

---

① Bill Martin：Information Society Revisited from Vision to Reality，*Journal of Information Science*，2005，31(1)：pp. 4-12.

② 桑强：《以流程再造为中心的组织变革模式》，《管理科学》2004 年第 17(2)期，第 7～11 页。

统,最终目的是要实现高效、民主、基于一站式服务的无缝隙政府。

电子政务的核心是政务,其本质是政府管理。因此电子政务服务是具有公共性的。下面应用公共产品的理论对它的公共性进行分析,可以认为电子政务服务是一种准公共产品①。

6.2.1 电子政务服务具有一定的非排他性

从理论上来讲,电子政务提供的服务产品不具有排他性,任何一个人只要具备了相关条件都可以享受电子政务提供的服务,并且任何一个人在通过电子政务平台进行消费时,并不影响其他人对它的使用。

但事实上,由于发展的地区差异,"数字鸿沟"的客观存在,使得一部分群体客观上被排除在电子政务服务体系之外,他们无法消费电子政务服务产品。由于电子政务的特殊性,对消费者在文化、技术、社会环境、经济条件等方面也就都有了一定的限制和要求,这样就存在着一个"消费门槛",低于这个"消费门槛"的人群事实上是被排除在这个体系之外的,如部分发展中国家,我国中西部的一些地区,即使在发达国家如美国等,也存在着这样的群体。

因此,电子政务服务在现实的社会条件下,非排他性是不完全的,而存在着一定的排他性。但随着社会的进步和经济的发展,电子政务服务的排他性会逐步减弱甚至消失。

6.2.2 电子政务服务具有较高的消费非竞争性

电子政务提供的服务产品具有较高的消费非竞争性。

首先,其边际消费成本非常低。电子政务服务初期的投入较大,也要求对政府作很大的改革,但当电子政务服务平台构建完成后,每增加一个用户,几乎不需要新的投入,因此其边际消费成本接近 0。

其次,其边际拥挤成本也非常低。随着信息技术的飞速发展,电子政务服务平台可以容纳的服务对象数目将会越来越大,因此其边际拥挤成本客观

---

① 邓崧:《论电子政务服务的公共性及其提供模式》,《中共福建省委党校学报》2007 年第 4 期,第 35～39 页。

上将不再受技术条件的限制，而主要受制于政府的综合管理素质和业务管理能力，如果忽略此项内容，则从技术上来说，其边际拥挤成本将会趋于0。

因此，电子政务服务提供的产品具有很强的消费非竞争性。这一特性也说明了社会对电子政务服务的需求将具有普遍性。

6.2.3 电子政务服务具有较强的外部性

电子政务的重要内容就是政府信息化，它在各类社会信息化中居于核心地位。它的发展，可以极大地促进其他行业信息化如电子商务、电子银行、企业信息化等的发展，也是其他信息化发展的保证。因此，电子政务服务具有极强的效益溢出效应（即外部性），其辐射面是遍及社会的多方面和多层次的。

电子政务服务主要有G2G（政府对政府）、G2B（政府对企业）、G2C（政府对公民）等几种模式。其中，G2G主要是针对政府内部以及政府之间信息交换的处理模式，G2B、G2C则主要是政府面向社会提供服务的模式。无论是哪一种模式，电子政务都会产生较大的效益外溢，即电子政务的外部性。对于电子政务效益的分析，无论是在理论还是实践上，都是一个热点，但也是一个难点，尽管国内外很多学者对此展开了大量的探讨，但仍有待进一步深入探讨。

电子政务服务能带来效益。一方面，它为社会公众带来巨大的经济与社会效益；另一方面，它促进了政府组织的改革，以让政府在管理服务更符合新的历史条件，从而降低了成本，并向社会提供了更高效的服务。

电子政务效益可分为显性效益和隐性效益，可以体现在“经济效益”、“社会效益”和“公众效益”上。所谓“经济效益”指使用电子政务服务系统后，企业成本、公众成本和政府运营成本的降低，即显性效益。所谓“社会效益”，包括以下几个方面：第一，提高政府透明度和开放度；第二，政府组织机构精简扁平，政府事务简化快捷准确；第三，减少政府官员腐败，改善投资环境；第四，减少欺诈增加诚信，增进社会安全。所谓“公众效益”，包括这样几个方面：第一，政府服务覆盖面扩大；第二，政府反馈速度提高；第三，使用政府服务灵活性增加;第四,对政府事务参与度提高;第五,以公众为中心;第六,弱势群体参与;第七,公众信息化意识技能提高。其中,“社会效益”和“公众效益”一般表现为电子政务服务的隐性效益。

电子政务服务的外部性将主要通过电子政务的这些隐性效益来体现。目前的研究表明,电子政务服务的隐性效益是巨大的和复杂的,因此,电子政务服务具有很强的外部性。对电子政务服务外部性的分析,是一个复杂的问题,但也是有意义的问题。它是完善政府绩效评估体系的一项重要内容,也是当前信息技术飞速发展下指导政府改革价值取向的重要尺度。

6.3 电子政务公共性的层次性差异分析

结合前面的分析,可以认为电子政务服务是一种准公共产品,但电子政务也具有多种类型,如中央电子政务、地方电子政务、行业电子政务等等,类似于布坎南对准公共产品的研究,不同层次的电子政务在公共性上也存在着差别,对于电子政务公共性这方面的研究,对电子政务的建设机制有着积极的意义,在研究方法上可以借助于“地方公共产品理论”或“俱乐部理论”来进行研究。

6.3.1 基于组织管理结构的纵向层次电子政务建模

由于中央政府与地方政府以及政府的各个职能部门之间关系复杂,既有共性,又有个性,因此可以从多个角度对它进行电子政务的建模分析,如可以从管理的角度上,从内容的角度上,从组织结构的角度上等等来进行模型分析,这样就可以得出多种形式的电子政务模型。在具体的研究应用上,应当根据实际的需求和研究的目标来进行建模分析。

本书从中国的组织管理结构出发,将电子政务的应用层次从上至下划分为四个层面:国家层面、省级层面、地(市)级层面、县级层面,如图 6.1 所示。

图 6.1 反映了当前基于组织结构的中国电子政务层次模型,在相关的电子政务技术体系的支撑下,从上至下相互关联,即使在同一层次内部,各种电子政务服务的应用也应该通过某种约束条件进行相互联系。下面在对

电子政务服务公共性、外部性的差异讨论时将基于图 6.1 的电子政务层次模型。

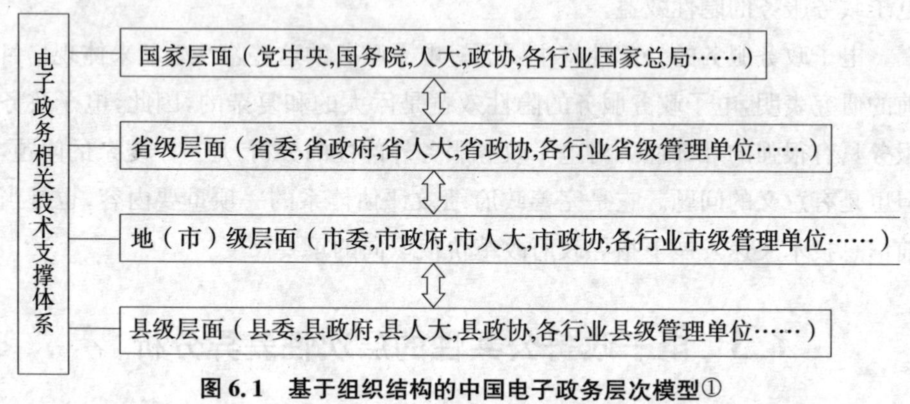

图 6.1　基于组织结构的中国电子政务层次模型①

6.3.2　电子政务服务的公共性与电子政务层次的关系分析

由于中央政府与地方政府的职能差异,因此它们各自提供的电子政务服务就存在差异,这样,它们的公共性和影响力存在着差异,自然,它们的外部性也就存在着差异。

这里认为,电子政务层次从上至下,各层次电子政务服务对应的公共性逐渐下降,外部性也是逐渐下降的,即它们是随着电子政务层次的下降而下降的。结合图 6.1 的模型,其关系如图 6.2 所示。

在国家层面上,由于其服务的对象往往是全国性的、高层次的管理服务,因此一般涉及面广,影响力大,所以它的公共性也就越大,而产生的外部效应就越强;越往下面的地方层面,则情况相反。但是,无论是什么层次的电子政务服务体系,都具有公共性,只是公共性的大小不一样。它们之间的差异有些类似于公共产品理论中的国家公共产品与地方公共产品之间的差异。

① 邓崧:《论电子政务服务的公共性及其提供模式》,《中共福建省委党校学报》2007 年第 4 期,第 35～39 页。

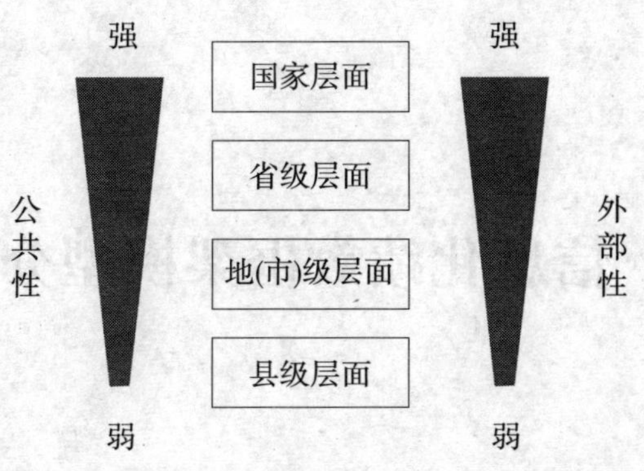

图 6.2　不同层面电子政务的公共性及外部性差异

6.4　本章小结

根据本章前面的分析，可以得出以下结论：

(1)电子政务服务是一种准公共产品。具有一定的非排他性，较强的消费非竞争性，及较高的外部性。

(2)电子政务的公共性随着电子政务层次的降低而降低。国家层面的电子政务服务有着较高的公共性，地方的电子政务服务的公共性则相对较低。

(3)对电子政务的建设应考虑多种机制。对电子政务服务体系的建设可以考虑引入市场机制，除政府提供外，应多研究混合提供的多种模式及其可行性，另外对私人提供的模式也应在理论和实践上给予关注，以促进中国电子政务服务体系的建设和发展。

(4)电子政务的公共性是开展电子政务价值评估的一个重要基本理论支撑。在分析电子政务的价值时，除考虑一般“电子化”的软、硬件指标外，还应充分考虑电子政务公共性方面的价值分析，从而有利于打造基于一站式服务的无缝隙电子化政府。

总之，电子政务的公共性是开展电子政务价值研究的一项重要理论基础，本书后面以此为基础，在信息化绩效评估的框架模型下比较分析了电子政务绩效和企业信息化绩效，并为进一步的评估方法建模奠定了重要的理论支撑。

7 信息化绩效框架模型分析

由于信息化发展的客观历史原因，在研究电子政务许多方面的理论过程中，都有必要与企业信息化的相关理论进行比较分析。本章基于这样的思想，从系统科学的角度出发，首先建立信息化绩效分析的框架模型，用该模型分析了信息化绩效在企业中的产生机制和在政府中的产生机制，并用该机制对信息化悖论和电子政务黑洞作了解释，最后比较分析了企业信息化绩效和电子政务绩效的差异。

7.1 信息化绩效框架下的电子政务价值评估

本书为避免对电子政务价值评估系统进行孤立地分析，尽可能把它放在电子政务绩效评估的框架下来进行，以保证它的系统性，而电子政务绩效又是信息化绩效中的重要内容，电子政务价值也是信息化价值中的重要内容。因此，研究电子政务价值评估，有必要放在信息化的框架下展开，先研究电子政务在信息化下的共性，从而可以借鉴已有的理论和经验；更进一步，结合电子政务价值和绩效的特点，有针对性建模和使用相关的方法，才能使电子政务价值评估的研究更为客观、准确和科学。本书基于这种思想，这一章在信息化框架的背景下，来讨论电子政务绩效和其他信息化绩效（主要是企业信息化）在产生机制上的异同之处，以为后面更具体的电子政务价值评估方法的建模奠定基础。

信息化在企业中的应用要早于在政府中的应用，因此企业信息化绩效在理论和实践上比电子政务的绩效分析要更为成熟。企业信息化的绩效评估体系虽然仍在进一步的发展中，但已有了相关的理论机制和方法体系，这些就值得电子政务绩效评估的借鉴。

在国内，郝晓玲等①从信息化战略管理、过程控制、项目管理的角度出发，利用IT平衡计分卡等方法对信息化绩效作了研究，其重点主要是以企业信息化绩效为主。

由于信息化发展的客观历史原因，在研究电子政务许多方面的理论过程中，都很有必要与企业信息化的相关理论进行比较分析。基于这样的思想，本文从系统科学的角度出发，建立信息化绩效分析的框架模型，然后比较研究了信息化对企业和政府在绩效上的影响机制。

7.2 信息化绩效分析建模

7.2.1 关系模型

国家和社会对信息化的投入是希望能获得更高回报的，即希望信息化能为社会带来效益。下面我们来分析在作了信息化投资后一段时间内的绩效情况。社会在投入信息化建设后一段时间(这里设其为 t)中的收益可以用下面的函数来表达

$$E = f(x_1, x_2, \cdots, x_m, x_{m+1}, \cdots, x_n, \alpha) \tag{7.1}$$

其中

$$x_i = x_i(\alpha) \qquad i = 1, \cdots, m \tag{7.2}$$

E 为社会在 t 时间内的收益；

α 为信息化进展指标(可以体现为信息化的成熟度)；

$X=(x_1, x_2, \cdots, x_m, x_{m+1}, \cdots x_n)$ 为对效益有直接影响的因子集合；

其中有 m 个因子会受到社会信息化的影响，即为 α 的函数。为方便，记其为前 m 个因子，显然，$n \geqslant m$。

这样，则有：

① 郝晓玲，孙强：《信息化绩效评价：框架、实施与案例分析》，清华大学出版社2005年版。

$$E_\alpha = \frac{\mathrm{d}E}{\mathrm{d}\alpha} = \sum_{i=1}^{m} \frac{\partial E}{\partial x_i}\frac{\partial x_i}{\partial \alpha} + \frac{\partial E}{\partial \alpha} \tag{7.3}$$

E_α 表示了信息化对效益的贡献，即信息化的投资回报率，本书定义其为信息化效益系数。

另外，记：

$$E_{\alpha 1} = \sum_{i=1}^{m} \frac{\partial E}{\partial x_i}\frac{\partial x_i}{\partial \alpha} \tag{7.4}$$

$$E_{\alpha 2} = \frac{\partial E}{\partial \alpha} \tag{7.5}$$

则有

$$E_\alpha = E_{\alpha 1} + E_{\alpha 2} \tag{7.6}$$

其中，$E_{\alpha 1}$ 表示了信息化对效益的间接贡献，这里定义其为信息化间接效益系数；

$E_{\alpha 2}$ 表示了信息化对效益的直接贡献，这里定义其为信息化直接效益系数。

这样，在一段时间 t 内，信息化对效益的贡献可表示为：

$$\Delta E = E_\alpha \Delta\alpha \tag{7.7}$$

其中 $\Delta\alpha$ 表示了对信息化的投入。

信息化对效益的影响可简单地用图 7.1 来表示。

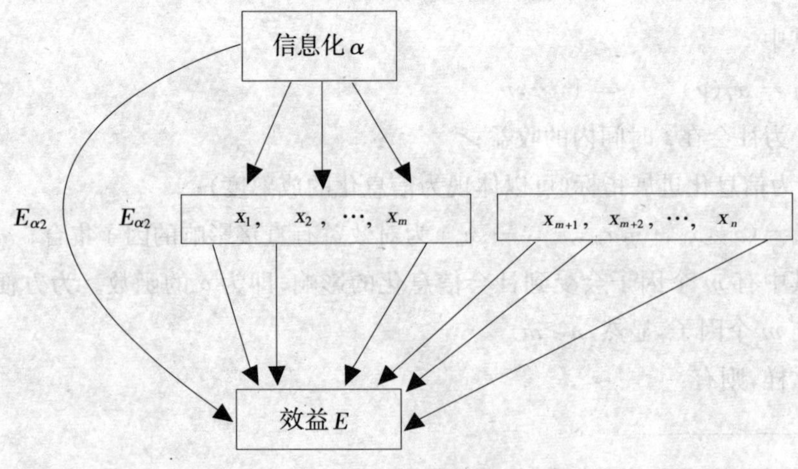

图 7.1　信息化与效益的关系图

图 7.1 表示信息化对效益的影响关系。可以看出,信息化对社会效益的影响由两部分组成:一部分是直接产生的效益(对应于 $E_{\alpha 2}$),这部分效益比较容易进行分析,例如由于使用管理信息系统代替过去手工来对一些机械性流程进行管理,为社会节约了人力资源,直接带来了效益;另一部分是间接产生的效益(对应于 $E_{\alpha 1}$),对这部分效益的分析则比较复杂,例如由于信息化过程要求组织精简,改善了管理,提高了管理效率,从而提高了社会效益,这则是社会信息化带来的间接效益。

7.2.2 对信息化效益系数 E_α 的分析讨论

由(7.6)可以知道,E_α 由 $E_{\alpha 1}$ 与 $E_{\alpha 2}$ 两部分组成,这里主要对间接部分 $E_{\alpha 1}$ 进行一些讨论。

对于(7.4),如果单从一个因子 x_i 来考虑,似乎提高 $\dfrac{\partial E}{\partial x_i}\dfrac{\partial x_i}{\partial \alpha}$ 就可以提高信息化通过 x_i 对效益的影响作用,从而提高效益。但这只是一个局部的思考,一般从数学角度或从实际情况出发,过度地提高一个或某几个因子的影响,不仅不会对整体产生预期的帮助,有时还会使整体效益下降。这是由于我们通过调整信息化指标 α,尽管提高了某一个因子 x_i 对社会效益的作用,但却可能降低了另外一个因子 x_j 对社会效益的原有作用,从而整体效益下降。$E_{\alpha 1}=\sum_{i=1}^{m}\dfrac{\partial E}{\partial x_i}\dfrac{\partial x_i}{\partial \alpha}$ 体现的是信息化的间接效益是许多因子的综合作用结果,并且各个因子之间也可能存在复杂关系。更进一步,$E_\alpha=E_{\alpha 1}+E_{\alpha 2}$,说明了信息化效益系数是由许多因子来综合决定的。因此,决策者在作信息化决策时一定要注意以下几点:

(1)注意局部与整体的关系。局部的最优,并不说明全局最优,因此,决策者一定要站在全局的角度来进行判断,只有注意社会信息化对各因子的和谐作用,才能作出准确的信息化决策。

(2)要注意主要因子与信息化之间的关系。信息化的深入,会影响、涉及到社会的许多方面,要充分考虑到信息化会对哪些方面带来重大影响。

7.2.3 信息化效益系数 E_α 与时间 t 的关系分析

(7.3)式中给出的 E_α 是让人较为关心的，因为这直接关系到国家社会在一段时间 t 内信息化投资回收情况。

$E_\alpha > 0$ 时，可以保证社会在时间 t 内收回信息化投资，并获取效益；

$E_\alpha < 0$ 时，说明该信息化方案不能在时间 t 内收回投资，如果社会所作的计划时间为 t，则应当对该方案重新作出思考和修改。

显然，E_α 是 t 的函数，即

$$E_\alpha = E_\alpha(t) \tag{7.8}$$

根据我们的研究分析，在当前的大多数信息化建设中，E_α 与 t 关系的走势大致如图 7.2。

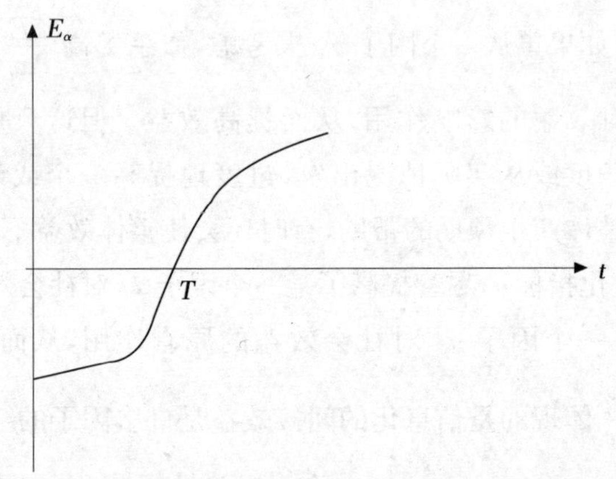

图 7.2 大多数情况下 E_α 与 t 的大致关系图

由图 7.2 可以看出，政府或企业在进行信息化建设的初期，一般 $E_\alpha < 0$，此时信息化需要进行投入，甚至由于一些原因，还会对整体效益造成极大的负面影响，这在实际中则表现为社会信息化改革对社会所带来的一些冲击，是一般都要经历的阵痛期，这段时间也是信息化的关键期，领导决策层一定要能根据实际情况对社会信息化战略作出正确的评估或调整，否则会挫伤信息化的进程(有些甚至是毁灭性的)；随着社会信息化的深入，信息化逐渐融入到组织系统中去并被各相关环节熟悉和接受，社会信息化则开始对社会的效益产生

作用，经过一段时间 T（即函数与横轴的交点）后，$E_\alpha>0$，此时为社会带来效益。

当然，也并非所有社会 $E_\alpha-t$ 关系图均为图 7.2 的走势。有的可能由于信息化建设的决策失误，上马了一些并不适合社会自身情况的信息化项目，从而导致 E_α 一直都长期处于横轴的下方（即 $E_\alpha<0$），即对社会信息化的投入无法得到回收，这说明该社会的信息化决策是失败的。

从分析可以看出，T 是一个非常重要的参数，它反映了信息化投入的回收周期，我们定义其为信息化投入回收周期。对于不同类型的社会，其值不同，甚至会有很大的差异。决策者在作决策时，一般会有一个时间计划（比如说三年规划等），假设其计划时间长度为 t_1，则：

当 $T<t_1$ 时，说明所规划的信息化项目可行，可以考虑进行该信息化项目的建设投入；

当 $T>t_1$ 时，说明所规划的信息化项目暂时不可行，进行该信息化项目建设的时机暂时不成熟，或者对信息化方案重新进行规划。

7.2.4 该模型对 IT 悖论和电子政务黑洞的解释

在模型中，可以看出：在现代信息化发展历史上，对于 T 还没有一个准确的计算，但由于它的复杂性和投入的巨大性，T 有可能是一个不小的值，尤其是在建设初期，由于它的巨大投入，让人对它的“投资—收益”分析极其悲观，从而导致了“IT 悖论”和“电子政务黑洞”的说法。但随着时间的推移，人们逐渐看到了信息化带来的收益，再加上信息化工程建设体系的成熟和电子政务成熟度的进一步发展，“IT 悖论”和“电子政务黑洞”的说法也会逐渐消失。

这种模型有些符合“时滞假说”，IT 革命如果从 20 世纪 60 年代算起已经历了近 40 年时间，IT 也已经扩散到了大部分行业，因此有学者认为“时滞假说”不能很好地解释“IT 悖论”。但 Sharp(1999)①等人经过研究认为：由于体

① Sharp, A., Organizational Structure, Information Technology and Productivity: Can Organizational Change Resolve the Productivity, Applied Research Branch Strategic Policy Human Resources Development Canada, 1999.

制的改革是一个缓慢的过程，这个过程将会制约信息化绩效的体现，这个过程的时间将会超过 40 年，即信息化回收周期 T 也可能会不小于 40 年。如果这样的话，这个模型也就能对"IT 悖论"提供一个合理的解释。

事实上，信息化发展的历史也正在印证这一过程。"IT 悖论"的说法在 20 世纪 90 年代后期逐渐消失，"电子政务黑洞"的提法最近两年来专家们提到的次数也越来越少了。但是，"IT 悖论"这段历史（1973—1997）却将成为任何关注信息化绩效（当然也包括电子政务绩效）研究的学者不可回避的一个理论性问题。直到目前，还有许多经济学家和其他方面的学者仍在尝试从不同的角度对这一问题作更进一步的解释和阐述。

造成信息化回收周期 T 较长的原因有多种，但主要可以归纳为以下几种：

（1）传统的组织管理在 IT 革命面前显得过于僵化，如果要有效地利用信息技术，传统管理模式必须进行改革，这个过程一般是缓慢、较长的。

（2）信息化的过程也是一个漫长的过程，由于它涉及的面广，因此还有一个信息化成熟度的问题，当整个社会对信息技术的掌握和应用都达到一定的成熟度时，信息化的绩效才能逐渐体现出来。牛津大学 Paul David（2000）研究后提出，只有当信息技术的渗透率达到 50%时，它对生产率的影响才能体现出来。

（3）现有信息化管理体制及信息技术本身的问题也是导致信息化回收周期 T 较大的原因。管理体制的不健全，标准化的程度不高，这些会导致信息化成本的增加；信息技术本身的复杂性和动态性又要求社会要进行不断的学习，这些都是导致信息化回收周期 T 较大的原因。其中，社会对信息技术的学习曲线可用下式表示：

$$L = a + bN^{-c}$$

其中，N 是累计产出，L 是单位产出的劳动投入，a、b、c 均为常数，$a>0$，$b>0$，$1>c>0$。c 的值越大，学习的作用就越大。

7.3 该模型下的企业信息化绩效的机制研究

由于信息化发展的客观历史原因，信息化在企业中的应用要早于在政府中的应用，企业信息化绩效在理论和实践上比电子政务的绩效分析要更为成熟。因此，电子政务绩效评估的开展，就很有必要借鉴企业信息化方面已有了相关的理论机制和方法体系。

这部分研究了企业信息化对企业效益及内部机制的影响，分析了它们之间的数学关系模型，从系统分析的角度给出了一种研究企业信息化绩效的新方法，认为处理好企业信息化对企业内部机制（尤其是系统集成、业务流程及组织管理等重要因子）的影响是企业信息化成功的必备条件①。

企业是追求效益最大化的，因此对企业信息化的投入亦应遵循这样的原则，即对信息技术的投入应能为本企业创造更多的效益（当然，这其中应当包括一些隐性或潜在的效益）。本书研究了企业在追求效益的基础上考虑对信息技术的投入，给出了它们之间的数学关系模型及一些有意义的参数分析，更进一步，分析了企业信息化与企业内部机制之间的相互影响。

本书研究认为：企业信息化对企业效益的影响可以分为直接和间接两部分，其中间接的影响是比较复杂的，它涉及到企业的许多因素，并认为处理好企业信息化对企业内部机制的影响是企业信息化成功的必备条件，尤其是充分考虑到企业信息化对系统集成、业务流程及组织管理等重要因子的影响。

7.3.1 企业信息化与企业效益的关系模型及分析

根据前面的框架体系，企业信息化对企业效益的影响可简单地用图 7.3 来表示。

图 7.3 表示企业信息化对企业效益的影响关系。可以看出，企业信息化对企业效益的影响由两部分组成：一部分是直接产生的效益（对应于 $E_{\alpha2}$ ），这

① 邓崧，白庆华：《企业信息化对企业效益和内部机制的影响》，《同济大学学报（自然科学版）》2005 年第 33(5)期，第 701～705 页。

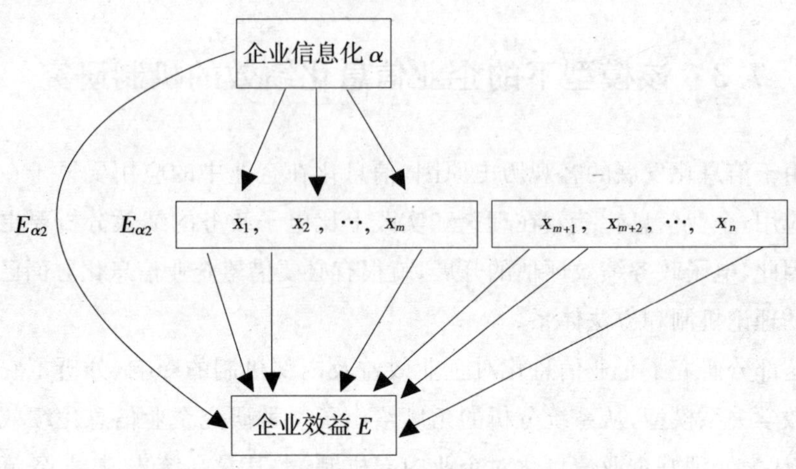

图 7.3　企业信息化与企业效益的关系图

部分效益比较容易进行分析,例如由于使用管理信息系统代替过去手工来对一些机械性流程进行管理,为企业节约了人力资源,直接带来了效益;另一部分是间接产生的效益(对应于 $E_{\alpha 1}$),对这部分效益的分析则比较复杂,例如由于信息化过程要求组织精简,改善了管理,提高了管理效率,从而提高了企业效益,这则是企业信息化带来的间接效益。

决策者在作企业信息化决策时一定要注意以下几点:

(1)注意局部与整体的关系。局部的最优,并不说明是全局最优,因此,决策者一定要站在全局的角度来进行判断,只有注意企业信息化对各因子的和谐作用,才能作出准确的企业信息化决策。

(2)要注意主要因子与企业信息化之间的关系。企业信息化的深入,会影响、涉及到企业的许多方面,要充分考虑到企业信息化会对哪些方面带来重大影响,它们又是如何影响企业发展的,如组织结构、业务流程等。

(3)一般对于绝大多数企业而言,要进行大规模的、彻底的企业信息化建设,则 T 不会是一个很短的时间。这说明企业的信息化过程一般都不会是一个短期计划,而是一个中长期计划。因此,企业应当从中长期的角度来考虑企业信息化的问题,把企业信息化战略作为企业战略的一个重要内容。

7.3.2 企业信息化对企业内部机制及运作过程的影响

信息化的发展从低级到高级，并已进入了一个突飞猛进的时期。这在数学上则说明了(7.1)式中信息化指标 α 将有着越来越突出的位置和越来越重要的作用。

为方便算，我们给出一个企业信息化决策（在一段时间 t 内）的简易的数学规划模型，描述如下：

$$\max: E_{\alpha}(x_1, x_2, \cdots, x_m, \alpha) \tag{7.9}$$

$$x_i = x_i(\alpha) \quad i = 1, \cdots, m$$

由于信息化指标 α 的日益突出，就决定了企业必须要把 α 作为一个重要因子来对待。随着信息技术的进一步发展，它所起到的影响还会越来越大。因此，从发展的角度来说，企业信息化是任何一个企业都不可能回避的问题。

前面的分析说明：企业信息化涉及企业的方方面面，并会对企业的内部机制运作产生重要的影响。对于这些影响的分析，尤其是对它们进行定量分析，一般都是比较复杂和困难的。但从数学上来看，这些影响应当是基于(7.9)式的数学规划模型，毕竟企业都是以追求效益最大化为目的的。

对企业信息化的效益评价一直都是一个很难具体化的问题。按信息系统科学的要求，评价时应该考虑的因素主要有系统的功能、效率、信息服务质量、可靠性、适应性。耿继秀提出信息系统的经济效益可从两方面来考虑：一是面向企业或组织机构的内部实体的管理，二是面向外部的信息服务①。

从企业管理的角度，方美琪②认为应当重点关注企业信息化影响的这样几个方面：(Ⅰ)系统运行的集成化；(Ⅱ)业务流程合理化；(Ⅲ)管理改善的持续化；(Ⅳ)通过信息直接创造价值。其中的第(Ⅳ)项对应于信息化直接效益系数 $E_{\alpha 2}$，因此这里主要从系统集成、业务流程及组织管理三方面来讨论企业信息化对它们的影响。

这样，(7.9)式可以改写如下：

---

① 耿继秀：《信息工程——追寻企业计算信息系统的工程》，清华大学出版社 2001 年版。

② 方美琪：《电子商务概论(第二版)》，清华大学出版社 2002 年版。

$$\max: E_\alpha = g(I,B,M,\alpha) = \frac{\partial E}{\partial I}\frac{\partial I}{\partial \alpha} + \frac{\partial E}{\partial B}\frac{\partial B}{\partial \alpha} + \frac{\partial E}{\partial M}\frac{\partial M}{\partial \alpha} + \frac{\partial E}{\partial \alpha} \quad (7.10)$$

$I = I(\alpha)$ ，$B = B(\alpha)$ ，$M = M(\alpha)$

(1)系统集成与企业信息化的关系

$\frac{\partial E_\alpha}{\partial I}$ 表示了系统集成改进对企业信息化效益的影响，$\frac{\partial E}{\partial I}$ 表示了系统集成改进对企业效益的影响，$\frac{\partial I}{\partial \alpha}$ 表示了企业信息化对系统集成的影响。

企业信息化是一个复杂的工程。在企业中会有不少小的信息系统，这就可能会形成信息孤岛，因此大的信息系统应当能够实现这些信息孤岛之间的沟通，从而使管理者以较低的成本来监控更大范围的企业运作情况，并通过简单的操作触发业务流程的多个相关环节的自动处理，从而减少系统完整性、一致性控制中的人为因素，提高管理效率，屏蔽管理中的不规范运作，使企业运作规范化。

(2)业务流程与企业信息化的关系

$\frac{\partial E_\alpha}{\partial B}$ 表示了业务流程合理化对企业信息化效益的影响，$\frac{\partial E}{\partial B}$ 表示了业务流程合理化对企业效益的影响，$\frac{\partial B}{\partial \alpha}$ 表示了企业信息化对业务流程的影响。

企业信息化一般都会导致业务流程重组(BPR)，而业务流程合理化也正是为了企业信息化的顺利发展，它们之间是相互联系、相互作用、相互促进的关系。通过检验业务流程的合理程度来考察信息系统的实施是否起到了促进管理、改善管理的作用，具体体现在业务人员工作效率的提高、各部门间协调能力的增强、企业管理内耗降低、对市场反应加快、客户满意度增加等。这是企业信息化建设的出发点，也是希望得到的结果。

(3)组织管理与企业信息化的关系

$\frac{\partial E_\alpha}{\partial M}$ 表示了组织管理改善对企业信息化效益的影响，$\frac{\partial E}{\partial M}$ 表示了组织管理改善对企业效益的影响，$\frac{\partial M}{\partial \alpha}$ 表示了企业信息化对组织管理的影响。

企业信息化的一个重要作用就是对管理的改善，这不是一个短期的行为，而应是一个长期的行为。由于企业总是处在一个动态的环境中,因此企业信息化对企业的组织管理也应当是一个动态的过程,好的企业信息化规划应当能做到这点。

企业信息化对企业效益的直接影响表现在:随着信息系统管理水平的提高,信息在流动过程中经过的环节减少,而在每个环节内的局部处理变得复杂,使信息在各个环节的增值度加大,从而逐渐减少管理层次,越来越多的决策下移,使信息技术能够直接创造价值。

7.3.3 企业信息化绩效分析的相关结论

通过以上的分析,我们可以得出以下结论:

(1)企业信息化对企业效益的影响可以分为直接($L_{\alpha2}$)和间接($E_{\alpha1}$)两部分。其中,间接这一部分的影响机制和所涉及的要素是比较复杂的,也是进行企业信息化要认真思考的。

(2)在作企业信息化方案决策时,要注意局部与整体的关系。在前面对 E_α 的分析讨论中可以知道:企业信息化效益系数 E_α 是许多因子集合 x 的综合作用结果,因此要综合考虑各因子之间的协调,做到局部与全局的统一。

(3)企业信息化一般是一个中长期过程。在前面对 T 的讨论可以看出,企业在对作企业信息化的投入时,一定要对计划时间有个大致的把握。

(4)企业信息化对企业的内部机制在广度和深度上有着极大的影响,企业一定要充分考虑信息化对自身企业的影响情况,分析重要的影响因子,作出正确的评估,这样才能保证企业信息化的成功。一般而言,企业信息化的集成度、业务流程重组、组织管理改革是每个企业进行信息化建设时都必须认真考虑的重要因子,不同的企业还可能有一些其他不同的重要因子,只有对这些因子作出正确的分析,才能处理好企业信息化对企业内在机制带来的冲击,从而使企业信息化变得顺利。

企业信息化是一个复杂的过程,与企业内部机制及许多要素都有着复杂的联系,但无论如何,其最终都是以企业效益为目标的。因此,以效益为核心,建立相关的数学模型,分析它们之间的相互联系,是决策者应当仔细思考的问题。在我们所见到的不少案例中,企业信息化最终是失败的,但随着信息技术的飞速发展，任何企业从长远来考虑，都必须要面对自身的信息化问题。因此，企业在作信息化决策时，应当客观理智，不能凭一时冲动一拥而上，首先要对自身情况作一个充分了解后，再作一些分析，结合 E_a 及 T 等参数，做出适合自身的企业信息化方案。

7.3.4 企业信息化绩效评价对电子政务绩效评价的启示

(1)我们认为企业信息化对企业效益的最终影响是有利的，但并非是信息化对企业内在机制的每一项因子的影响对企业都是有利的。例如，信息化进程会推动管理科学工程在企业中进一步深化，使管理变得更为规范，但 Domian Hodgson 就认为过于具体、标准和流程化的工程管理体系，有时会限制企业职员的主观发挥，从而影响到企业的发展，进一步又会对管理工程本身带来制约①。同样，电子政务对政府绩效的影响一般也应当是正面的，但并它不一定对政府影响的每一方面都是好的，因此我们在作绩效分析时，应当把这些作为因子放到模型中去，这样可以使我们的分析更加全面。

(2)对效益的理解。不同的决策者对效益的理解是不一样的，除了通常的经济效益和社会效益外，有的企业可能还会包含一些其他的内容。因此，在(7.1)式中，对 E 的描述是不同的，可能是一个多维矢量，这样(7.9)式可能会变成多目标问题，这时，可以根据实际情况，求出一组非劣解即可。对于电子政务而言，更是如此，由于它的公共性要远大于企业信息化，因此它的目标除了一般的经济目标外，还应更多地考虑它的社会效益、服务功能以及低成本运作等多个方面的目标。

(3)量化的困难。无论是企业信息化，还是电子政务的绩效评估，其中有的因子是容易量化的，但也有不少是不易量化的，例如一些涉及到人的主观能动发挥的问题时。对于这些问题的处理，基于不同的认识标准，结果可能会有较大的差别。另外，决策者由于心理因素会引起各种评定误差。对于这方面的问题，也有待于进一步研究。

---

① Damian Hodgson, Disciplining the Professional: The Case of Project Management, *Journal of management studies*, 2002, 39(6): pp. 802-821.

7.4 该模型下的电子政务绩效产生的机制分析

7.4.1 相关背景

电子政务在中国的开展已有了一段的时间，关于它和经济效益的关系，一直都是学术界及实际工作者所关心的问题，许多学者也都尝试着这一方面的研究①②。王浣尘等③从枚系统经济学理论出发，讨论了电子政务对信息增值和信息有效利用的基础性作用，从理论上得出了电子政务与枚系统经济学在信息增值上具有一致性。Dirk Vriens④ 等也提出在规划电子政务时，就应充分考虑其经济性。

目前关于电子政务对经济影响的研究还并不完善，由于电子政务的特殊性，使关于这一方面的模型及量化研究存在着不少的困难，从整体系统框架上对其的研究，还有待进一步的深入。这里尝试着从整体上对电子政务的经济效益作相关的框架模型描述⑤。

电子政务的绩效分析是可以从多个角度来进行研究的，既可以从"电子"的角度，也可以从"政务"的角度，或者兼顾二者，其他还可以从电子政务工程项目建设过程评估、事后评估乃至政治学、经济学的角度来进行评估分析。但

---

① R. Traunmuller, K. Lenk, E-commerce as a Stimulus for E-government, in: Proceedings of the XIII Bled Conference on Electronic Commerce: The End of the Beginning, Bled, 2000.

② 汪玉凯:《中国电子政务建设的经济效益分析》,《公共管理科学》2002 年 5 月版，第 41～43页。

王浣尘:《枚系统经济学与可持续发展》,《系统工程理论方法应用》1997 年第 6 (1)期，第 4～9页。

黄文波，王浣尘:《互联网对信息增值的影响》,《系统工程理论方法应用》2000 年第 9(4) 期，第 265～ 269 页。

③ 王晓华，王浣尘:《枚系统经济学与电子政务》,《上海交通大学学报(哲学社会科学版)》2002 年第 10(1)期，第 70～73 页。

④ Dirk Vriens, Jan Achterbergh: Planning Local e-government, *Information Systems Management*, 2004, 21(1): pp. 45-57.

⑤ 邓崧，彭艳:《电子政务经济效益的关系模型分析》,《价值工程》2006 年第 5 期。

无论哪种方式，都应当知道电子政务绩效产生的机制。本书这里结合前面部分的框架，来研究电子政务绩效产生的机制。

按照上面的信息化绩效框架分析模型，从整体上提出了电子政务的经济效益模型，初步分析了电子政务对经济效益影响的几种方式和内容，从直接影响和间接影响方面作了相关分析。认为间接影响至少要考虑建设、管理和服务等方面的效益，直接影响应考虑到电子政务对政府、相关企业及咨询机构等方面的影响。

7.4.2 电子政务对经济效益的间接影响分析

在我国推进电子政务的过程中，有关其对经济效益的间接影响分析，至少应从建设、管理和服务三个方面来加以考虑：

(1)建设效益

在电子政务的建设中，应注意对电子政务建设成本的控制，要以小的投入而实现电子政务效益的最大化。在这方面，可以采用市场化的运作机制，如采取“政府主导、技术支持、企业运作”等策略，来减少政府的直接投入，调动企业参与的积极性，而且还可以通过政府制定的标准化带动产业化，如信息安全基础设施标准化、网络基础设施标准化、应用或服务标准化等。通过建设上述领域或产品的标准化，不仅有助于对自主知识产权的核心技术提供保护作用，而且也有助于整个产业体系在标准的接口规范要求和基本的市场规律的指导下自由发展。这对推动中国民族软硬件产业的发展会产生深刻的影响。

因此，抓好电子政务建设环节，除了会直接从成本上获取经济效益外，对社会的其他相关产业会产生溢出效应，从而体现出电子政务的经济外部性。

(2)管理效益

发展电子政务，对提高政府的公共管理效率、降低政府内部管理成本、增加政府的产出以及提高民众对政府公共服务的满意度等都具有重要的意义。但政府的管理效益决不仅仅是体现在其社会效益方面，通过服务与管理，特别是加强对一些特殊行业的有效监管，对提高经济效益同样会产生巨大的影响。比如，多年来我国在海关、税务方面的税收流失相当严重，这几年通过“金税”、“金关”工程的建设，在强化税收监管、增加国家财政收入方面发挥了重要的作用,并在实践中已取得了显著成效。据有关方面提供的数字,我国第一期金税工程共投入22亿,运行的第一年就多收入税款达250亿。

可见,电子政务在管理中的间接经济效益是不可忽视的。

(3)服务效益

政府通过电子政务向企业、公众提供高效率的服务,可以提高企业的竞争力,从而发挥经济效益。特别在中国加入世界贸易组织后,政府对企业服务是否有效,将直接关系到企业在国际和国内两个市场上竞争的能力。从这个意义上说,电子政务为企业公众提供的公共服务,不仅体现着政府的形象和社会效益,也隐含着一定的经济效益。

因此,电子政务服务会使社会的福利上升,产生了间接的经济效益。当然,对一类的效益的定量分析是比较困难的。

7.4.3 电子政务对经济效益的直接影响分析

(1)对信息的增值和有效利用有着重要作用

电子政务在社会各信息化领域排在首位,对信息的增值和有效利用起到基础性的作用。这主要是由于:

1) 政府既是社会的管理者又是服务者。一方面政府制定法律、法规规范社会的秩序,对违反法律法规的行为进行处罚,发挥着监督和管理社会的职能;另一方面,政府又服务于社会,为企业和公民提供各种咨询服务,保护弱小,维护社会平等。因而,社会上每个人、每个企业及社会团体都不可避免地要和政府打交道。只有政府首先实现了电子化、信息化,才会有全社会的信息化。

2) 只有实现了电子政务,才会有电子商务的真正发展。

3) 政府部门是最大的信息收集者和处理者,据统计,其所掌握的信息资源占了社会信息总量的80%以上,所以没有政府的信息化就谈不上社会的信息化。

4) 政府部门的信息具有权威性和指导性,通过实施电子政务,使信息得以及时公开和发布,将对社会生产和生活起到基础性的作用。

电子政务的实施对于信息社会里信息的生产和传播起着非常重要的作

用。从枚系统经济理论来看，电子政务也是以信息服务为核心，创造社会生产力及财富的一种重要方式。

(2)对电子政务建设主体将有着直接的影响

政府、IT 企业、咨询机构是电子政务的建设过程中的主体。其中，政府是核心，IT 企业提供技术载体，咨询机构提供服务和增值开发。因此，电子政务建设主体中至少应包含政务、相关 IT 企业、咨询机构这三方面。因此，电子政务建设将直接促进这三个建设主体的发展和改革，对这些参与主体的经济影响将直接体现电子政务建设的经济效益。电子政务的建设过程中，政府、IT 企业、咨询机构这三者相互依存，共生共荣。

1) 政府

电子政务是对传统行政管理方式的深刻变革，其实质是对现有的与工业文明相适应的政府形态进行改造，即利用信息技术来构造更适应时代要求的政府治理结构和权力运行方式。

目前，我国的电子政务建设正在向更高层次迈进。政府、IT 企业和咨询机构，应以一种产业链条的方式进入电子政务领域，共同面临机遇与挑战。

电子政务的难点在政府。因为政府信息化会带来权力机构、行政管理方式、官员思维方式甚至官员人数等方面的变化。政府职能由监督转向服务，决策由封闭转向透明，这个转化过程需要决策者很高的政治艺术，既要善于局部突破，又要注意整体推进，能妥善处理长期性与持续性、渐进性与激进性的合理关系，甚至能够容忍目前可能存在的一哄而上的局面，因为即使存在浪费和不理性的现象，其效果也是在推进电子政务。

未来中国将投巨资用于电子政务工程，采用电子政务，可实现全天候交互式服务，自然增进了廉洁和效率。电子政府公开公务活动的信息，包括政府采购程序以及运作结果，工程项目招投标办法、进程及招投标结果等等，网络面前人人平等。另外，政府形象的廉洁高效，社会风气的好转，更会进一步体现电子政务的经济外部性。

电子政务对政府的直接经济影响也是显而易见的。

2) IT 企业

在电子政务的推进过程中，IT 企业(主要是相关的软硬件厂商)将会面临着巨大的机遇与挑战。近年来,中国政府机构 IT 设备采购量以很高的速度增长,电子政务各个层次的应用水平均有较大程度提高。未来中国电子政务系统建设对基础设备的需求也会不断增加。另外,在软件方面,随着电子政务各项工程的不断实施,对于各类软件产品的需求将会逐年增加,并将不断推进各类 IT 产品的应用。这将促进国内及世界 IT 产业的发展,并刺激其快速增长,当然这一领域的竞争也会异常激烈。

因此,中国电子政务的建设将对相关的 IT 企业带来直接推动。

3) 咨询机构

在中国电子政务建设中,咨询机构是不应被忽视的环节,缺乏咨询机构是电子政务发展相对低级的一个表现。

咨询机构的第一项职能是培训。咨询机构提供的相关培训服务,将为公务员建立系统的电子政务管理理念,从而保证电子政务的健康发展。

咨询机构的第二项职能是提供电子政务系统的评价分析体系。咨询机构应构筑一套科学的电子政务绩效评价体系,对具体的电子政务方案的整个过程及结果作科学的评价和指导,从而避免搞花架子和形象工程,使电子政务一开始就落到实处。当然,这一评价体系的建立是非常困难和复杂的。

咨询机构的第三项职能是以适当的身份参与电子政务的建设。我国的信息化建设往往是重基础建设,轻运营维护,甚至没有运营维护方面的预算。在保障政务安全的前提下,应该考虑通过合理方式授权咨询机构包括企业参与筹资、建设、运营和管理。这样,既可减轻政府部门的预算压力,确保维持政府网站运行的资金来源,又可以使参建单位通过产品开发、技术咨询与服务、数据商业再开发而获得利润。

总之,电子政务的发展,必然会直接促进相关咨询产业的快速发展。

7.4.4 电子政务与经济效益的关系模型

有人从系统工程的角度对信息技术的影响作了分析,提出了相关的理论和模型,并将其应用到企业信息化的效益分析上。与此类似,这里主要讨论信息技术应用于政府所带来的影响。根据上面的分析,再基于前面关于信息化绩效分析的框架模型,可以将电子政务与国民经济的关系初步描述如图 7.4。

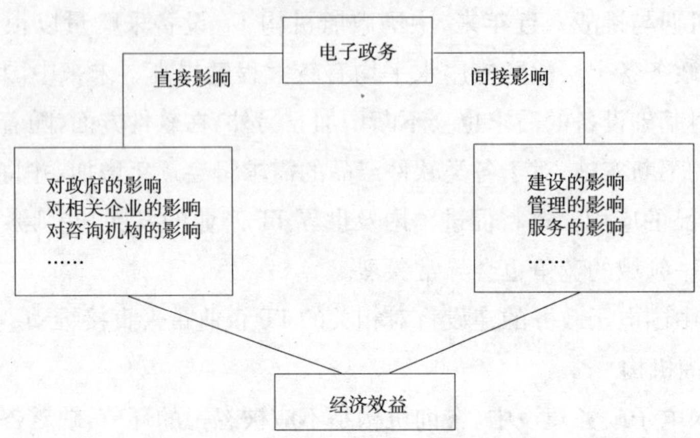

图 7.4 电子政务与经济效益的关系描述

图 7.4 反映了电子政务对经济效益影响的两种方式：直接影响和间接影响。其中直接影响包含了电子政务对政府、相关企业、咨询机构的经济投入及推动；间接影响至少包含了电子政务建设、管理、服务等方面的间接经济效益。另外，最近的研究表明，电子政务服务的实现模式也从成本角度会对经济效益产生重要影响。

7.4.5 小结

电子政务对社会经济效益的影响可以分为间接和直接两部分。其中，间接这一部分的影响机制和所涉及的要素是比较复杂的，至少应考虑电子政务建设、服务及管理等方面的间接影响；直接影响一方面体现在信息的增值和有效利用上，另一方面则体现在电子政务建设至少应考虑到电子政务对政府、相关企业及咨询机构的直接作用。

7.5 企业信息化绩效和电子政务绩效机制的比较分析

信息化的高级阶段是指在人类工作、消费、教育、医疗、家庭生活、文化娱乐等一切社会领域里全面实现信息化，公共信息服务是其中最重要和核心的内容。社会信息化过程中，经济运行机制、社会组织形式和公众生活方式将产生革命性变化，它是国民经济和社会体系内多系统、多层次、涵盖现代社会各个方面的全面信息化，国民经济和社会体系构成了现代社会的基本框架，包括经济、社会、文化、科技、教育、健康等相互关联相互影响的各方面。因此在这一体系中推进信息化建设就不仅仅是各领域信息工作的叠加，而是系统化、整体化地推进，形成一个信息大系统。

政府信息化与社会信息化的建设内容是相互交织的，公共领域信息化建设从根本上取决于电子政务(或电子政府)建设，政府领域信息化是迈入信息化高级阶段的关键，如何促进公共领域的信息化建设，为公众提供随需而定的服务就成为政府部门信息化建设必须要解决的问题。政府是信息时代信息及信息技术最大的消费者，在我国有80%的信息是由政府部门掌握的，面对政府信息管理错综复杂的环境，面对无法逆转的公民、企业等社会主体对政府一体化需求，政府能否为公共领域提供畅通的服务，就成为信息化建设过程中公民关注的焦点，成为衡量一个国家和地区的信息化水平的重要指标。政府部门需要面对这样的问题：如何整合为公众所有，而由公众信任的政府部门创建、编辑、编译和维护的政务公共信息，来为公众提供满意的信息服务？

电子政务同企业信息化一样，一方面可以减少政府的开支，另一方面也可以减少公众的成本，其目标均是追求绩效的最大化。但它们之间的本质差别在于：电子政务具有公共产品属性，这就决定了在对绩效的定义上它们之间就有着本质上的不同，也决定了它们在建设机制、供给模式及绩效考评上有着极大的不同。

一方面，电子政务应当借鉴企业信息化中的一些经验和教训，但不能照搬，这是由于它的公共产品属性所决定的。

另一方面，也不能过分强调电子政务的公共性，不计成本，而忽视了电子政务的经济绩效，在这一点上，企业信息化的一些绩效评估机制有着重要的指导意义。近代政府管理学者提出的“企业家政府”，也为这一点在公共管理的理论体系上提供了支撑。

电子政务同企业信息化的绩效都应包括社会效益和经济效益，但电子政务更为强调社会效益，企业信息化更为看重经济效益，这也是这两者绩效分析中的最大不同。当然,如果能提炼出一个对社会效益和经济效益都能作度量的、科学的统一单位,以此来衡量绩效,那么它们之间的这种差别研究就会缩小甚至消失,此时,它们在理论上都可以归到信息化的绩效研究上来。

电子政务绩效和企业信息化绩效的一些主要特点比较可以见表7.1。

表7.1　电子政务绩效和企业信息化绩效的比较

	电子政务	企业信息化
社会的重要性	更重要(社会信息化的龙头)	重要
绩效评估的理论及实践	相对滞后	相对领先
绩效评估的复杂度	更复杂	复杂
公共性	强	弱
绩效的目标	多方面的目标	主要是经济效益

8 政府流程与电子政务

电子政务的一项重要作用就是对政府业务流程作相应的改造,这既是电子政务深入发展的需要,也是政府职能转变的需要。因此,电子政务下的政府业务流程的再造效果,也应是电子政务绩效中的一项重要内容,这一章对政府流程、政府流程再造的背景、概念和特点作一些介绍,再结合行政改革,对政府流程再造、电子政务的关系作了分析。

8.1 政府流程

作为现代公共管理的一个重要内容,政府流程有着它产生的根源和历史背景,了解这些背景,对于深刻理解政府流程的概念和特征是有着重要意义的。当前对于政府流程的定义尽管在表述上有多种不同,但在系统分析的本质上是一致的。

8.1.1 政府流程产生的背景

政府流程(Government process)是现代政府学的一个重要概念。它是现代政治科学中一个重要的研究方法——功能和行为研究方法长期发展的产物,其特征是对政府活动的行为、运转、程序以及各构成要素,特别是社会各利益团体(群体)之间,以及他们与政府之间的交互关系进行实证性的分析、研究和阐述。这种过程研究,对于传统的体制研究、要素分析和法理说明是一个极为重要的补充和丰富,把人们对于政府问题的研究推向了一个新的阶段。

从古希腊柏拉图的《理想国》和亚里士多德的《政治学》起,人类研究国家和政府已经有两千多年的历史了。目前政府流程理论已经较为丰富，并且和政府绩效、政府改革有着密切的联系。

8.1.2 政府流程的概念

(1)流程的相关定义

对于流程的相关表述及定义有许多种形式，可以从以下几种看出比较有代表性的描述。

首先来看一下关于流程的描述：

1)从系统的角度来看，流程是指系统从输入到输出的活动过程。

2)流程是把一个或多个输入转化为对公众有用的输出活动。

3)流程是跨越时间和地点的、有序的工作活动，有始点，有终点，有明确的输入和输出。

4)流程是一系列结构化的、可测量的结构的集合，并为特定的市场或公众产生特定的输出，是一个行为的结构。

5)流程是把输入转化为输出的一系列相关活动的结合，它增加输入的价值并创造出对接受者更为有用的、更为有效的输出。

6)从操作的观点看，流程是一组密切联系、相互作用的活动，每个流程都有内容明确的输入和输出，都有定义明确的开始和结束。

7)流程是一个端到端(End to End)的请求响应链条(Request -Respones Chain)。

8)《牛津英语大辞典》将流程(process)定义为：①一个或一系列连续有规律的行动，这些行动的方式以确定的方式发生或执行，导致特定结果的实现；②一个或一系列的操作。

(2)政府流程的相关定义

对于政府流程的相关定义也有一些不同的表述：

1)政府流程是一组相关的、结构化的活动集合，或者说是一系列事件的链条。

2)政府流程是由要实现政府部门的某个管理目标所需要的一系列政务处理过程或任务环节构成的，每一个处理过程又由若干处理活动构成。它是在政府部门内部[illegible]下，根据政府制定的政务处理规范，按照预先确定的程序和规[illegible]务资源和手段，在部门内部或协作部门之间进行文档、信息、任务[illegible]处理，必要时作出决策，最后实现预定的政务处理目标。

综上所述，可以认为，政府流程就是指政府为了完成预定目标的一系列有序和完整的步骤和操作，是一个从输入到输出的过程。

政府流程是政府实现其职能的重要手段。最简单的流程由一系列单独的任务组成，有一个输入和一个输出，输入经过流程后变成输出。流程对输入的处理可能是将输入转变（transform）或转换（transfer）成输出，或仅仅照料（look after）其通过，以原样输出。

8.1.3 政府流程的特点

（1）政府流程的基本特征

1）政府流程的复杂性和集成性

根据电子政务应用的范畴，政府流程的描述不仅涉及政府部门内部的组织与人员（也可以是其他协作部门的组织与人员，甚至是相关的企业与公众），涉及流程各个环节逻辑结构关系（如顺序、分支、并行等），而且还涉及案例电子化处理时所需要的业务操作规范、业务处理模板与工具以及所产生的文件和报表等数据。因此，政府流程的描述具有复杂性，同时，政府流程也是有效集成各类业务资源进行有效工作的业务主线。

2）政府流程的稳定性和动态性

政府流程的描述是有一定规范约定的，这意味着某一类处理案例的业务规范一经优化确定，其构成业务流程的过程或任务环节描述是相对稳定的。例如，以政府的发文处理为例，其通用流程是由文件的起草→核稿→审核→会签→签发→校对→印发→归档等处理过程或任务环节构成。政府流程的动态性则是说，流程案例不同，其处理过程或任务环节的构成可能是不同的，同一处理过程中所需要的处理活动或处理角色可能是不同的：如有的发文处理案例需要“会签”过程，有的发文处理案例不需要“会签”过程；又如政府办公厅发文的“签发”过程，其角色可以是办公厅主任，政府发文的“签发”过程的角色需要是分管工作的省长等。

3)政府流程的层次性和协同性

政府流程是以案例处理部门为基本执行组[illegible]流程案例执行到某一部门时，在部门内可能还有一套流程专门负责本[illegible]内的任务或活动环节，如政府发文中的“会签”过程，通常是需要在协作部门内进行文件处理的过程。

(2)传统经济型政府与服务型政府的流程特征

20 世纪 70 年代开始，西方各国发动了国际性的公共管理改革，对政府的职能进行重新定位和设计，实现了从过去重管理轻服务、以政府为中心到注重公共服务的转变。党的“十六大”以来，随着对政府改革紧迫性认识的逐渐加深，行政管理体制改革成为整个经济体制改革的重心，也是牵动全局的关键性改革。建立服务型政府成为我国现阶段政府改革的必然选择，它不仅反映了市场化进程的客观要求，也是解决我国经济增长瓶颈、消除腐败的重要策略，对于解决我国经济发展过程中的失衡问题具有重要意义。

1)传统经济型政府的流程特征

经济型政府是指政府在经济发展过程中起主导作用，其弊端是忽视了其本身具有的服务、协调等职能。针对这些问题，政府部门也经历了数次改革，曾取得一定的成效，但整体管理模式并未根本改革，依然保持着经济型政府流程的特点。

①注重经济指标。对政府工作而言，如何引进外资，如何保持地区经济的增长速度都是政府部门的最重要工作。由于这一目标的存在，在我们每年的政府报告中，经济增长速度和 GDP 的高低都是衡量政府工作绩效的重要指标。

②注重审批制度。在市场经济活动中，政府设置过于繁多的审批或检查项目，有的甚至是乱收费、乱罚款，这大大增加了微观主体的市场运行成本和制度成本，也与深化市场经济体制改革的要求相背离。传统体制下的行政审批还通过设置所有制门槛，对非公有制经济进入领域进行限制。政府服务流程体系的建设应当在削减行政审批范围，减少行政干预随意性方面有所突破。

③注重政府市场化运营。市场经济的发展为增强我国的综合国力立下了汗马功劳，在市场经济的框架下，各种资源都得到高效率的配置。但是市场手

段并不适用于所有行业和部门，有些行业的产品和服务应该由政府来提供，如医疗行业和公共卫生等方面，公共服务和公共产品的市场化，势必给政府工作带来隐患。

2）服务型政府的流程特征

①注重服务指标。与以往的经济型政府相比，服务型政府则更注重于服务质量的提供。在政府工作过程中，不再以经济指标为重点，整体工作以服务为核心，政府工作重点是在如何满足社会公众需求上面，以公众需求为主，将政府服务性工作分解为若干指标，使政府工作最终体现在完成服务指标上，以便衡量政府的工作绩效，这是服务型政府的最基本特征。

②注重客户流程。服务型政府与以往经济型政府的最大区别就是流程方面的重大改进。政府的工作摒弃以往的“垂直型”的职能管理模式，将政府工作性质定位于服务的提供者，同时将公众视为政府服务的消费者，即政府部门的“客户”，建立以公众为核心的“扁平化”服务流程，为公众提供全方位的、完整的超值服务。

③注重社会发展。服务型政府部门的工作应该是关注整个社会的发展，在社会的发展过程中起到协调作用。对于应该由政府部门提供的公共产品或服务，如基础设施的建设和维护，政府应该全力做好。而对于应该由市场去调节的竞争性的行业，则可以实现市场化，交由市场去调节。

8.1.4 政府流程再造的概念

(1)政府流程再造的特征

政府流程再造是借鉴企业流程再造理论，整合公众服务职能，不断完善工作流程，使传统的职能导向型政府向流程导向型政府转变。根据流程再造理论，政府流程再造应具备以下几方面特征：一是强调面向“顾客”，也就是说为了更好地满足“顾客”——公众的公共服务需求；二是强调跨越部门、分支机构；三是强调新技术——信息技术的应用，借助信息技术来完成流程再造工作。

(2)政府流程再造形成“服务链”

有些学者认为，政府流程再造实质就是形成“服务链”，其基本思想是：

1)政府内部的上下级和部门之间的业务关系由原来的单纯的行政机制转变成平等地相互服务、相互协作关系,其目的是为广大的公众提供良好的服务,公众是它们的最终客户;

2)将公众的每一次服务请求看做是客户对政府部门下的一次"订单",将政府部门提供服务的过程看做是执行一次"订单",用户支付给政府部门的除了相关的费用,更重要的是对政府的满意度和拥护;

3)政府内部的各服务部门和个人根据自身的职能分工对"订单"进行分解,从而形成以"订单"为工作中心的、各个部门和岗位之间相互配合和协作的政府内部"服务链";

4)政府内部各个部门和岗位业绩考评的标准,是对属于自己的"分订单"的处理效率和效果。

(3)政府流程再造的目标

政府流程再造是实施电子政务的一个必要的过程,为公众提供以"服务链"为纽带的一站式服务,也是实施电子政务和进行政府流程改造的终极目标。但是"政府流程再造"是一个渐进的、逐步优化的过程,应该从流程再造的迫切程度和流程再造所涉及的利益调整两个角度来设计政府流程再造。

(4)政府流程再造的定义

综上所述,可以认为:政府流程再造是指以现代信息技术、系统思想为基础,以最大限度地满足公众服务需求为出发点,把与公众服务有关的各个方面,按一定的方式有机组织起来,形成一个完整的服务流程的过程。其主要内容是:以公众服务为核心,以"一站式"公众政务为目标,以"服务链"为纽带建立服务型的政府。其中"服务链"是政府流程再造的核心。从根本上讲,政府的一切活动都是为了最大限度地满足公众的需求,在了解公众需求的基础上为公众提供优质的服务,并为之创造良好的社会环境。

8.1.5 电子政务流程再造的模式

在传统的公共服务中,不同政府部门分别面对公众提供服务(如图 8.1,a)。"单窗口——一站式"的电子政务服务模式使公众只需要和政府前台进行交互,而无须深入了解政府内部的组织结构和业务流程,对政府而言,也意味着原有部门窗口职能的打破和统一重组，相对于传统公共服务是一种流程再造（如图 8.1，b）。随着电子服务的进一步推向深入，电子政务的前台和后台之间信息交换的程度增加，越来越要求后台的政府部门根据前台服务的需要进行组织的重构，最终冲淡各个部门之间的界限，不同部门电子政务的后台表现为一个统一的整体，同时流程再造的程度也得以深化（如图 8.1，c）。

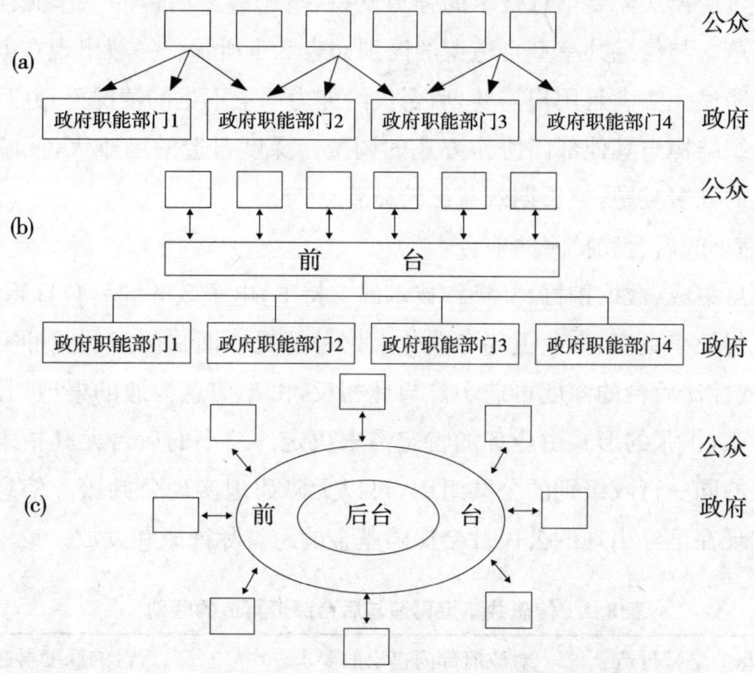

图 8.1　传统公共服务向电子政务的服务模式转换①

进一步来看，电子政务后台的流程再造又可细化为八种模式：

（1）信息共享型再造

在这种情况下，电子政务的后台不发生变动，仅仅通过虚拟前台将不同部门连接起来。最简单的情况，只要把某些现存的流程自动化，通过一个虚拟前台建立组织之间的网络联结，设立共享数据库就可以办到。这种情况适用于

① 孟庆国，樊博：《电子政务理论与实践》，清华大学出版社 2006 年 3 月。

公共部门原有的组织结构较为简单，或者已经整合得很好的情形，可以节省流程变革的费用，避免不必要的政治动荡。只需要赋予虚拟前台较强的信息共享能力，对存储在电子政务后台的公民和企业数据进行搜集、处理、定位就可以实现流程再造。

(2)后台的深度再造

这种再造模式需要信息技术的强大支持，电子政务后台的工作流程发生了显著变革。与信息共享型再造型的区别如表 8.1 所示。一般出现在电子服务的能力明显无法满足用户需要，后台供给能力严重不足的情况下，并且往往伴随着组织结构与其他部门协作方式的调整。深度再造的困难大，面临技术和管理上的许多难题，但长期效益比较显著。

(3)缩小的后台和扩张的前台

在信息集成、数据挖掘、互操作技术的支持下，电子政务的后台日趋集中，政府的工作效率更高、作业更趋专业化。这种情况也面临部门利益冲突的阻挠，但挑战性比后台的深度再造小。与此相反，由于信息沟通的渠道增加，前台不断扩张，扩张的形式由业务的特定需求决定。缩小的后台尤其指隶属于不同地区的同一行政级别的公共组织，可以无障碍地实现公共服务信息的交换。比如现在已经出现的公民社会保障基金的跨省际征缴和发放。

表 8.1　信息共享型再造与后台深度再造的区别

(1)信息共享型再造	对政府部门提出的要求	(2)后台的深度再造
信息系统	整合的对象	工作流网络
信息资源规划	基本战略	业务流程再造
较广，可以有很多参与者	合作的范围	有限的流程主体
获取数据的权限，信息质量	主要的考虑方面	流程主体的权责，工作流控制
较低	整合后表现出的绩效	较高
较弱	整合的力度，协作的程度	较强
较少	投入资金	较多

(4)在电子政府后台的不同部门间成立专门的协调机构

数据库虽然实现了各部门原始数据的集中存放，但在数据交换机制和不同部门的互操作协议上较为复杂，需要达成很多技术标准和管理上的共识。协调机构的建立使来自各部门的信息能够更好地兼容、智能化地分配，从而降低了流程协同和整合的成本。协调机构是为了实现更加良好的再造而专门设立的，没有特定的政府功能。例如政府采购中心将不同部门的采购要求集中处理，但本身不具备行政职能。

(5)建构电子服务的通用业务模型

不同种类的电子服务虽然内容差异很大，在原理上却存在诸多共通之处。比如都包括使用者提供个人身份信息、下载和返还政府部门的表格、提出需求、在线支付账单等，而后台工作人员提供服务的作业过程也非常类似。可考虑提供一套通用的业务模式，同时适当保证不同部门使用的灵活性，以实现规模经济效应。

(6)单一入口的构建

单一入口一般表现为提供一站式综合服务的政府网站，服务之间存在逻辑联系，可以互相交换信息，并按照便利使用者的方式组织起来。

(7)主动型服务的提供

在传统状况下，电子服务起始于公民向政府提交服务请求，主动式服务在电子政府后台强大的数据仓库、联机分析处理、决策支持、数据挖掘技术的基础上，能够在恰当的时间和地点向最需要该项服务的公民提供准确的电子服务，为使用者带来极大的方便。例如现在国外某些税务部门主动向公众邮寄报税单，公众只有在报税单存在错误的情况下才和税务部门联系。

(8)用户的自助式服务

在某些预先设定的情境下，用户对电子政府后台存储的数据有较大的操纵权，可以自由控制服务的进程，选择最适合的服务提供方式。对政府部门来说，则大大节省了人力、时间和成本。最常见的事例比如高校的学生手动选课系统、政府网上公共图书馆等。

8.1.6 政府流程再造的意义

成熟的电子政务与政府流程再造密不可分，政府流程再造对于现代政府管理有着重要的意义，主要表现在：

(1)主动性

政府的服务应该是一种主动的服务,而不是被动的服务。我们所提倡的服务型政府,必须从公众的角度出发,事先准备、设计好各种服务,然后由公众根据自己的需要来选择。只有针对公众的服务需求,积极主动地提供相关信息和必要的帮助,才能树立良好的政府形象。

(2)前瞻性

社会在不断发展,人们的服务意识和服务需求也在不断提高。对服务型政府来说,需要潜心研究公众需求的发展趋势,把握好公众需求的特点,为公众提供具有前瞻性的服务。也就是说,政府所提供的服务应尽可能地超越现有的服务链体系所能提供的服务内容,使服务具有前瞻性。只有提供具有前瞻性的服务,才能使公众真正体会到政府改革后服务流程的科学与完美。

(3)完整性

服务的完整性依赖于政府流程设计的科学性和完善性。在服务型政府流程设计过程中,应该完全体现一种人性化服务的理念。科学、完善的流程设计,为公众提供的是一种全方位、全过程的服务,具体表现为服务内容的完整性和服务过程的连续性,真正做到从根本上以公众为中心,充分体现以人为本的精神关怀。

(4)超值性

在服务行业,由于利益的驱动使得越来越多的商家都在努力为顾客创造超出其期望值的商品或服务,为客户带来利益的同时也得到了客户的丰厚回报,最后的结果是共赢。服务型的政府正是借鉴这种为社会公众提供超值服务的内涵,从各方面完善服务流程,使公众在享受政府服务的整个过程中都能得到超值服务,进而赢得公众对政府的回报,实现政府与公众的互动互惠,最终达到社会发展安定繁荣,人民生活安居乐业。

8.1.7 电子政务环境下政府流程再造的途径

(1)政府流程再造的基本思路

上世纪末以来,政府流程再造、行政改革、新政府运动等概念,成为全球公共管理理论及实务界共同关注的焦点。我国近些年来也尝试通过借鉴企业流程再造的成功经验,对政府工作流程进行重新设计,以便在成本、质量、服务和速度等衡量组织绩效的重要尺度上取得较大的改善。

政府流程再造的基本思想是:

1)改变政府部门中各部门之间的关系

即以业务关系为联系纽带,对政府内部的上下级和部门之间的关系进行改革,将原来上下级之间严格的隶属关系,转变为围绕公众的需求进行协作的平等关系。所有部门都只对公众负责,而不是对部门所属的上级负责,在此基础上将原来的强制管理关系改为相互服务的关系,从根本上改变以往的行政机制。在业务链条即"服务链"中,每一个利益相关者不再是以往的官员身份,而是以服务的"提供商"和服务的"接受者"的身份出现,他们彼此之间是"客户"的关系。这条服务链的终点是公众,即公众是政府部门共同服务的最终客户。

2)实行"订单式"管理

"订单"可以理解为公众对政府部门的服务请求。

①订单管理的层次。订单管理分两个层次:外部订单管理和内部订单管理。外部订单是指公众对政府的服务请求,内部订单是指政府内部各部门之间的服务请求。

②政府工作与订单管理。政府所有的工作都是围绕订单来展开的,而政府每提供一次服务就是一次执行订单的政府流程活动过程。

③以订单管理为中心的服务链。订单把政府的上下流程和岗位之间的业务关系由原来的单纯行政机制转变成平等的客户关系、服务关系和契约关系,通过这些关系把外部公众的订单转变成一系列内部订单,每个部门或每个公务员在收到订单之后,在规定的时间内积极响应,做好自己流程中应负责的相关工作,如负责签章、答疑或提供相应资料等,从而形成以订单为中心、上下流程和岗位之间相互衔接、自行调节运行的服务链。

④以订单为中心的作用。每个部门或个人作为整个流程服务中的一个节点,他们对客户的响应最终形成服务响应链,并以此来实现有效服务。而在整个服务链中,政府最终以所提供的服务来获得相应的"支付",即公众作为纳税人对政府的满意、忠诚和拥护。

⑤以订单管理为中心的意义。将以往以权力为中心的政府管理模式改造为以订单为中心的政府流程的积极意义在于，政府部门的工作只针对订单、不针对人，使政府部门的工作绕开了以往的人为壁垒，降低了政府工作成本。另外，在政府绩效考核方面也有积极意义，可以根据订单的完成情况以及"顾客"的满意程度来考核部门和个人的服务绩效。同时，由于网络系统的进一步完善，为政府流程再造的实施提供了相应的物质基础，政府流程再造也促进了电子政务的开展。

(2)政府流程再造的步骤

政府流程再造要求政府以服务为龙头，以是否直接面对公众提供服务为界限，将政府部门分为前台和后台。前台直接面对外部订单为公众提供服务，后台为前台提供服务。前台一方面是公众服务的供应商，同时又是后台所提供服务的客户，以此类推形成整条服务链。整体来看，在政府内部各岗位之间，以服务为"齿轮"进行相互链结，形成一个全员服务链，最终将政府的服务呈现在公众面前。而政府流程再造可以按下面所讨论的步骤进行。

1)第一步，准备阶段

在此阶段应组织和发动政府流程再造项目相关人员，树立以服务为核心的价值观，调查了解公众的需求，在宏观上营造政府流程再造的环境，并设定政府服务工作的远景规划。这一阶段是政府流程再造的准备阶段，也是流程再造成功的基础环节。

2)第二步，确定阶段

进一步分析现阶段政府流程的特点，并对现有的工作流程进行量化，同时对不合理的流程进行改进。以服务为核心，以订单为纽带，重新开发面向公众的服务型政府的流程模型。该阶段的主要任务包括：清除非必要流程、简化流程、对任务进行整合、将流程任务自动化。

3)第三步，展望阶段

选择再造过程，形成再造策略。该阶段的主要任务是设计新的工作流程，在此基础上建立与之相应的报酬和奖励制度、招聘制度、岗位人员责任制、财务制度等系列规章制度，定义新的岗位，设计新的政府扁平化的组织结构，以保证新流程的规范运行。

4)第四步,求解阶段

定义新流程的技术和要求,并开发详细的执行计划。为稳妥起见,可对设计的服务链流程,作局部流程或某个低层级流程的试点,完成试点实验之后,对新流程的其他部分排定次序,在政府相应部门内分阶段实施。

5)第五步,实施阶段

全面推进再造计划的实施,对已实施的新流程的业绩作出客观评价。根据预先设定的评估方式进行定期的绩效评估,同时,密切关注公众对实施新流程的反应和满意程度,这是一个不断完善的过程。

(3)政府流程再造的措施

政府流程再造是一个系统工程,这一工程能否取得成功,除了制定科学、严密的再造计划并严格、高效地实施以外,在宏观方面还需要政府部门进行深入改革,在理念和行动上密切配合。

1)创建新型政府文化

政府流程再造体现制度、结构的创新,新的组织机构和工作流程的形成必然会孕育产生一种新的文化。传统的行政管理体制形成的政府文化强调权威、顺从,而流程再造基础上形成的新文化价值观倡导诚信、公正。随着改革的逐步深化,国家权威的体现范围将越来越窄,政府在管理社会事务中将主要体现其协调功能,通过为社会公众提供高质量的服务,逐渐提升政府在公众心目中的诚信度来树立政府形象。因此,新型政府文化的建设势在必行。

2)加快完善公共财政制度

政府要采取措施严格各级财政的预、决算的审议和批准,在流程上体现财政制度的公共服务目标,改革投资型财政体制,加快服务型财政体制建设。由于历史的原因,我国现行财政体制存在结构性缺陷,还是一个经济投资型财政体制。公益性投资项目中,卫生、体育和社会福利事业、教育文化等所占比例过小。为此,应当加快建立服务型财政体制,构建政府履行公共服务职能的制度基础。

3)加强政府机构的改革

政府机构改革促进了政府经济管理模式的深刻变化,在一定程度上弱化了传统经济型政府的职能。但是目前的政府机构设置还难以满足构建完善、系统的政府流程的要求，加强机构改革是保证流程再造顺利实施的基础性工作。另外，建立高效率的政府流程还需要一支高素质的公务员队伍的支持，否则，再好的政府流程再造计划也是空中楼阁。

4)加强政务公开

在现代社会，公共信息具有广泛的社会属性，关系着每个公民的利益。公共信息还有极强的时间性，因此必须建立信息公开制度，让社会公众及时了解公共信息。政府公共服务的对象是社会，包括公共信息在内的公共服务和公共产品是面对全社会的，应当向全社会公开。从封闭型的行政体制逐步向公开、透明的行政体制转变，公开政务、公开政情是政府有效履行其服务职能的重要保障。只有建立公开、透明的信息制度，把政府的公共服务置于社会和老百姓的监督之下，才能使公众放心、宽心、舒心。

8.2 电子政务、流程再造与行政改革的相互影响

电子政务、流程再造、行政改革有着深刻的相互影响。一方面，电子政务的发展需要相应的流程再造和行政组织改革；另一方面，电子政务的发展也会促进政府流程再造和行政改革。电子政务将引起行政组织存在的结构模式以及由此产生的行政组织的运行方式、内容和行政组织中公务行为方式等的全方位变革。当前，人们已逐步认识到了电子政务、流程再造、行政改革的重要性，但在理论和方法上对它们之间相互关系的研究仍然不足。在现代公共管理方法的发展趋势上，对这些关系作相关的模型描述是必要的，也是从定性描述走向定量分析上所必需的，这些更深入的理论研究对于指导电子政务的实践有着深远的影响。

8.2.1 电子政务对行政组织的影响

电子政务对行政管理的变革有着深刻的影响，这种影响尤其表现在对行政组织的变革上。它将引起行政组织存在的结构模式以及由此产生的行政组织的运行方式、内容和行政组织中公务行为方式等的全方位变革。

(1)行政组织功能的多元化

电子政务系统的应用和实施将改变传统行政组织单一的管制功能，从而使行政组织的功能多元化，即由过去一元的管制功能向服务、管理、消费三种功能并存转化。

1)行政组织的服务功能

为社会提供优良的服务始终是现代政府的根本职能。行政组织作为电子政务的物质承担者，通过电子网络政府的建立，完善和拓展了政府组织的传统服务功能，使传统政府的服务方式和内容得到改造和创新。

从服务主体角度看：电子政府通过对外宣传主页发布信息，使公众迅速了解政府机构的组成、职能和办事规则、各项政策法规，从而增加办事的透明度。政府部门各种资料、档案、数据库的网上传播，使行政组织的服务更加直接和周全，这从根本上改变了以往行政组织服务技术手段落后的问题，并保证了公共服务的公正性和公平性。

从服务客体角度看：电子政务为公众获取政府的各种服务提供了更加便利的条件。在多数情况下，政府提供公共服务的对象涉及到整个社会，其中最主要的是企事业单位和公民个人。一方面，行政组织通过信息网络，可以把政府承担的各类公共服务的内容、程序、办事的方法、要求等向行政区域内的所有单位、个人予以公布，使服务对象心中有数；另一方面，行政组织通过在线预约、在线签证、在线报税、在线缴款、在线申办等电子服务项目为公众提供多元化服务渠道，使政府为公众的服务更加便利，从而提高政府及其服务的可接近性和易获得性，并确保政府公共信息服务的非排他性，使政府信息真正具有社会公共性质。

2)行政组织的管理功能

电子政务系统的建立使行政组织的管理功能得到了更加充分的发挥。电子政务系统的作用之一就是实现自动化的网上办公与管理。政府通过网络获得真实、全面、准确、及时的社会信息，由政府建立大型的专门数据库，对数据进行汇总、处理、加工并有效传播，建立健全行政决策支持系统，应用统计模型进行分析、统计、核算，帮助政府进行决策，以此来快捷准确地调节政府政策，再通过电子文件传送政策指令，实现其调控管理作用。电子政务使行政组织的管理功能具备了现代化、高效化的基本要求。

3)行政组织的消费功能

电子政务系统能够使行政组织利用互联网络发布政府采购信息,通过网络进行电子招标服务、电子购物服务、智能付账服务、数据库服务,将政府的采购项目、采购合同、供货商情况、公共消费要求和规范等详细资料提供给所有客户,以此来完成采购过程,从而节省大量时间和精力,提高行政工作效率,并在信息网络的全面支持下实现政府采购的国际化。这样使政府公共消费功能得到更加全面地发挥,也减少了不必要的中间操作环节所制造的麻烦。

(2)行政组织结构形态的扁平化

电子政务改变着行政组织的结构形态。信息技术的运用改造了传统政府的行政流通模式,打破了原有政府部门之间的物理界限,这在一定程度上破解了传统行政组织部门之间条块分割、等级森严的格局,使行政组织的结构形态由高耸向扁平转化。

1)电子政务通过改变行政组织传递信息的方式改变行政组织的结构形态

电子政务使各级政府的各部门都拥有统一的网络服务平台。公众在这个网络服务平台上,信息共享,互动管理,信息传递的高速度、全方位、大负荷、交互式,将改变过去以行政组织纵向结构传递信息的方式,因而管理层次将大大减少,使行政组织结构由高耸型向扁平型转化。扁平型的行政组织结构将更有利于对迅速变化的环境作出及时而有效的反应。

2)电子政务通过改变公务员的行为方式改变行政组织的结构形态

电子政务为政府工作人员提供了现代化的办公手段和应用工具,使传统的技能性工作不复存在,改变了过去靠人脑来处理信息的现象,将政府工作人员从常规的事务性工作中解脱出来。网上办公、远程会议、虚拟机关的产生,打破了政府工作的时空界限,提高了工作效率,加强了政府部门之间的信息沟通和互动,从而使行政组织中的一些中间管理机构被撤销,形成行政组织结构形态的扁平化,这也为我国政府机构改革提供了技术上的保证。

(3)行政组织运行程序的开放化

1)信息技术将使行政组织的运作处于开放状态

电子政务的实施是以现代信息技术和网络技术为依托,以统一的电子服务平台为基础的。信息技术带来的最大影响之一就是缩短服务提供者与接受者之间的距离，使行政组织的运作处于开放状态。行政组织的这种开放状态将有利于消除“信息鸿沟”，缩小“信息富人”和“信息穷人”之间的差距，照顾信息弱势群体，缩小信息财富拥有者之间的差距，使得每一个人都具有获得政府电子服务的权利，改变行政组织运作的封闭状态。

2)行政组织运作的开放化表现为行政透明度的增加

电子政务在信息技术的支持下，可以增加行政组织运作的透明度，一方面，可以防止信息被少数人专用或有选择性地公开，可以防止信息被更改、掩盖，可以建立一套相对严格的制度，将权力交给机器，防止人为干预，从而保证信息的公用性与透明度；另一方面，实施电子政务后，由于所有行政审批的程序流程都是可视的，每一个部门的办事情况均可以被看到，所用时间也均可以被查到，有利于行政监督，降低了不确定性，从而增加了行政组织运作的开放性和透明度。

3)电子政务还将使行政组织的运行程序逐渐简约化

传统的行政组织的程序是依据一定的组织结构来运行的。行政组织的管理层次越多，指挥链越长，行政程序就越长、越复杂，行政效率就越低。电子政务的实施，改变了这种情况。它使各级政府部门拥有了统一的服务平台，公众在这个电子服务平台上共享信息。信息传递的高速度、全方位、大负荷、交互式的特点，使行政组织的结构由高耸型变为扁平型，管理的中间层次减少，信息沟通将迅速、快捷、准确、简便，行政指挥链将缩短，因此行政程序将简化，行政矛盾将减少，行政效率将提高。可见，电子政务的过程也是行政组织结构状态开放化、行政组织程序简便化的过程。

(4)行政组织运作内涵的智能化

电子政务的建设不仅仅是由行政组织的传统柜台式服务向网络化服务的简单移植，同时还涉及信息技术对政府组织机构的重组和对政府服务的整合，涉及政府行政组织运作方式的变革，即由原来的技能化运作方式转向智能化运作方式。传统的行政管理是规制化管理，组织结构是金字塔式的科层制，行政管理的运行主要依靠技术官员的专业知识，官员个人的写作、沟通、协调技巧和政府机关执行公务的效能是最重要资源，“腿勤、嘴勤、笔勤”成为机关工作的基本功，这属于“技能行政”。但在信息社会，电子政务为行政组织运作内涵的智能化奠定了技术基础。政府制定的各项规章制度、行政管理的各种背景资料、政府制定的各种规划方案、重大决策的酝酿和论证等，是通过现代化的政府信息网络进行智能处理的，即采用信息决策系统分析数据，归纳处理数据，最后做出决策方案。整个过程具有科学性、定量化、智能化的特点，这一特点表现出行政组织具有学习与策略功能、对社会需要的快速反应功能、行政组织内部沟通改善功能、行政组织与外界的合作与协调功能。行政组织运行方式的这种智能化为提高政府的决策水平和行政效率奠定了坚实的基础。所以，信息化、智能化使行政组织的运作成为阳光作业，这在最大程度上保证了政府管理的公开性，保护了公众的利益，从而使政府成为知识型、学习型和智能型政府，为高效化提供了重要保证。

(5)行政组织运作方式的民主化

电子政务对行政组织的影响决不仅仅是技术上的，还表现在政治方面，即表现为对行政组织运作方式的民主化影响。这种影响表现为两个层面：

1)行政组织内部运作方式民主化

在信息网络结构中信息是共享的，人们是相互平等的，组织中只有一个中心的现象被打破，在网络中每一个人都可以是中心，人人都可以参与行政管理，人人都可以对政府的政策、计划、方案、措施提出意见和建议，从而发挥了公务员的自主性和能动性，调动了下级部门的积极性，把行政权力的运行置于民主监督之中，使民主行政得到充分扩展。

2)行政组织外部运作方式民主化

电子政务增强了公众参与意识，驱动了电子民主化，成为行政民主化的全新模式。“所谓电子民主，就是指民主过程中价值理念、政治观点或其他个人意见等的电子交换。电子民主的内容涉及范围很广，包括在线选举、民意调查、在线立法等。”信息技术和互联网的发展为行政组织加强与公众的联系奠定了基础，为公众参与政府管理和决策提供了良好的契机。行政组织通过使用信息技术加强民众与政府之间的对话和交流，增强公众参与程度，使得每一个人都具有获得政府电子服务的权利，使信息应用普及到社会每个阶层和每个地理区域，使政府积极转变管理理念，促进政府管理的民主化。同时，电子政务通过电子民主的发展使民众能够有效地监督政府决策，促进政府勤政廉政建设，提高民众对政府的信任度，使行政管理走向民主化。

(6)行政组织运作结果的高效化

电子政务的推进，对提高政府组织的管理水平和强化政府的服务功能有着重要的作用。

行政组织通过电子网络，在政府与政府之间、政府与社会之间、政府与公众之间，建立了信息交流、互动、信息共享以及资源整合的功能，从而推进了政府管理的信息化，改善了政府的公共服务，提高了政府的服务质量和行政效率。

1)电子政务可以及时提供信息

电子政务使行政组织及时、全面、准确、完整地获得社会、经济、政治、文化发展的信息，为政府决策提供科学依据。

在传统的行政管理中，一方面常常因为信息的不畅而导致盲目决策、重复建设、造成巨大的浪费；另一方面由于信息处理手段的落后，造成了大量的自然资源与社会资源的闲置。实现电子政务后，行政组织可运用最先进的技术和手段整理、分析、开发、利用网络中所蕴涵的巨大的信息资源，并把浩如烟海、杂乱无章的信息变为有价值的信息，通过信息的发布，引导和规范政府行为和公众行为，同时为政府决策提供依据，以保证政府工作的效率。

2)电子政务通过降低行政成本来提高行政效率

电子网络政府的建立，可以大大降低行政组织运作的成本。在电子政府状态下，由于行政系统内部办公自动化技术的普遍运用，使大量以往必须由行政人员手工作业的工作，可以在一种全新的网络状态下进行，从而可以有效地降低行政管理成本。同时政府办公自动化使提高行政效率成为可能。电子化公文系统的运用，使公文制作及管理实现了电脑化作业，通过网络进行公文交换，使公文制作更加规范化、科学化和无纸化。政府数据处理系统的使用，如海关报单、单位和个人报税、政府批文、政府文告的发布等，使人们在网络上足不出户就能向政府进行业务申办，并在网上直接获得有关批文，从而大大地提高了行政组织的工作效率。

8.2.2 流程再造对行政办公的影响

政府作为现代社会中最主要的组织结构,它的根本任务就是高效优质地提供公共服务,改善社会生活质量,提高经济发展水平,使社会有序地运行和发展。但是,随着社会变革的不断加剧,现代政府组织在其运行的内外环境中都面临着越来越复杂的问题与困境,从而迫使政府通过行政改革摒弃传统积弊,突破发展瓶颈,如果说政府绩效评估是从结果评价的角度推动了政府绩效管理,那么政府流程再造则是从过程控制的角度改善政府绩效,在变革中追求成功。

(1)以流程再造提高行政效率,降低行政成本

由于政府职能的扩张导致组织规模膨胀,层级增多,行政过程的链条过长。加之传统官僚制组织过细的部门分工割裂了完整的流程,使政府部门之间缺乏协调与联动机制,从而降低了行政效率,提高了行政成本。

实践证明,通过流程再造,信息资源的共享,新流程提高工作效率,节约办事时间。

(2)以流程再造实现政府职能的合理区隔或有效整合,推动组织再造

尽管政府流程再造不是组织再造,但由于流程再造打破了以部门职能和分工为导向的流程设计模式,要求按照"公众需求"和围绕"结果"进行政府流程设计,必然涉及组织内部分工、职务、工作能力需求、薪酬、绩效评量、管理者角色及策略等因素,导致原有政府组织的重构。同时,对现有政府流程的问题诊断也表明:部门职能交叉与职能设置不够清晰、部门利益驱动、工作人员的职责分工意识不强、协调沟通不充分等是导致政府流程弊端的主要因素。流程再造要求突破部门间的界限,实现部门与部门之间的互动与协作,以部门联动代替按部门顺序操作。其结果自然会因流程的调整或整合凸现原有组织结构的不合理,引发组织再造。

(3)以流程再造改进公共服务质量,提升公众满意度

政府行为的公共性决定政府绩效不仅强调效率,更要重视公平与社会责任。奥斯特罗姆认为"虽然效率准则规定稀缺资源应被用到其能生产最大纯收益的地方,但公平的目标则可能缓解这一目的,致使有利于特别是非常贫困

的人群的实施得到发展”。政府绩效的特性表明：民众对政府的诉求与满意度不会仅仅局限在速度、经济等数量层面，随着资讯的发达，民众对公共产品和公共服务的需求日趋多样化、个性化，既要求政府部门提供高效、便捷服务，又要求服务的公平、公正，而且希望加大政府过程透明与公民参与的深度与广度。

政府流程再造在强调流程高效、便捷的同时，更加注重行为的规范化，过程的人性化、透明化以及服务品质的标准化，始终把提升公共服务品质作为流程再造的核心价值追求。通过岗位说明书和部分工作说明书的编写，对具体岗位的名称、工作内容、责任范围、工作关系、工作标准等进行规范性描述，并且对某一工作的岗位承担者、权责范围、程序安排、服务标准、时限要求等进行规范性描述；在此基础上全面推行岗位代理制，以规范各岗位之间和各级机构之间的授权行为，避免出现空岗，方便服务对象；同时还制定《服务细则与标准》，对服务的内容和服务品质进行解释和承诺，以方便公众监督和评估；最后形成流程再造的持续性评估机制，通过专家和公众的参与，在实践中检测流程运作状态、与预定改造目标进行比较分析、对不妥之处进行修正改善，以保证新的流程全面达成改造的预定目标。

(4)以流程再造推动公共服务的信息化进程

传统的公共部门服务流程是建立在传统的组织结构基础上的，一般被分解为由基层工作中采集业务资料、进行汇总、逐级分析决策、制定相应的政策法规，最后再反馈到基层采取行动措施等几个流程阶段。由于以前的技术不能实现整个业务条块的联网，整个业务数据流程不得不按地理位置和人力分配被分割在多个部门，从一个部门转到另一个部门，增加了交接环节和复杂程度，致使相同的信息往往在不同的部门都要进行收集、存储、加工和管理，不仅影响行政效率，而且加大了协调成本。

流程再造可以有效地利用信息技术，通过网上政务大厅建立并完善信息系统；提供工作过程查询和监督服务，把原属于若干个管理环节、若干个流程作业线加以重新整合；将业务流程“前后顺序”的运作模式改成“左右平行”的运作模式，既保证了流程运作的透明、公开，也可减少作业流程的步骤并增进不同部门的协调；避免电子政务的形式化，通过流程与信息的协作实现政府信息化平台的内在活力和持久生命。

9 基于用户的电子政务价值评估模型分析

前一章分析了信息化绩效产生的机制及框架模型,这一章更进一步,在考虑用户的情况下,构造电子政务价值评估模型,为下一章引入 CVM 的实践应用构造模型基础和实践的支撑点。在构建评估模型时,选取了两个视角进行研究,一个是政务流程的视角,另一个是信息整合的视角。

本章首先介绍了政府流程的相关概念,然后以政府流程为出发点,从信息集成(对应于信息整合)和业务集成(对应于政务流程)的角度,将电子政务服务分成了四种模型,对各种模型的运作机制作了分析和比较。这里成本主要是指电子政务服务流程中所产生的应用成本,在作了一定简化假设的基础上,对各模型中的用户成本和政府成本等作了定量的评估分析。认为有信息集成和业务集成的电子政务模型可以减少用户成本和社会成本,而合理的政府业务流程重组是减少政府成本的关键。

9.1 用户、政府流程与电子政务价值评估

电子政务面向社会提供的服务模式主要有政府对企业(G2B)和政府对公众(G2C),这里将企业和公众统一称为政府提供服务的用户。本书从信息集成和业务集成出发,提出了电子政务的几种分类模型,并对这些模型的运作机制作了分析,在作了一定简化假设的基础上,对各模型中的用户成本、政府成

本、社会成本等作了定量的评估和分析①。

笔者认为，在当前的新公共管理环境下，从经济学和系统科学上来看，电子政务价值可以体现在以下几个方面：低成本、高产出、用户的感受。“低成本、高产出”可以看成电子政务评估系统中的输入和输出部分，因此它们直接和电子政务系统的价值相联系；新公共管理追求“以民为本”的服务宗旨，因此，用户的评价是电子政务价值的关键组成部分（这在经济学上体现为用户的电子政务消费意愿）。

对于电子政务的产出部分，已有学者从电子政务的硬件、软件或者政府网站等方面的具体指标来进行电子政务评价体系的建模，采用外评的方式对它们进行了研究。但这些方法很多都忽略了用户的使用、参与和感受，因此这些评价结果可能会和实际的电子政务价值让人感到有所不符。

试想一下，如果某个政府在电子政务上进行了大量的投入，提供了很好的电子政务硬件、软件和网站，那么在当前的很多评价方法中都会对其给予较高的评价，但由于一些原因（如人口稀少或当地的电子政务成熟度不高等原因），能成功参与该电子政务使用的用户却少之又少，能说这样的电子政务系统有很好的价值吗？

事实上，成本评估也是电子政务价值评估的重要组成部分，根据一定的换算，也可以统计到电子政务的价值中去。这也是我们现代政府“高绩效、低成本”所追求的一种理念。

因此，电子政务价值评估的分析体系，一定要充分考虑用户的感受和政府流程（即政务部分）。

本书基于这样的思考，认为电子政务价值的分析应充分考虑用户的参与，拟采用国外公共产品中常用的 CVM 法对电子政务的产出部分进行分析（见下一章），而本章则主要结合政府流程和信息整合，对电子政务的应用成本进行分析，以为进一步的价值评估寻找切入点。

---

① 邓崧，白庆华：《从成本角度分析电子政务服务集成模型》，《管理科学》2005 年第 18(4) 期，第 58～62 页。

9.2 电子政务建模分析

9.2.1 模型描述

流程是政府组织提供服务过程中的重要部分,为提高电子政务的服务效率,作相关的电子政务流程研究是重要的。为研究方便,先对相关的流程作一些数学描述和定义。

杨雷等①认为电子政务系统是由信息、制度、处理和传递等构成。本文将电子政务模型分为信息集(I),规则集(R),传递集(T)及处理结点集(G,一般是由政府部门构成)等。记流程(即整个过程)为 S,则:

$$S = \{S_1, S_2, \cdots, S_N\} \tag{9.1}$$

$$S_i = \{I_i, R_i, G_i, T_i\}\ i = 1, \cdots, N \tag{9.2}$$

其中 S_i 表示第 i 阶段的处理过程,N 为所需经过的处理结点数(一般为所需经手的政府部门总次数),表示了在流程中共有 N 个阶段的处理过程(或在事务流程中存在 N 个流通处理环节)。

另外,有:

$$I = \{I_1, I_2, \cdots, I_N\} \tag{9.3}$$

$$R = \{R_1, R_2, \cdots, R_N\} \tag{9.4}$$

$$T = \{T_1, T_2, \cdots, T_N\} \tag{9.5}$$

$$G = \{G_1, G_2, \cdots, G_N\} \tag{9.6}$$

其中,I_i 表示第 i 个处理阶段所需的信息,R_i 表示第 i 个处理阶段的规则,G_i 表示第 i 个处理阶段所要报批的政府部门,T_i 表示第 i 个处理阶段的传递,包括用户向政府的申请及政府对用户的反馈。

9.2.2 从政府流程和信息整合的角度对电子政务模型进行分类

根据前面的描述,政府流程最终表现为政府的业务运行(即政务),对政务

---

① 杨雷:《电子政务效益的经济分析与评价》,经济科学出版社 2005 年版。

的管理和改进(如前面所提到的政府流程再造),这里从管理科学工程的角度称之为业务集成,这和我们实际常提到的"改革"有着密切的联系;而信息流的处理也一般是伴随着业务流程进行的,严格地来说,它本身也属于流程中的一个重要因素,在电子政务环境下对它的处理方式也是至关重要的,会对电子政务绩效产生极大的影响,如当前的"信息孤岛"、"资源共享"等,都是信息处理方面需要解决的课题,很多学者也在这一领域开展相关的研究,这些都说明了信息整合的重要性。

因此本书从政府流程和信息整合角度来开展建模工作,根据它们在实际中的表现形式,这里将这两个视角概况为:业务集成和信息集成。

根据政府业务集成和信息集成的情况,这里将电子政务模型划分为四种类型,分别记为模型Ⅰ～Ⅳ,具体见表9.1。

表9.1　电子政务的四种模型

	信息集成	业务集成
模型Ⅰ	无	无
模型Ⅱ	有	无
模型Ⅲ	无	有
模型Ⅳ	有	有

下面分别对这几种模型进行分析讨论。

9.2.3　电子政务模型Ⅰ

9.2.3.1　模型Ⅰ分析

模型Ⅰ为将传统政府服务模型的直接电子化,在管理上并没有作相关的流程再造和信息处理方式改革。在该模型中,信息和规则均没有进行整合,用户为办成一项事务(如申报等),需要了解这项事务的整个流程,包括每个步骤(即各处理结点)的规则和所需的信息。这实质上是用户端集成。在现代电子政务发展的初级阶段,该模型经常被采用。

模型Ⅰ的流程如图9.1所示,是典型的"传统办公的电子化"。可以看出:在该模型中,每一次处理都需要用户输入一次信息,并要求对该次处理的规则

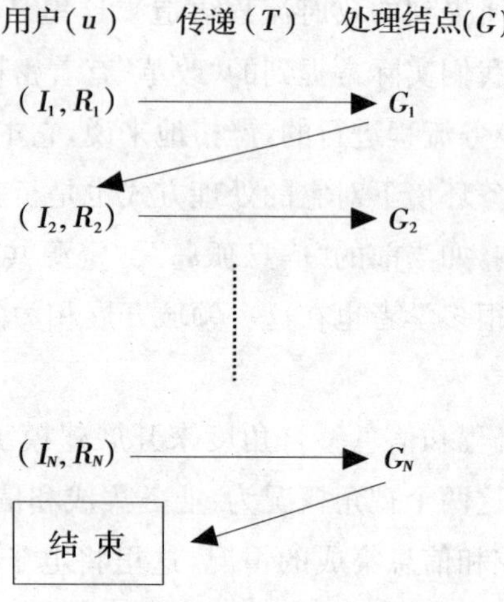

图 9.1 电子政务模型 I 的流程图

完全了解，并且在每次输入的信息中，有不少会是重复的(尤其是用户的基本信息)，这会导致用户在信息输入上的重复劳动。由于没有业务集成，用户在每一阶段只有等到成功批复后，才能开展下一阶段的工作，这会使流程变长，事件处理周期增加。相对而言，政府服务端的工作要轻松些。总的来说，用户繁忙、流程时间长、工作效率较低是这一模型的明显劣势。

9.2.3.2 社会成本评估

这里的成本主要是指各参与主体在流程中所发生的应用成本或所承担的工作复杂度，不包括前期的软硬件投入等。这样主要是便于对电子政务的应用效果进行评估，也更便于分析、比较各种模型的应用。如果采用传统的成本定义，会使研究变得复杂，结合本文的研究重点，采用了这样的定义，以侧重于对电子政务的应用进行研究。因此这里的成本不同于传统的经济学上成本的定义。

社会成本又可分为用户成本和政府成本。先对用户成本(即用户的工作量，或工作复杂度)进行评估，记单个用户成本为 C_u，显然它为信息、规则、传递及所经环节的函数，即：

$$C_u = C_u(I, R, T, N) \tag{9.7}$$

下面对该函数模型作简化分析。一般而言，用户端所承担的工作复杂度

(即成本)主要与传递的次数相关,当然每次处理的信息和规则的成本也会有一些差异,本书为简化模型,忽视这些差异,即认为成本主要由信息处理成本、规则理解成本及传递成本三方面构成,并且这三项成本均与发生的次数成线性关系(即正比)。这样,(9.7)式则可以改写为:

$$C_u = \alpha N + \beta N + 2\gamma N \tag{9.8}$$

其中,α 为用户单位信息处理成本,即用户为处理一次信息而所作的信息采集、信息录入等的平均成本;β 为用户单位规则理解成本,即用户在处理过程中理解一次规则所需的平均成本;γ 为用户单位传递成本,即报送(或接收)一次的平均成本,在流程中用户会存在至少一次申报和一次接收政府的反馈的过程。

同样,可以分析出政府成本为:

$$C_g = \alpha' N + \beta' N + 2\gamma' N \tag{9.9}$$

其中,α' 为政府单位信息处理成本,即政府处理一次信息的平均成本;β' 为政府单位规则理解成本,即政府在一次处理过程理解规则所需的平均成本,由于规则理解只需学习一次,便可多次应用,因此事实上,这项成本只针对第一个用户才产生,后面的用户可认为接近于 0;γ' 为政府单位传递成本,即反馈(或接收)一次的平均成本。

社会总成本为:

$$C = A(\alpha N + \beta N + 2\gamma N) + A\alpha' N + \beta' N + 2A\gamma' N \tag{9.10}$$

其中 A 为用户数。

9.2.4　电子政务模型Ⅱ

电子政务模型Ⅱ的框架如图 9.2 所示。这种模型考虑了信息的集成,即一次采集信息,各个“处理”可以多次调用。可以看出:在该模型中,为了信息的集成,增加了一个“信息集成平台”,该平台的信息资源可以被各政府部门根据需要进行调用,在很大程度上实现了用户信息的资源共享,省去了用户多次填写相同信息的烦琐,减少了用户填写的次数,理论上仅为一次。此时用户在最初根据要求录入一次个人信息后,以后就不用再提交个人信息了,但在该模型中,用户仍需要对每一次处理的规则进行了解。

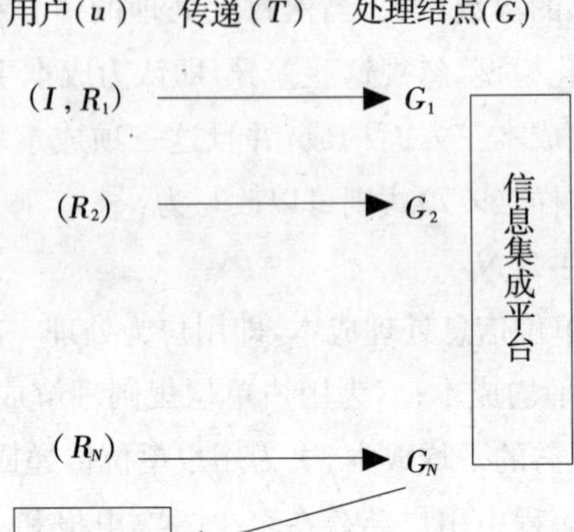

图 9.2　电子政务模型Ⅱ的流程图

在该模型中,用户成本为:

$$C_u = \alpha + \beta N + 2\gamma N \tag{9.11}$$

政府成本为:

$$C_g = \alpha' N + \beta' N + 2\gamma' N \tag{9.12}$$

社会总成本为:

$$C = A(\alpha + \beta N + 2\gamma N) + A\alpha' N + \beta' N + 2A\gamma' N \tag{9.13}$$

9.2.5　电子政务模型Ⅲ

电子政务模型Ⅲ的框架如图 9.3 所示。这种模型考虑了业务的集成,即用户只需向各相关政府部门报送相关信息,而不必考虑详细的规则,其中处理间的各传递过程在政府内部进行完成,不需要用户进行干预,在整个流程完成后,会将结果反馈给用户。该模型的不足是用户仍需多次提交相关信息。

事实上,该模型仅仅是存在于理论上的。一般而言,信息集成比业务集成无论是在技术上还是在管理上,都要更容易实现。因此,在实际的电子政务模型演化中,即使是渐进的演化,也都是从传统的模型Ⅰ过渡到模型Ⅱ,而不是过渡到模型Ⅲ,要不就直接从模型Ⅰ过渡到后面提及的模型Ⅳ。所以,模型Ⅲ主要是供理论研究。

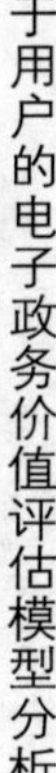

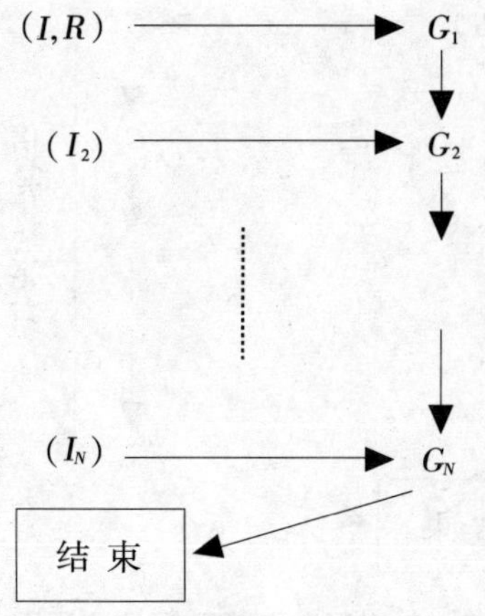

图 9.3 电子政务模型Ⅲ的流程图

在该模型中,用户成本为:

$$C_u = \alpha N + \beta + \gamma(N+1) \qquad (9.14)$$

政府成本大约为:

$$C_g = \alpha' N + \beta' N + 3\gamma' N \qquad (9.15)$$

社会总成本为:

$$C = A(\alpha N + \beta + \gamma(N+1)) + A\alpha' N + \beta' N + 3A\gamma' N \qquad (9.16)$$

9.2.6 电子政务模型Ⅳ

电子政务模型Ⅳ的框架如图 9.4 所示。这种模型考虑了信息的集成和业务的集成,更进一步综合了模型Ⅱ和模型Ⅲ的长处。可以看出:在该模型中,信息的集成和业务的集成,一方面实现了信息的共享,另一方面将传递集成在服务端(即政府部门),用户在最初根据要求录入一次信息后,就不用再提交信息和涉及该流程的运转了,只需等待最终的处理结果,用户端的成本大大简化。对用户而言,这其实就是一站式(One-stop)服务,其本质是在服务端集成。模型Ⅳ是电子政务建设应达到的一个重要目标。

在该模型中,用户成本为:

$$C_u = \alpha + \beta + 2\gamma \qquad (9.17)$$

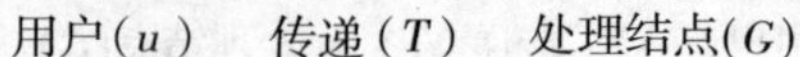

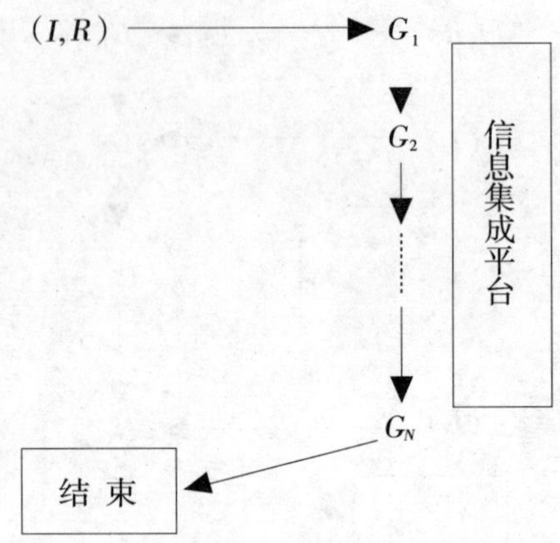

图 9.4 电子政务模型Ⅳ的流程图

政府成本为：

$$C_g = \alpha' N + \beta' N + 2\gamma' N \tag{9.18}$$

社会总成本为：

$$C = A(\alpha + \beta + 2\gamma) + A\alpha' N + \beta' N + 2A\gamma' N \tag{9.19}$$

9.3 讨论

9.3.1 用户数 A 和各单位成本 α'、β'、γ' 的关系

电子政务不同于传统工业化下的政务管理，它的边际成本遵循的是电子政务边际成本递减法则。社会化任务越重，管理范围越大，相对的管理成本越低。即用户数 A 越大，α'、β'、γ' 越小，可以认为，它们是 A 的减函数。事实上，其中的 β' 基本上只发生在第一个用户上，对后面的用户接近于 0。

用户越多，政府提供服务的边际成本越小。因此，在提供公共服务的流程时，政府应尽可能多地承担起流程中的工作量，鼓励更多的人通过电子政务体系来办事，这一般会使整个社会总成本下降。

9.3.2 社会成本

(1)对于用户而言,模型Ⅳ可以使他们最节约成本,即有信息集成和业务集成的电子政务模型可以使用户成本达到最小。对单个用户成本而言,在模型Ⅰ中最大,在模型Ⅳ中最小,比较(9.8)式和(9.17)式,可知它们之间相差N倍。模型Ⅱ模型Ⅲ则在两者之间。

(2)对于政府成本,在各种模型中相差不大。因此,即使在没有足够信息技术支撑的环境下,政府如果从整个的社会成本来考虑,也应该尽可能选择对用户最有利的模型Ⅳ。

(3)对于社会总成本,由于政府服务与用户之间是一对多的关系,即一般A很大。这样在模型Ⅰ中总成本最大,在模型Ⅳ中总成本最小,它们之间相差将不到N倍,比较(9.10)式和(9.19)式,再结合前面的分析,可认为它们之间差距在N倍至AN倍之间。

(4)N对用户成本和政府成本都有着很大的影响,但对用户成本而言则在不同的模型中其影响结果是有很大差异的。

首先,N对政府成本无论在哪种模型中都有着重要的影响,政府的成本与其成准正比关系。这意味着政府应当尽可能减少不必要的审批环节,以提高效率和减少成本。这就需要政府进行改革和政府流程重组或再造(GPR),因此,GPR是提高电子政务、降低政府成本的关键要素。

其次,N对用户成本的影响在不同的模型中是有很大差异的。在模型Ⅰ中N与用户成本成正比关系,在模型Ⅳ中N对用户成本则没有影响。

(5)对于模型Ⅰ,除了前面的分析成本外,还可能存在着由于拖延而丧失的机会成本,在管理上也可能导致腐败,更进一步,在特定条件下,还会导致政府失灵。本书对此并未作相关的考虑和分析,如果在(9.10)式考虑了这些因素,则模型Ⅰ的社会成本还要有很大的增加。而模型Ⅳ基本上是从用户角度出发,一方面极大地节约了用户的成本和社会总成本,另一方面也有利于对政府的监督和管理。

9.3.3 一站式服务和无缝隙政府

当前电子政务模型的发展趋势应是从模型Ⅰ到模型Ⅳ，这也是政府服务从“生产导向”向“顾客导向”进化的过程①。对用户而言，最理想的电子政务模型是一站式服务模型，即政府提供一个良好的窗口界面，用户不必为完成一件事而需登录多个政府部门的门户网站，用户也不需要了解政府内部各部门对该事的处理规则。毫无疑问，模型Ⅳ能够做到这一点。

对政府而言，有两方面的责任：一方面要为用户提供最方便的服务和最大限度地降低用户的成本；另一方面还要提高自身的效率和降低相关的运作成本。这就要和政府的改革及政府流程重组等联系起来，实现高效管理的无缝隙政府。本书的模型Ⅳ并未过多研究这个问题。

一个良好的电子政务模型应当是既考虑了用户端的需求，又要考虑政府服务端的情况。因此，一个好的电子政务模型应当是考虑了政府改革的模型Ⅳ，即“政府改革＋模型Ⅳ”的电子政务模型，它使传统政府金字塔式结构逐步向扁平化、无中心式的网络结构发展，实现政府、社会和公众之间服务系统的有机结合，使这些应用服务系统达到无缝衔接和高度应用整合，同时避免了人为介入的种种弊端，增强了公众和社会监管力度，为政务信息化朝着可靠、安全、有序的良性循环发展提供了保障。最终实现基于一站式服务的无缝隙政府管理，这是电子政务应当追求的目标。而为实现这一目标，合理的政府业务流程重组是必不可少和极其关键的。

9.3.4 该模型中的帕累托分析

从电子政务的整体建设和应用的角度，将电子政务参与主体划为四个组成部分：政府、电子政务提供商、咨询机构和用户②。

模型中主要涉及了其中的两个主体：政府和用户。这里对电子政务过程

---

① Russell M. Linden: *Seamless Government: A Practical Guide to Re-Engineering in the Public Sector*, Jossey-Bass Inc. Publishers, 1994.

② 邓崧，彭艳：《论电子政务的参与主体》，《情报探索》2006年第4期。

中的这两个主体的福利变化及帕累托过程作进一步分析。

比较模型Ⅰ和模型Ⅳ，通过对它们的社会成本比较可以发现，它们之间在经济学上存在着帕累托过程。即政府无须增加成本，只需作相应的政府流程再造，就可以极大减少用户成本，再考虑到用户的数量一般都很大，这样就可以极大地缩减社会成本，从而提高整个社会的福利。这个过程说明，通过政府流程再造，使业务流程体系尽可能少地与用户打交道，用户及其他相关信息资源也尽可能的集成共享，即让电子政务由模型Ⅰ走向模型Ⅳ，可以缩减由于业务流程设置不合理所带来的社会效益损失，提高电子政务的绩效。

但其中存在着这样一个问题：在各模型中，政府的成本基本没什么变化，因此从经济人的角度来说，政府并不存在着改革的动力，毫无疑问政府是决定改革成败的最本质力量，用户的行为在这种改革中的作用却是相对次要的（尽管他们是最有动力的），那么让政府进行流程再造（改革）以进行帕累托改善、实现帕累托最优的动力来自何处，应当由谁来施加？

这个问题已不再是一个技术上的问题，而是一个管理机制上的问题，也许需要在政治学、行政管理中去探寻答案。

9.3.5 建议

结合前面对电子政务模型的比较分析，对这些理论在电子政务规划和建设上的应用提出以下建议。

（1）政府在规划建设电子政务时，应当尽可能采用以模型Ⅳ为基础的电子政务提供方式，这样可以大量减少电子政务应用中的社会成本。而这就要求至少要做好两方面的事：一方面是作好政务流程分析，并根据情况作相应的变革，减少不必要的处理环节，提高效率，以促成业务集成；另一方面是作好信息数据库的规划，在合理的范围内实现信息共享，以促成信息集成。当然，从更深层面来讲，这些都必须要有管理体制上的支撑。

（2）在实际中，由于一些原因，如前期投入，预算或水平认识等历史原因（本书的成本分析中并未考虑这些因素），一些先开展的电子政务建设并不一定是最优的模式，而仅仅是“传统办公的电子化”而已，这是基于模型Ⅰ的电子政务，这样的电子政务模型就很有必要进行改良；而对一些尚未开始建设电子政务的地区（如我国中西部一些不发达地区），则应在建设规划中尽可能采用以模型Ⅳ为基础的电子政务模式，这一方面可以更高效地实现电子政务的服务效率，少走弯路，另一方面也可以实现信息化中常提到的“后发优势”。同样，无论是改良还是新的规划，政府流程重组和相应的管理变革是关键的。

(3)完善政府绩效评估体系，是电子政务顺利发展的重要保证。本书与成本相关的结论是在作了相应的假设简化基础上得到的，现实中的成本情况比这里的简化假设过程要更为复杂，因此实际的情况可能与这里的定量分析结论有所不同，尤其是在政府成本方面，但大致趋势应该是一致的。另一方面，这里分析中的成本主要是指应用成本，并没有考虑前期投资等，如果再考虑到这些因素，就会使决策变得更为复杂。总之，这就要求建立健全科学的政府绩效评估体系，尤其是基于电子政务的政府绩效评估体系，这对电子政务的发展有着重要的意义。

9.4 各模型中的电子政务价值计算

9.4.1 对电子政务绩效的再认识

前面已经对电子政务绩效从系统学、公共管理学的角度作过分析。但目前要对电子政务绩效作具体的量化，就有必要再对绩效的过程和表现作更深入的研究。

基于政务流程，电子政务的价值从用户的角度可以这样来通俗地认为：以公众为中心，让公众少绕一趟路，少踏一个门槛，少走一道程序，少费一些时，少花一些钱。

另外，笔者认为，绩效是一种比较的结果。只有找到一定的参照物，经过比较，才能感受到一个系统的好坏，电子政务系统也同样如此。

由于进行比较的方式有多种，因此电子政务的绩效计算方式也有多种，例如可以从系统学的角度，作电子政务的输入、输出分析（即投入—产出分析）；

或者从时间角度，把电子政务系统改良前后应用效果之间的比较来作为电子政务绩效。

因此，电子政务绩效的量值是相对的，而不是绝对的；是动态的，而不是静态的。在不同的环境和目标下，即使对同样的电子政务系统，在同一套科学的电子政务绩效评估体系中，也许会给出不同的评论。

9.4.2 模型中电子政务价值的计算方法

根据前面的分析，在上面的各种模型中，笔者认为可以采用各模型中的应用成本与传统模型中的应用成本之差来作为各模型的电子政务价值。

选取传统模式下的办公作为参考点（对应于 CO），记 CI 为某电子政务模型中的社会成本（可依据前面的公式进行计算），CO 为传统模型中的成本。

则该电子政务模型下的电子政务价值 EI 可以记为：

$$EI=CO-CI \tag{9.20}$$

9.5 相关结论

(1)这几种模型在信息集成和业务集成上存在着差异，基于一站式服务的模型Ⅳ相对最优，而传统的模型Ⅰ最劣，模型Ⅱ和模型Ⅲ则在两者之间。在模型Ⅳ的基础上，为更进一步提高效率和降低成本，政府流程重组(GPR)则是关键的和必需的。政府在规划建设电子政务时，应当采用以模型Ⅳ为基础的电子政务提供方式。

(2)在提供电子政务的流程中，政府（而不是用户）应当尽可能多地承担流程中的信息传递和处理等业务，从而减少总的社会成本。这是电子政务建设规划中应考虑的一项原则。

(3)从传统服务到一站式服务是电子政务发展的必然。尽管一站式服务的实现是复杂的，但信息技术的飞速发展，使得一站式服务成为可能，过去一些艰难的任务（如信息共享、业务集成等）变得容易，也使政府无论是基于整个社会还是自身利益，都愿意、也应当进行改革和集成整合，向用户提供高效的、更节约成本的电子政务服务。

(4)事实上，比较模型Ⅰ和模型Ⅳ，可以发现，它们之间在经济学上存在着帕累托过程。即政府无须增加成本，只需作相应的政府流程再造就可以极大减少用户成本。现在的关键问题是：让政府进行流程再造（改革）以进行帕累托过程、实现帕累托最优的动力来自何处，应当由谁来施加？

10 引入CVM法的电子政务价值评估方法体系

本章在前面研究的基础上，进一步考虑公众的参与、感受和凸显现代公共行政精神，尝试使用了CVM等非市场价值评估方法来对电子政务的WTP作了评估，再利用专家调查法对模型中的一些单位成本作了分析，构建了一套电子政务价值评估的技术方法体系。

10.1 确定电子政务价值的技术和方法

前面研究了电子政务价值评估模型，并基于信息集成和政府业务流程，从成本角度进行了建模，该模型虽然已从定性描述走向了定量分析，但在实际的评估应用中还需要更细致的工程项目管理的技术，才能将价值评估付诸实施。其中的难点之一在于相关成本系数的确定和具体的方法流程体系。

这里基于前面的理论和模型，提出了一套细化的电子政务价值评估的过程，引入在国际上对公共产品中较为流行的分析方法——条件价值评估法，并结合其他公共管理技术方法，建立了一套电子政务价值评估方法。以下是对研究中的电子政务价值评估方法所涉及的要素作的相关描述。

10.1.1 条件价值评估法(CVM)

条件价值评估法(Contingent Valuation Method，CVM)是一种利用假想市场评估环境物品价值的方法，是非市场价值评估的常用方法，也是研究公共产品的一种重要量化方法。

米切尔和卡尔森(Mitchell and Carson，1989)①给出了CVM法一个较为详细的定义:CVM采用调查问题，通过询问人们愿意为公共产品带来的好处而支付的货币价值(WTP)确定他们对公共产品的偏好。因此，该方法旨在提示他们的货币WTP。该方法回避了公共产品的市场缺失问题，给消费者提供了一个购买该产品的虚拟市场。虚拟市场可以仿照私人产品市场或政治市场建立模型。由于WTP价值取决于向受访者描述的或有虚拟市场，因此该方法有时也称为或有评价方法。

CVM最早起源于对生态环境资源的价值评估，Davis在1963年首次应用于研究森林地带宿营的户外娱乐价值评估;Ridker在1967年使用CVM对避免空气污染的效益进行了研究;Darling在1973年使用CVM对美国加州三个城市公园的舒适价值进行了评估，Hanemann在1978年使用CVM研究了发送波士顿地区水质的支付意愿。美国水资源委员会(WRC)将CVM推荐为评估项目绩效的两种优先方法之一。CVM接着在自然资源价值和其遗产价值(1986)、美国国家海洋和大气事业管理局(NOAA)中得到了推广和应用。

自Davis在1963年提出条件估值方法，经过近40年的发展，条件估值法的调查和分析手段日臻完善，已经成为一种评价非市场环境物品与资源的价值的最常用和最有用的工具。西方国家对条件估值方法的研究更是方兴未艾，研究案例和著作呈指数形式增长，据Mitchell等统计，从20世纪60年代初CVM法提出到20世纪80年代末的二十余年时间里，公开发表的CVM研究案例有120例。Carson等的统计结果为，世界上四十多个国家CVM法研究的案例已超过了2000例。条件估值方法的研究方法也从早期的开放式、投标卡格式，发展至目前的封闭式格式，封闭式格式也从早期的单边界约束，发展到现在的双边界、多边界、多目标支付意愿的估计。在研究方法发展的同时，其研究范围也在不断扩大，从开始的对环境物品或服务的娱乐价值的研究，到目前广泛地应用于评估环境改善的效益和环境破坏的经济损失。

① Mitchell，R. and Carson，R. T. (1989) Using Surveys to Value Public Goods：The Contingent Valuation Method (Washington，DC，Resources for the Future).

CVM在西方国家逐步得到广泛的使用,研究案例也越来越多。20世纪80年代CVM引入英国、挪威和瑞典,90年代引入法国和丹麦。在发展中国家,CVM主要应用于公共服务的供应,CVM在发展中国家应用的案例还并不多。20世纪90年代CVM开始引入我国,主要应用于生态环境资源方面的评估,但相关的案例并不多。

CVM凭借方法本身的灵活性、广泛的适用性和强大的提供数据来源的能力,在环境价值评估领域的重要性不断上升。事实上,它在公共产品的估值分析上也有着广泛的应用前景。前面已经讨论了电子政务的公共产品属性,因此也就存在了采用CVM来作电子政务绩效分析和价值评估的可能,目前这方面的国内外研究还很少,这里尝试将该方法引入到电子政务价值的评估中来。

CVM利用效用最大化原理,以得到商品或服务的价值为目的,采用问卷调查直接询问人们在模拟市场中的对某项生态系统服务功能改善的支付意愿或放弃某项服务功能而愿意忍受的接受意愿,来揭示被调查者对环境物品和服务的偏好,从而最终得到公共物品的价值。条件价值评估法是一种模拟市场的技术方法,其核心是直接调查咨询人们对生态系统服务功能的支付意愿或接受意愿,并以支付意愿或接受意愿来表达生态系统服务功能的价值。

10.1.2 CVM的优势和不足

条件价值评估法会出现很多偏差并有一些潜在的缺陷。之所以会有这么多缺陷,是因为该方法比别的方法更为广泛地和经常地被使用和研究。而且人们特别是政治家对主体对象(例如环境问题)的不同看法,使运用这种方法有无法应对的尴尬境地,倒不是说该方法本身有多大问题[①](Simon,2002)。

里查德·R·巴尼特(2000)[②]对CVM的优缺点作了总结。他认为,CVM优点在于它具有作为需求估计基础的内容丰富的数据库。缺点是这种

① Simon, K. 2002, Public Goods and Private Wants: A Psychological Approach to Government Spending. Cheltenham, UK and Northampton. MA, USA: Edward Elgar.

② 里查德·R·巴尼特:《偏好表露与共用品》,《公共部门经济学前沿问题》,彼德. M. 杰克逊主编,郭庆旺等译,中国税务出版社、北京图腾电子出版社2000年版。

分析可能存在各种各样的偏差。这些偏差主要包括：策略偏差（Strategic bias），假设偏差（Hypothetical bias），信息偏差（Information bias），采访偏差（Interview bias），工具偏差（Instrument bias）。Baron（1997）①认为该方法的缺陷主要表现在：判断通常对所提供产品的数量和范围不敏感，而人们有时会对实际上与产品价值并无关系的因素却过于敏感。

CVM 存在的局限性所导致的各种偏差是国内外学者对其结果持有怀疑态度的主要原因，要提高其结果的可靠性和可信度，设计问卷、统计分析数据及结果检验这三个问题仍是我国乃至全世界进一步发展 CVM 面临的难题。

不管怎样，学术界目前对 CVM 的应用给出较为乐观的评论。这种分析方法能够建立在资料丰富的数据库基础上，而且具有广泛的应用领域（该方法不限于地方提供物品上的应用），因此这种方法将不可避免地成为将来研究的兴奋点②。

总之，尽管 CVM 对非市场物品评价结果的可信性受到了很大的争议，但 CVM 仍是国际上非市场价值评估技术中最为重要的、应用最为广泛的一种方法，在公共产品领域的非市场价值评估方面显示出巨大的优势和潜力。

10.1.3　CVM 在电子政务价值评估中的应用

前面已经分析过，电子政务具有准公共产品的特性，这样，在电子政务价值评估中应用 CVM 法也就存在理论基础。尽管目前关于 CVM 在电子政务研究中的应用案例几乎还没有，但已有专家提出了在研究电子政务价值时，应用 CVM 法在当前是一条可行的、并应大力研究的路径。杨雷③等提出在电子政务绩效评价中应当引入 CVM 法，并分析了 CVM 在电子政务评价中应用中的理论基础（也主要是基于电子政务作为公共产品的属性进行分析），但 CVM 如何在实际中使用，却是一个有待解决的问题。本书的研究内容正是

---

①　Baron, J. 1997, Biases in the Quantitative Measurement of Values for Public Decisions, Psychological Bulletin, 122, pp. 72-88.

②　里查德·R·巴尼特的论点，彼德·M·杰克逊主编（郭庆旺，刘立群等译）的《公共部门经济学前沿问题》（2000 年）。

③　杨雷：《电子政务效益的经济分析与评价》，经济科学出版社 2005 年版。

基于此，通过相关的建模研究，以使 CVM 能够得到实际应用，并融入到电子政务的评估体系中去。

电子政务条件估值(CVM)通过模拟市场的调查，辩明人们关于电子政务环境变化的偏好，从而推导电子政务实施的价值。具体做法是在假想市场情况下，直接调查和询问人们对电子政务服务的支付意愿(willingness to pay, WTP)，或者对失去电子政务服务的接受赔偿意愿(willingness to accept compensation, WTA)，从而以人们的 WTP 或 WTA 来估计电子政务价值。与市场价值法和替代市场价值法不同，电子政务条件价值法不是基于可观察到的或预设的市场行为，而是基于被调查对象的回答或反映。他们的回答告诉调查者在假设的市场背景情况下他们将采取什么行动。

条件估值研究的步骤主要包括问卷设计、问卷调查和数据分析三部分。

(1)问卷的设计中包括:①对原始状态和环境变化的描述;②推荐的管理政策和选择的描述，这两类描述应该尽量精确，应该包含参与者所需要的所有相关信息;③包含在推荐的选择形式下，为取得和改善电子政务服务，引导参与者支付意愿的具体方式、机理和参与者支付的方式。研究已经发现很多引导参与者支付意愿的方式，总体可以分为开放式和封闭式两种类型，根据对市场的模拟程度来看，投标卡式可认为是开放式问卷的变种;④问卷同时须包含确定参与者的社会经济信息和另外一些影响支付意愿因素的问题，这些数据用来判断支付意愿和其他独立变量间是否存在一定的理论关系。

(2)问卷的调查主要是在实践中应用设计好的问卷，收集参与者反映的信息。通常有邮寄、电话采访和面对面调查等多种不同的方式。

(3)数据分析是在调查的社会经济变量、投标值变量和参与者的选择变量之间建立统计回归关系式，用来提供对支付意愿平均值的估计。

由于受社会体制、人们的生产和生活方式等多种因素的影响，条件估值方法的研究案例在我国目前为数不多。为分析条件估值方法在我国应用的可行性，以便在我国更好地应用该方法，本书以条件估值方法中最简单的开放式调查问卷为调查分析手段，对在一定范围内面向社会提供电子政务服务的电子政务价值进行了评估。

10.1.4 CVM中对接受支付概率的处理

从理论上来讲，在计算平均支付数时，可以在从零到无穷大的范围内对调研数据中的支付密度函数进行积分，但为了避免由于某些人的撒谎而形成的虚高数据影响，就有必要对积分范围进行一个合理的限制，让积分过程在一个合理的区间进行。

对此常用的处理模型有 Logit 和 Log-Logit 模型①。

10.1.5 CVM的有效性检验和改进方式

人的真实支付意愿和调研得到的支付意愿可能会存在着误差，Mitchell 和 Carson 经过研究认为②，这种误差的来源主要有三种原因：

(1)随机误差；

(2)系统误差；

(3)可以被准确观察的或然率。

通过对这些误差的分析，为减少这些误差以保证数据的有效性，CVM 的改进方式主要有：

(1)增加样本数量；

(2)改善问卷设计。

---

① Bateman I. J , Langford I. H. , Turner R. K. : Elicitation and Truncation Effects in contingent Valuation Studies, *Ecological Economics*, 1995, 12 (2): pp. 161-179.

Hanemann W. M. : Welfare Evaluations in Contingent Valuation Experiments with Discrete Responses, (American) *Journal of Agricultural Economics*, 1984, 66(3): pp. 332-341.

Hanemann W. M. , Discrete/ Continuous Models of Consumer Demand, *Econometrical*, 1984, 52: pp. 541-562.

Robert P. B. , Alok K. B. , Hank J . S. : A Joint Investigation of Public Support and Public Values: Case of Instream Flows in New Mexieo, *Ecological Economics*, 1998, 27(3): pp. 193-195.

② Mitchell, R. and Carson, R. T. : (1989) Using Surveys to Value Public Goods: The Contingent Valuation Method (Washington, DC, Resources for the Future).

10.1.6 电子政务的支付意愿(WTP)和补偿意愿(WTA)

支付意愿(WTP)是人们为了得到某种物品或服务而愿意支付的最大货币量;电子政务的支付意愿(WTP)是人们为了得到特定电子政务服务而愿意支付的最大货币量。

电子政务产品或服务的价值以人们福利的变化来衡量,由人们对电子政务的支付意愿(WTP)度量,是人们为获得电子政务物品或服务而愿意支付的货币资金。WTP是人们行为价值表达的自动指示器,也是一切商品价值表达的惟一合理的指标(Mitchell,1989),因此,从经济学上,可以认为:

电子政务价值=人们对电子政务服务的支付意愿(WTP)

与电子政务的支付意愿(WTP)相对应的是电子政务的补偿意愿(WTA),即人们本来可以享受电子政务服务,但却因为某些原因没有享受到电子政务服务而因此要求获得的货币数量。

从消费者的角度来看,WTP是"人们行为价值表达的自动指示器";从销售者的角度来看,WTA也应该是"人们行为价值表达的自动指示器"。因此,从经济学上也可以认为:

电子政务价值=人们放弃电子政务服务的补偿意愿(WTA)

这样,在理论上应当有电子服务的WTP=WTA。但实际由于人们的心理因素,这两者并不相等,WTA的波动要大于WTP,而WTP相对要更为理性,因此在本项研究中,尽管在调研过程对两者都作了调研,但对电子政务价值的数据分析中,主要是以WTP为主。一般而言,WTP<WTA。

10.1.7 电子政务的消费者剩余

根据经济学的理论,电子政务消费者剩余(consumer surplus,CS)主要有"马歇尔消费者剩余"和"希克斯消费者剩余"。其中马歇尔消费者剩余是建立在边际效用分析基础上,假定货币边际效用不变,消费者为获得某种物品或服务而愿意支付的最大货币量与他实际支付货币之间的差额;希克斯消费者剩余是价格降低后消费者所获利益的货币表现,即维持同样满足的补偿变量。对于电子政务而言,可以利用支付意愿与实际支付的费用差(即净支付意愿)

来计算消费者剩余。

在经济学上:消费者剩余=支付意愿-实际支出

因此,电子政务消费者剩余=电子政务支付意愿-电子政务实际支出

针对公共产品,崔运武等人[①]在公共产品的提供模式上提出了公共提供、混合提供、私人提供等多种模式。考虑到电子政务的公共产品属性,且目前电子政务的提供大部分是属于公共提供,即用户无须为其付费。此时,针对社会的电子政务消费者:

电子政务消费者剩余=电子政务支付意愿。

电子政务 WTP 又包括商品价格(即消费者支出)和消费者剩余:

电子政务的价值=WTP=商品价格+消费者剩余

WTP 是人们在选择商品、知识水平以及收入高低方面的一种反映。对于私人商品,可从市场商品购买的资料来测算 WTP。理论与实践都证明:对有类似替代品的私人商品,其消费者剩余很小,可以直接以其价格来表示 WTP。对公共物品而言,由于没有市场交易和市场价格,WTP 只能用非市场价值评估法导出。

如果可以忽略消费者剩余,那么消费者的实际支出就等于支付意愿,并且可用消费者对商品的费用支出作为商品流通的经济价值,即:

商品经济价值=商品价格

另一方面,如果商品的价格为 0,则:

商品的消费者剩余=支付意愿

前面已经论述,电子政务具有一定的公共性,在提供方式上是免费的公共物品,这样它的价值评估正适合于这种"商品的消费者剩余=支付意愿"的情况。对于具有公共性的物品,经济学分析方法很难对它的外部性进行准确的评估。而在 WTP 中,事实上人们的支付意愿中已经包含了它的外部性。

---

① 崔运武:《论当代公共产品的提供方式及其政府的责任》,《思想战线》2005 年第 1 期,第 2~7 页。

10.2 电子政务价值评估的技术方法及相关流程

10.2.1 电子政务价值计算方法

绩效其实是一种比较后的结果，因此在对价值作定量分析时，一般需要找出一些参考点，以该点为标准来衡量所要评价事物的优劣。

基于这样的思路，结合前面的模型，本书提出电子政务价值可以采用类似于(9.20)式的计算方法。

例如，针对模型Ⅰ的电子政务价值，可用下式来表示：

$$EI = CO - CI = CO - A(\alpha N + \beta N + 2\gamma N) + A\alpha' N + \beta' N + 2A\gamma' N \tag{10.1}$$

这里，参考点 CO 取为传统办公下成本。

在第9章的分析中，由于政府成本在各电子政务模型中相差不大(当然会和传统手工办公下的成本有很大差异)。为了方便，这里略去政府内部(即G2G部分)的电子政务价值分析，主要研究社会用户(即G2C部分)的电子政务价值。这样，电子政务对社会带来的价值可用下式来表示：

$$EI = CO - CI = CO - A(\alpha N + \beta N + 2\gamma N) \tag{10.2}$$

(10.2)式中参考点 CO 也相应地就不包含政府成本这一部分。

对(10.2)式进行分析，可以看出，关键仍在于成本分析，而成本分析的难点又在于成本系数的确定。下面来研究如何确定这些成本系数。

10.2.2 各成市系数的确定方法

对成本系数的确定，一般可以采用直接的财物成本核算的模式来确定单位成本。但这种方法在这里不好用，或者几乎不可行，主要是由于以下几个原因：

(1)各单位成本系数和用户的使用次数 A(A 又和当地的电子政务成熟度有很大关联)有很大关系，在一定的电子政务规模确定后，它和 A 基本上成反比关系，在这种情况所确定的成本系数的值，其意义并不太大(因此动态变化

性太大),并且对这些成本系数的确定只可能是一种事后确定,比起事前确定,在决策上会更为不利;

(2)由于电子政务系统涉及的因素较为复杂,直接的成本核算体系也往往会不是很健全,容易忽略一些因素;

(3)这种直接计算的方式一般忽视了公众的需求,也忽视了新公共管理中"以民为本"服务原则;

(4)依靠繁杂的财物数据来进行计算,也不符合本项研究中关于"电子政务价值"的定义,它忽视了电子政务价值体系中的重要因素——用户(即主体)。

本文更换一个思维角度,以用户为核心,以他们的意愿为主导,来替换成本,从而确定电子政务价值。其思想如下:首先建立一个虚拟的电子政务市场,通过 CVM 来确定用户的支付意愿,以支付意愿来取代(9.20)式或(10.2)式中的成本。

$$EI = A(w1 * N + w2 * N + w3 * N) \tag{10.3}$$

其中,$w1$、$w2$、$w3$ 分别对应于 α、β、γ,分别表示:$w1$ 是指同参照点相比,用户为处理一次信息而所作的信息采集、信息录入等所愿意支付的费用;$w2$ 是指用户在处理过程中理解一次规则所愿意支付的费用;$w3$ 是指同参照点相比,用户为报送(或接收)一次的所愿意支付的费用。在电子政务价值评估中,参考点一般可以选取手工形式下的传统办公。

$w1$、$w2$、$w3$ 可由不同种相关的公共管理方法来确定,确定它们的方法体系具体可见表 10.1。

表 10.1 各项系数的支付意愿确定可以采用的方法

	对应模型中的成本	可以采用的方法
$w1$	α	专家调查法(Delphi)、条件估值法(CVM)
$w2$	β	专家调查法(Delphi)、条件估值法(CVM)
$w3$	γ	专家调查法(Delphi)、条件估值法(CVM)

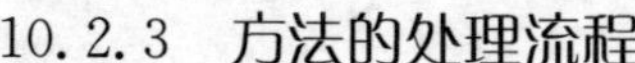

10.2.3 方法的处理流程

基于前面的框架模型，这里提出了电子政务价值评估的处理流程：

(1)对传统流程的处理步骤进行调研分析，了解其业务流程的处理环节；

(2)对有电子政务后的处理步骤进行调研分析，了解其业务流程的处理环节；

(3)采用CVM法对每一流程的价值进行评估，其过程为：创建一个虚拟的电子政务市场；设计好相关的调查问卷；通过问卷来获取个人对此项电子政务服务的支付意愿(WTP)；对这些问卷数据进行统计来获取社会对此项电子政务服务的支付意愿(WTP)；对这些支付意愿函数进行分析；

(4)根据WTP来评估该项电子政务服务的价值；

(5)以此类推，重复上述的工作，对电子政务的其他服务进行遍历，以计算出该电子政务的其他服务价值；

(6)对此电子政务的各项服务进行累计，得出该电子政务服务的价值。

以此价值为基础，可作电子政务相关经济学或效益评估等方面的研究分析。

具体的操作流程见图10.1。

在此基础上，结合前面的四种电子政务服务模型和传统的办公模型，对这些模型下的成本进行计算，通过对结果的比较分析就可以得出各种电子政务模型下的电子政务价值。

进一步对电子政务现状和各种模型进行比较，可以分析出目前电子政务所处的现状情况和其应当改进的方向，可以为评估的电子政务系统进一步的发展方向提供建议。

10.3 方法的特点

这套电子政务价值评估方法没有采用传统的构造评价指标体系做法，笔者认为它有以下主要特点：

(1)以政府业务流程为基础；

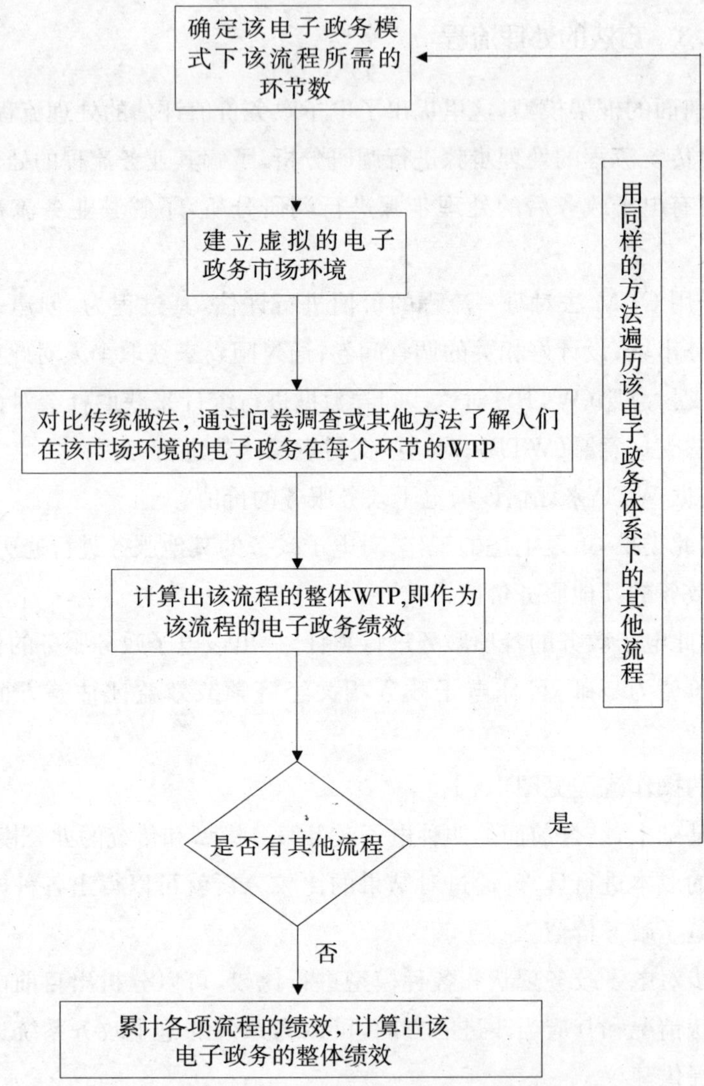

图 10.1　电子政务价值的评估操作流程

(2)充分考虑了用户的意愿；

(3)突出了电子政务的服务性；

(4)突出了电子政务绩效评估的经济性；

(5)强调了公共行政精神；

(6)给出了一种基于经济学的、可以操作的电子政务价值评估的路径和方法。

张成福[①]研究了当前的电子政务绩效评估方法，根据电子政务绩效评估的五种模式和产出、结果和影响三个层次，提出电子政务绩效评估的实质分析(具体可见前面第3章的综述部分)。

在分类上，本书所提出的评估方法并不完全属于这常见五种模式的某一种，作者认为，在这个评估方法模型下，它要更为重视公民的参与和感受，该评估方法和其他电子政务绩效评估方法的比较见表10.2。

表10.2 本书研究的方法与其他电子政务绩效评估模式的比较

层次	模式一	模式二	模式三	模式四	模式五	本文提出的方法
产出层次(output)	重点	重点	重点	重点	兼顾	——
结果层次(outcome)	——	——	重点	重点	兼顾	重点
影响层次(impact)	——	——	——	兼顾	重点	重点

由表10.2可以看出，本书提出的研究方法不同于常用的构建电子政务硬件、软件和网站等指标体系的构建，而重视用户的感受，这和当前常见的模式一、模式二的评价方法的侧重点完全不同，它们之间可以形成互补。

本书不像很多绩效评估方法那样评价电子政务系统的基础设施，但这并不是说这些内容在本书提出的方法中没有给予考虑，事实上，对这些常规指标的评价已间接地包含在了用户的感受中去了(可由电子政务WTP或WTA来体现)，是由用户来进行了间接评价，这也正是CVM法的一个特点。

另外，若要给本文提出的方法归入这五种模式，那么笔者认为它更接近模式五。

总之，这套方法主要是站在“政务”的角度来展开的，与其他电子政务绩效评估方法可以相辅相成，互补利用。

① 张成福，唐钧:《电子政务绩效评估模式比较与实质分析》,《中国行政管理》2004年第5期，第21～23页。

10.4 方法对电子政务发展的意义

(1)为完善电子政务系统或为下一周期的电子政务建设提出改进意见,根据前面的方法,通过对地区电子政务的应用现状及历史调研,可以计算出电子政务应用的价值,同时,也可以计算出第9章中四种模型的电子政务价值,通过对比分析这些价值,可以确定下一步的电子政务所应改进的方向(主要是业务流程再造和信息流整合方面)提出相关参考建议。

(2)确定了电子政务的价值,就可以通过CBA分析为相关的电子政务决策提供依据。由于可以计算出具体的电子价值,就可以从经济学的角度对电子政务投资作相关的CBA分析,以为新一轮的电子政务工程投入作相关的决策咨询服务。

(3)保障电子政务的投资有更大的服务和应用价值。由于该方法重视流程,就会更加突出政务的作用,这样就会促使决策更多地思考电子政务的应用及政务流程的改进,而改变传统电子政务重"电子"、轻"政务"的现象,防止电子政务工程成为"面子工程"或"形象工程",而更加突出它的应用服务理念。

(4)丰富了电子政务绩效评估理论和方法。电子政务价值评估本身就电子政务绩效评估中的核心,该方法体系的构建(当然有必然结合各地方的具体实际情况进行构建),将为电子政务的决策提供理论方法支撑。

10.5 方法应用中需要注意的问题

(1)该方法体系重视"政务",但并不是对其他重视"电子"的方法体系的排斥,在实际评估中,根据实际情况有必要将它们有机地结合起来综合使用。

(2)该方法体系有很大的特色,突出用户的影响,突出了政务的作用,突出了服务的理念,突出了应用的地位,也符合了管理科学中强调的"实证研究"模式，但是“后现代公共行政理论”要求重视一些难以量化的、主观性的因素[1]，如“公平与正义”等，如何处理好它们之间的关系，还有待进一步的研究。

(3)该方法体系重视了用户的使用情况，重视了用户的支付意愿。这就使得在电子政务发展初期，由于其使用频率不多，可能会导致该地区电子政务价值在短期内的评价不高，但这并不意味着电子政务的投资是得不偿失的。根据书中关于信息化投资回报周期 T 的概念及相关分析，可以知道信息化建设一般为战略规划，其投资回收需要一定的周期（该周期一般并不短），所以决策者应当站在中长期的战略角度作战略决策，因此，在将本方法应用于电子政务投资的CBA分析时，应当站在一个动态的、长远的角度来使用该方法，从而客观、全面地作出电子政务战略投资决策。

(4)本书在该方法的建模中，突出了政务流程和信息整合的内容。在方法的实际应用中，研究者可以结合实际情况，加入其他重要因素来进行评估模型的建模分析。

(5)该方法使用了CVM法，因此CVM应当注意的一些问题也应当是该方法体系应当注意的问题。

① 井敏:《公共行政的新思维——后现代公共行政理论的理论贡献》,《行政论坛》2006年第5期,第5～7页。

11 案例分析

以昆明市的电子政务应用为案例。首先对昆明市的电子政务 WTP 作了问卷调研，然后调研了昆明市电子政务实施前后的流程状况；再利用前面的电子政务价值评估模型和方法(其中的相关系数利用专家调查法来确定)，对昆明市电子政务价值作了评估分析，模拟验证了该模型方法的可操作性，以评估的过程和结果为依据，结合各种模型下的电子政务价值的定量评估结果，对比分析了昆明市电子政务的价值状况，为昆明市电子政务的进一步发展提供了参考意见①。

11.1 调研方法及过程说明

为了模拟该理论方法的可实践性，笔者与昆明市政府及相关的电子政务提供商(新锐和达公司)取得联系并进行了合作，进行了实证案例所需相关数据的采集及调研工作，并作了相应的社会调查。

对应于表 10.1 的方法体系，本次调研采用的方法体系见表 11.1。

① 特别申明：本章为模拟本书提出的方法和评估技术，以昆明市的电子政务发展为案例，作了相关的评估。由于该方法体系正处于探索之中，数据采集也具有不完备性，所以评估过程仅仅是以公共行政的学术理论研究为目标，是为了进一步丰富政府绩效评估理论，因此评估的结果不具备任何官方权威性。特此说明！

表 11.1 在昆明市调研中各项系数的支付意愿及其确定所采用的方法

	对应模型中的成本	确定的方法
$w1$	α	专家调查法(Delphi)
$w2$	β	专家调查法(Delphi)
$w3$	γ	专家调查法(Delphi)和条件估值法(CVM)。调研了传统办公环境下的流程,在此基础上使用了 CVM 来调查人们对电子政务的 WTP

由表 11.1 可以看出,本书设计了如下的方法体系:对 $w1$、$w2$ 采用专家调查法(Delphi),对 $w3$ 采用条件估值法(CVM)。

调研工作主要包括以下几个方面:

(1)调研了昆明市某政府部门的业务处理流程,包括传统的业务处理流程和上了电子政务后的业务处理流程之间的差别,并对昆明市在上了电子政务后的相关成果进行了调研;

(2)基于 CVM 法,向社会(昆明)发放数百份电子政务 WTP 调查问卷。对象主要包括:MPA 学员、高校学生、企业经理、高校教师、公务员以及街上行人;

(3)模仿德尔菲法的过程,对电子政务服务模型中的相关单位成本系数进行了确定。

整个案例调查研究概要见表 11.2。

表 11.2 调查研究概要

资料数据来源主体	昆明市政府部门、相关公司、社会公众、专家
资料数据来源方式	调研访问、访谈、问卷调查
合作单位	昆明市政府、云南大学电子政务实验室、新锐和达公司
研究内容	以昆明市政府部门的电子政务处理的业务流程为基础,对它的电子政务价值按上述理论方法作了评估研究,并给出定量化的结果

11.2 昆明市电子政务应用的相关成果数据

笔者在昆明市政府相关部门作了一些调研，限于保密和一些技术等方面的原因，最近两年的数据不是太全，为了保证数据的可靠性和考虑到一些其他原因，这里案例中的数据主要是采用 2003 年以前的数据①。

11.2.1 传统的行政审批业务处理过程

昆明市传统的行政审批业务处理过程描述如图 11.1 所示。

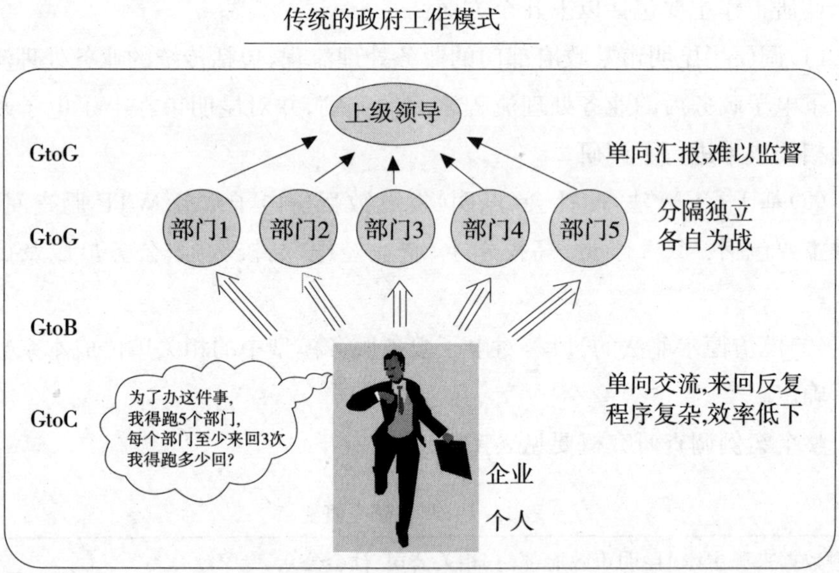

传统的政府工作模式

上级领导
GtoG
单向汇报，难以监督
GtoG
部门1 部门2 部门3 部门4 部门5
分隔独立
各自为战
GtoB
GtoC
为了办这件事，
我得跑5个部门，
每个部门至少来回3次
我得跑多少回？
单向交流，来回反复
程序复杂，效率低下
企业
个人

图 11.1 传统的政府工作模式

通过图 11.1 可以看到：

(1)项目申请人准备申报材料；

(2)申请人带着申报材料，依次到各部门的所在地办理审批手续，盖各种

① 数据为昆明市相关政府部门及新锐和达公司提供。

不同的章；

(3)当所有部门审批后都表示“同意”，则项目审批通过，任何一个部门不通过，则需要重新办理。

传统的这种审批模式，由申请人直接面对各个部门，每次都要提交申报资料，进行的是单向交流，效率很低下。而且同一件事情，往往要跑三到五次，浪费大量的时间和精力。而各部门各自为战，信息不能沟通。对于领导层，每个部门都作汇报，但各说一方面的情况，领导层从各部门的各个侧面来看项目，难以对项目有个宏观的把握。同时，由于信息分散在各部门，项目的审批过程也难以监督。

11.2.2 电子政务应用后的现状

该部门电子政务应用后的现状如图 11.2 所示。

昆明市便民中心二期行政审批扩容包括两大环节：行政审批综合受理业务、行政审批续建扩容。其中，“行政审批综合受理业务”主要通过行政审批综合受理业务系统来实现；“行政审批续建扩容”通过网上联机办事系统、行政审批公开信息发布系统、监督管理系统、行政审批法律法规库建设及与门户、数据交换平台，协同办公平台的接口。

11.2.3 所取得的相关成果

同传统的行政办公相比，昆明市电子政务所取得的主要成果体现在：

(1)昆明市行政审批制度改革成果

按照国家、省行政审批制度改革精神，根据市委、市政府的统一安排和部署，2002 年 2 月，市政府第 32 号令公布了昆明市第一批取消精简的行政审批事项 97 项。在此基础上，2003 年昆明市继续对全市行政审批事项进行全面清理，2003 年 7 月 14 日，市政府第 42 号令正式公布昆明市第二批取消精简行政审批事项 285 项，包括取消、剔除、改为核准、改为登记备案、改变管理方式、合并精简、下放县(市)区审批、职能调整等。目前，昆明市 44 个市级行政部门共保留 514 项行政审批事项，其中市级审批事项 332 项，核准事项 27 项，审核事项 98 项(市级行政部门仅有审核权，需上报省级以上部门终审批准的

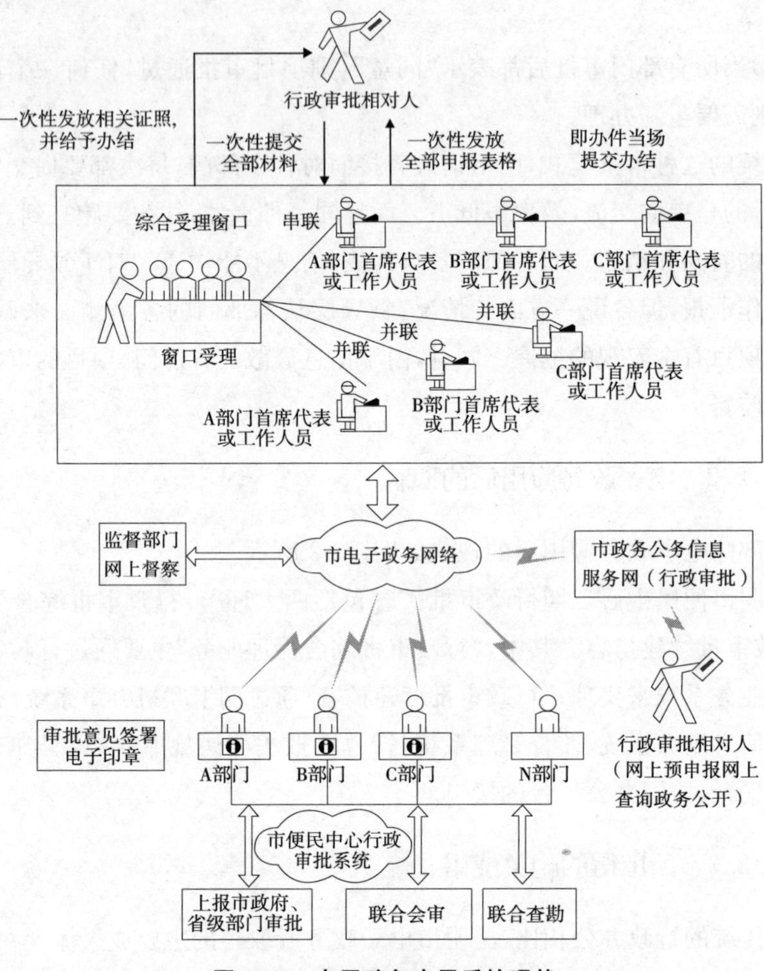

图 11.2 电子政务应用后的现状

审批事项），登记备案 57 项。昆明市两批共取消精简行政审批事项 382 项，取消精简率达 49.35％，基本实现了全市行政审批事项取消精简一半的目标，昆明市行政审批制度改革取得了明显成效。

（2）昆明市改革行政审批方式、压缩审批时限、推进电子化网上审批的成果

取消精简行政审批事项、全面实施市政府便民服务中心“一站式”集中审批、改革审批方式、压缩审批时限、推行电子化网上审批，是昆明市加快行政审

批制度改革，转变政府职能，改善投资环境的一系列重要举措。目前已正式发布《昆明市人民政府对市级行政部门2003年7月仍保留的行政审批项目暨行政审批地点、行政审批方式、行政审批办理时限通告》，向社会公布昆明市现行的514项行政审批事项的具体行政审批业务主管部门、行政审批办理地点、审批类别（审批、核准、审核、登记备案）、办理地点、审批方式（即办件与承诺件）、审批办理时限等。

1)行政审批事项全部进入市政府便民服务中心办理

全面实施“一站式”集中审批，是进一步完善市政府便民服务中心功能，转变政府职能，提高昆明市行政审批服务水平和质量重要内容。按照市政府要求，除经市政府批准同意的少数行政审批事项仍在原部门办理外，市级各行政部门现行的所有行政审批事项必须全部进入市政府便民服务中心集中办理。目前市级44个行政部门和8个服务中介机构，在市政府便民服务中心共设有72个办事服务窗口（其中省、市、县三级公安机关的出入境审批统一进入便民服务中心办理）。目前累计有418项行政审批事项进入市政府便民服务中心向社会提供服务。并设有车辆管理、房产交易、物价、客管、治安五个分中心和县（市）区便民服务中心，办理行政审批事项47项，经市政府批准同意在原单位办理49项，实现全市90％以上的行政审批事项集中进入市政府便民服务中心和分中心办理。自2001年1月18日市政府便民服务中心正式启动运行至2003年6月30日，两年半累计649个工作日期间，市政府便民服务中心（含各分中心）共受理行政审批事项766万件，办结完成761万件（其中窗口当场办理完成即办件超过670万件），办结率达99％，平均每个工作日办理各类行政审批事项超过1万2千件。市政府便民服务中心在促进政府职能转变，提高办事效率和服务质量，改善投资环境等方面发挥了积极的作用，受到了省委、省政府的充分肯定和好评，中央有关新闻单位给予充分的关注和宣传报道。

2)加快行政审批方式改革

加快行政审批方式改革，简化审批程序，减少审批环节，是提高昆明市行政审批效能的重要内容。市级各行政部门分别结合各自实际，针对各类行政审批事项，按照即办件和承诺件办理方式进行严格分类。即办件由市级各行政部门授权市政府便民服务中心窗口，代表各部门负责受理和审批，在1至3个工作日内终审办结；承诺件由市政府便民服务中心窗口代表各部门受理行政审批事项申请并进行初审，使用电子化行政审批系统将申报内容上报市级各行政部门审批，在办理承诺时限内终审完成后由窗口办结反馈。全市各类行政审批项目，凡是可以在市政府便民服务中心窗口审批办结的，各部门尽可能下放行政审批权限，尽可能多地以即办件方式由窗口负责受理、审批、办结和反馈；需报各部门审批的承诺件，各部门在原有基础上大力简化审批程序，压缩办理时间，力争在最短的时间内完成审批。目前进入市政府便民服务中心及各分中心的419项行政审批事项，均按照即办件和承诺件方式办理，即办件共237项(行政审批项目总数的20.66%)，承诺件(含留在原单位办理)共281项(占行政审批项目总数的54.25%)，即办件的比例达45.75%，基本实现昆明市行政审批事项一半以即办件方式办理的目标。通过加快行政审批方式改革，进一步强化政府的服务职能，为企业和市民提供更加方便、快捷、优质的服务。

3)大力压缩行政审批工作时限

大力压缩行政审批工作时限，提高工作效率，增强服务效能，是提高昆明市行政审批效率的重要内容。市级各行政部门进一步调整行政审批决策程序、重组优化内部业务流程、健全审批机制、加强监督管理，大力推行电子化网上行政审批手段，努力提高审批工作效率，力争在最短的工作时限内完成审批。目前已分别确定昆明市所有行政审批项目的审批时限，并向社会公布。昆明市行政审批事项原办理时限累计为6343个工作日，目前压缩为2166个工作日，基本上实现行政审批事项办理时限压缩2/3。昆明市行政审批事项的审批时限，包括市政府便民服务中心各部门窗口、市级各行政部门和市政府的审批工作时间，不包括事项申报前期准备工作时间、中介组织提供服务时间、各县(市)区及三个开发区审批时间和上报省有关部门审批的工作时间，今后市级各部门将严格按照规定的时限完成审批。

4)推进电子化网上审批

从2003年4月底开始，市政府便民服务中心各部门窗口通过市电子政务网络平台，已全部实现与市级各行政部门的计算机联网，初步实现了各类行政审批事项的内部网上审批办理，为全市改革行政审批方式、压缩审批时限、简化审批环节、提高审批效率和工作质量提供了有力的保障。市政府于2003年4月下发了《昆明市电子化行政审批政务处理暂行办法》，统一规范市级各部门行政审批事项的网上处理工作，要求进入便民服务中心办理的行政审批事项，都必须使用电子化行政审批系统实现网上审批办理。从2003年7月1日起，进入市政府便民服务中心的各部门已全面启动试运行电子政务网上审批预申报系统，昆明市现行所有行政审批事项涉及的政策法规依据、申请表格及附件、办理流程、服务指南、收费标准、办理承诺时限等内容已全部上网向社会公布，向社会提供行政审批事项的网上办理服务，办事企业和群众可以在网上进行行政审批事项的业务咨询、申报表格下载填报、行政审批事项网上预申报等应用，有效避免办事企业和群众由于对行政审批事项有关政策了解不全面、申报资料不齐全、申报内容不全面等原因造成的重复申请和往返，极大地方便企业和群众办事，增强政务公开的透明度，促进行政审批制度化、规范化和科学化。

11.3 昆明电子政务价值CVM调查及结果①

考虑到电子政务的概念相对来说还没有被社会上很多人所完全理解，因此在针对昆明电子政务价值CVM的调研时，调研对象并非完全在昆明市人群中随机抽取，为了保证有效问卷回收的比率和调研的可信性，选取的人群主要还是向一些高学历、有一定信息技术知识的人群倾斜。

数据调查对象来源大致如下：

(1)MPA学员(共79人)；

(2)高校学生(共105人，其中有效问卷为102份)；

(3)企业经理(共8人)；

(4)高校教师、公务员等(共147人，其中有效问卷为131份)；

---

① 备注：在CVM中调研WTP时，为了对调研结果的可靠性和稳定性做控制，已有不少学者在尝试对该方法做改进，目前已有几种相关的改进方法。由于这里的写作目的是为模拟本书提出的评估方法，在调研时采用了最传统的直接询问价格的方法。当然，在实际真正应用于政府的绩效考评时，这部分的设计可以做相应的改进。本书采用的调研问卷可见附录。

(5)街上随机访问(23 人,其中有效问卷仅为 6 份)。

具体情况见图 11.3:

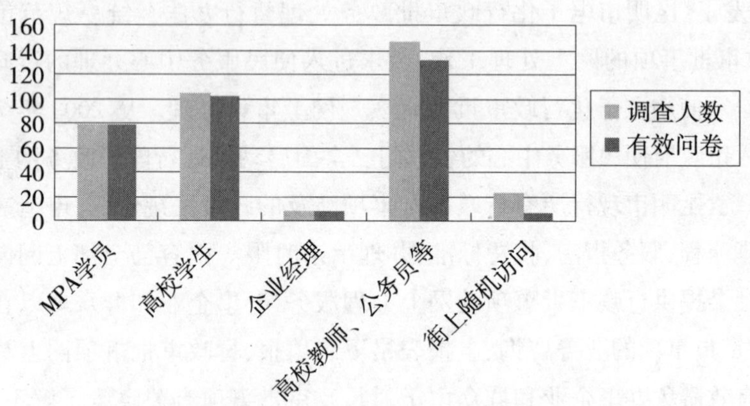

图 11.3 昆明电子政务价值调查问卷对象基本情况

在对这些人群作了相关的调研问卷后(主要采用的问卷表见附 A),通过对其中的关键题目结果进行统计,得出昆明电子政务 WTP 调研结果统计分布图,见图 11.4。

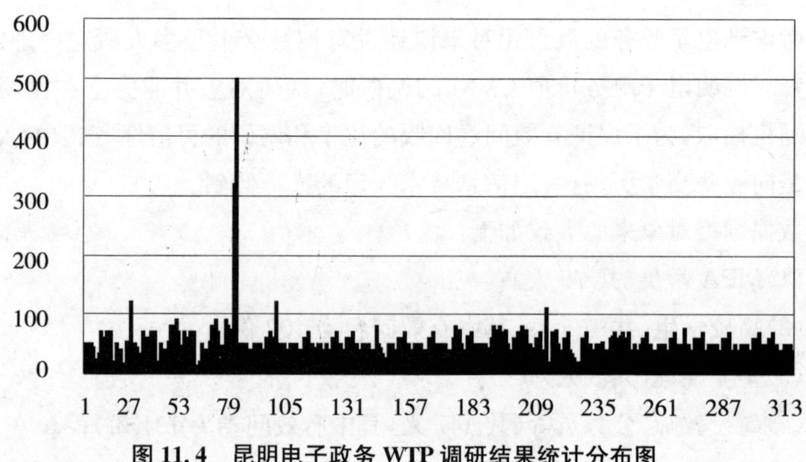

图 11.4 昆明电子政务 WTP 调研结果统计分布图

如图 11.4 所示,在针对昆明电子政务 WTP 的问题调研中,共有 326 人返回了有效回答,数据主要分布在 30～70 元之间,其中最大值为 500 元,最小值为 8 元,平均值为 53.07 元/次(计算过程中积分范围选取在 1 至 1000 元之间)。这里就取昆明电子政务 WTP 为 53.07 元。

同样,得到昆明电子政务 WTA 调研结果统计分布,见图 11.5。

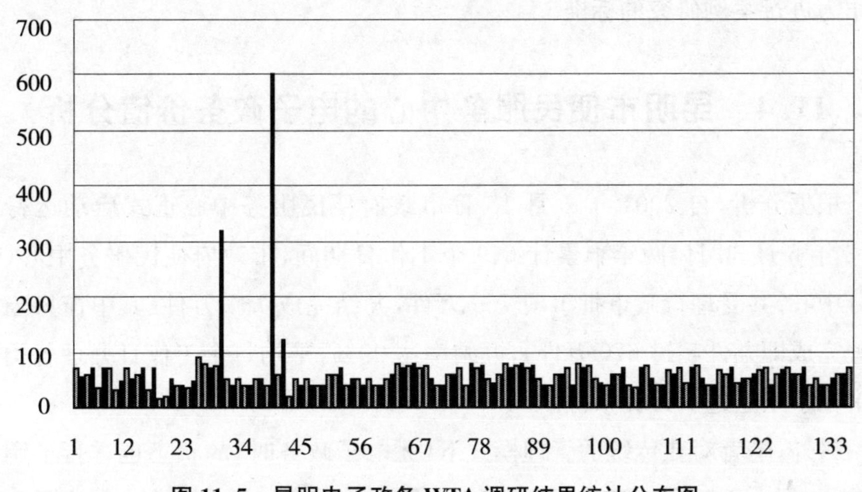

图 11.5 昆明电子政务 WTA 调研结果统计分布图

如图 11.5 所示,在针对昆明电子政务 WTA 的问题调研中,共有 138 人返回了有效回答,数据主要分布在 35～80 元之间,其中最大值为 600 元,最小值为 20 元,平均值为 61.99 元/次(计算过程中积分范围选取在 1 至 1000 元之间)。这里就取昆明电子政务 WTA 为 61.99 元。

在理性的经济学思考上,WTP 应当等于 WTA,但由于人们的心理因素,WTA 会具有相对较大的波动,并一般会比 WTP 要大。

本书所调研的结果也是 WTA 大于 WTP,笔者认为可能是主要由于这两个方面的原因:

(1)人们的心理因素。在作为经济个体时,人们在索赔时往往会比支付时更加不理性,这会导致 WTA 大于 WTP,这也符合国际学者关于这方面的研究结论;

(2)在有效回答 WTA 问题的 138 人中,一般都有了网上办事的经验,相对而言,这批人群对有效回答 WTP 的人群要具有更高的"电子政务成熟度",因此对于电子政务的效用看得就会更重一些。因此这批人群的电子政务 WTA 就会高于整个人群的电子政务 WTP。

这里按照国际上CVM法在公共产品中应用的常用做法，以WTP作为评估标准。本文在后面的研究中就以昆明电子政务WTP(取为53.07元/次)来作为进行案例研究的标准。

11.4 昆明市便民服务中心的电子政务价值分析

根据分析，自2001年1月18日市政府便民服务中心正式启动运行至2003年6月30日，两年半累计649个工作日期间，市政府便民服务中心(含各分中心)共受理行政审批事项766万件，办结完成761万件(其中窗口当场办理完成即办件超过670万件)，办结率达99%，平均每个工作日办理各类行政审批事项超过1万2千件。

另外，笔者对在传统的管理模式下(无电子政务时)的状态也进行了调研和访问，但由于时间过于长远(都为六七年以前的事)，很多工作人员也无法准确给出传统管理模式下的相关数据和流程。一般而言，在传统模式下，公众需要往返奔波的次数与所要办的事务有关，也于个人的具体情况有关，少的为一两次，多的可能要数十次，甚至上百次。

笔者根据与一些相关政府管理和工作人员、电子政务公司的相关人员的交流，对他们给出的一些数据进行整理，为防止过高估计电子政务的价值，估算出一个较为保守的数据：4.5次。

结合前面昆明电子政务WTP的数据，可以简要评估市政府便民服务中心的电子政务价值如下(2001年1月18日—2003年6月30日)。

传统下的总次数＝4.5×761＝3424.5(万次)

电子政务下的总次数约为850(万次)

两者相差2574.5(万次)，即为电子政务让公众少奔波的次数。

电子政务价值＝53.07×2574.5＝136628.715(万元)

同样的方法，可以估算出昆明市电子政务的日均价值大约为200(万元)①。

---

① 当然，该评估结果仅是一粗略的估算，并且是一种相对比较的结果。在具体的应用中，还需要结合更为具体的实际情况和环境来使用。

具体见表 11.3：

表 11.3　基于 WTP 的昆明市电子政务价值一览表

WTP	传统办公下的总次数	当前电子政务下的总次数	电子政务总价值	电子政务日均价值
53.07(元/次)	3424.5(万次)	850(万次)	136628.715(万元)	约 200(万元)

11.5　利用专家调查法来调研获取信息处理成本

更进一步，为了得到昆明市电子政务系统在上述模型中所处的位置，笔者对单位信息处理成本 α、单位规则理解成本 β、用户单位传递成本 γ 也作了调研和分析。考虑到这些数据解释起来的复杂性，就没有采用类似获取电子政务 WTP 的面向社会调查问卷方式，而采用了类似于专家调查法（但过程并没有完全严格按照“德尔菲法”的过程进行）的方法进行。

在对象上，选取对电子政务较为熟悉的专家，他们分别来自政府、电子政务公司和高校，他们均有高级职称或研究生毕业。主要情况如下：

(1)相关政府管理人员（共 2 人）；

(2)电子政务公司高层管理人员（共 2 人）；

(3)高校教授（共 2 人）；

(4)企业经理（共 1 人）。

大致过程和内容如下：

(1)首先与他们进行座谈或电话交流，明确地表达出了所要他们评估的内容，请专家思考后进行评价；

(2)对专家的首轮评价结果做初步统计，再根据初步统计的结果，与各个专家作单独的交流，请专家再次作评价；

(3)按照上述过程重复几轮①。

① 在调研过程中，由于各个专家的实际情况不同，专家所经历的轮次数也有所不同：有些专家调研经历五轮，而最少的仅为两轮。因此在操作过程上并不严格符合 Delphi 法的要求。

以这些调研数据为基础，得出以下结果：

在昆明市，单位信息处理成本 α 约为 5 元，单位规则理解成本 β 约为 10 元，用户单位传递成本 γ 约为 1 元（在电子政务环境下，通过网络传输时，很多专家都认为该值会很小，但在传统办公模式下该值会较大，可以用电子政务的 WTP 来取代）。这些数据不一定很符合实际情况，但可以用来模拟文中提出的电子政务价值评估模型。

11.6 各种模型下的电子政务价值评估分析

计算方法如下：

N 取 4.5 次，A 取 761 万件，代入前面的公式模型，可估算出昆明市电子政务价值在各种模式中的用户成本；以无电子政务时的传统模式为参考基础，比较各种模型下的用户成本和它的差值，作为该模型下的电子政务价值。

根据(9.20)式，各模型中的电子政务价值的计算公式如下：

电子政务价值＝传统模式的用户成本－该模型下的用户成本

表 11.4 昆明市各种模型下的用户成本和电子政务价值比较

	用户成本（万元）	电子政务价值（与传统模式的用户成本差）（万元）	备注
模型Ⅰ	41094	174889.2	
模型Ⅱ	27776.5	188206.7	
模型Ⅲ	25113	190870.2	
模型Ⅳ	9132	206851.2	
现状	45110	170873.2	按 850 万次计算
传统模式（无电子政务）	215983.2	0	计算同于模式Ⅰ，但取 $\gamma=26.535$，（这里假设用户每去一次可以完成信息的接收、报送各一次，否则用户成本还会更高）

由表 11.4 可以看出，传统模式（无电子政务）下的办公方式造成用户成本要比有电子政务时多得多，并且大约多了一量级；而在有电子政务时，不同的

管理模型下的用户成本也有较大差异，其中模型Ⅳ的电子政务价值最高。

通过模型分析可以看出，同理论上的这几种模式相比，目前昆明市电子政务的应用模式(G2B,G2C)还没有完全实现网上虚拟办公，还需要用户至少奔波一次，这也是它的用户成本要高于这几种模型的重要原因，但在内部的流程管理上，昆明市电子政务的模式已快接近模型Ⅳ。毕竟，模型Ⅳ也仅仅是一种理念上的模型，要完全实现还要得到许多方面的支持，因此昆明市的电子政务实施在现阶段还是比较成功的。

11.7 对昆明市电子政务发展的评论及参考建议

11.7.1 评论

根据前面关于昆明电子政务价值评估的分析，昆明市电子政务的发展已经走过了初期的电子化发展过程，并取得了一定的成绩，但仍处于发展阶段，从电子政务价值上来说，还有很大的发展潜力。主要表现在以下几个方面：

(1)昆明市的电子政务服务具有很大的内在价值。以前面所分析的结论为基础，可以看出昆明市的电子政务绩效有很大的成绩。昆明市在2005年以前的5年内在电子政务的直接资金投入约为3.6亿元①，即使再考虑上电子政务建设一些其他成本的投入(如管理、教育、人力等)和更久以前的投入，结合本书的分析结论(其产出的价值约为17亿)，虽然本书没有作严格的电子政务CBA分析，但可以感觉到昆明市电子政务投入的成本—收益绩效分析是很可观的。昆明在电子政务方面的投入是取得了明显回报的，在昆明市发展电子政务的价值是很高的。

(2)昆明市的电子政务价值还有很大的增值空间。昆明市在电子政务系统上处理的流程数量正快速增长，平均每年保持在两位数以上的百分比增长。根据本书充分考虑政务流程建立的价值评估体系，这也将使得昆明市电子政务价值快速增长。这样的趋势还将会持续很长一段时间，这样昆明市的电子

① 数据为新锐和达公司提供，主要是指政府通过财政拨款进行的资金投入部分。

政务价值就还有很大的增值空间，这也说明电子政务虽然是一种公共产品，但它也具有IT产业快速增值的特征，这样，昆明市政府还应当加大对这一产业的扶持和投入。

(3)通过调查问卷的调研过程可以反映出来，昆明市的市民上网率(或者说是电子政务成熟度)还极低，这也制约了昆明市电子政务的产出。根据前面"IT悖论"历史的分析，信息技术在发展初期，可能会对绩效产生一定负面的影响。尽管如此，昆明市电子政务绩效的分析还是很乐观的，随着信息化的深入，用户群体的增大和使用次数的增加，其产生的价值还会有更大、更快的提高，相关的电子政务绩效分析也会让人更为兴奋和鼓舞。这说明昆明电子政务作为一个产业，对它的投入可以极大地提高昆明市的社会福利；但另一方面也要注意相关的教育，以使用户的信息技术水平提高和对电子政务使用的参与热情增加。这些都会促进昆明市电子政务价值的提高。

(4)通过案例分析，整体上来看，昆明的电子政务成熟度还不高。这通过我们的问卷过程可以反映出来。在调研之前，就考虑到社会公众可能对电子政务的不熟悉，所以所选取的人群主要是集中在政府、相关企业和有较高学历的人群，但就是这些人群对电子政务概念的理解情况也并不理想，为了完成问卷，我们需要作大量的解释和说明，来帮助他们在问卷上客观地反映自己的意愿。而直接面向社会公众(街上访问)的调研的效果则更差，绝大多数人不知道电子政务这种概念，原本要调研50人，由于回收的有效问卷太少，只调研了23份，其中有效问卷仅为6份(这6份问卷还是访问人员作了多方引导和解释后才获得的，否则有效问卷率还会更低)。这也充分说明了昆明市电子政务的成熟度还不是很高，这会在很大程度上制约昆明电子政务价值的充分发挥。

11.7.2 参考建议

根据模型中的比较和电子政务价值评估的结论，笔者对昆明市电子政务建设的下一步发展提出以下参考建议。

(1)本书的研究说明电子政务价值和用户的参与使用有着直接的关系，以用户为核心，针对用户提供更优质的服务，以使用户更多地使用电子政务服务系统，让用户的电子政务WTP更高，从而进一步提高昆明市电子政务服务的价值。从调研情况来看，昆明市电子政务价值的提升在这一方面还有很大的潜力可以挖掘。为此，可以从下几个方面来加强用户的使用率：

1)电子政务系统的设计上，应坚持以民为本，方便用户的使用。参看美国、英国、新加坡等政府网站，页面设计完全站在用户的角度来考虑，从老百姓关注的衣食住行和企业办事的方便入手，一步步引导用户使用，针对弱势群体给以简明扼要的提示信息，避免让用户反复提交相同的信息，而在后台，大力强调系统集成、信息整合、并行工程，真正作到“一个窗口服务”和高效服务，一个充满人性化的界面，必然会让用户乐于使用，这样才能充分体现电子政务的价值。

2)在教育上，加强对社会公众的基础信息化教育培训，以使更多的社会公众具备参与电子政务服务的基本技能。

3)在宣传上，要提高电子政务的宣传力度，以让社会公众了解电子政务并参与到其中。只有当社会公众的电子政务参与积极性比较高时，电子政务的效益才能得到充分发挥。在这一方面，昆明市做的工作还不算太好。

总之，用户是电子政务价值体系中的重要主体，只有重视用户的需求，才能充分地发挥和提升电子政务的价值。因此，昆明市的电子政务在今后的改造和升级中，都应当把基于用户的服务理念放在首位，以进一步提升昆明市电子政务服务的价值。

(2)加大昆明电子政务的投入。根据本书的评估，昆明电子政务服务创造的价值是比较大的，即使不考虑新兴事物初期发展应当得到扶持的政策因素，单从它的CBA分析来看，也是有必要进一步加大投入的。因为从经济产业角度来看，昆明电子政务的投入—产出并不比其他产业差，再考虑到它的快速成长性，从经济学和管理学上来说加大昆明电子政务的投入也会使资金的配置更为有效率。当然，也并不是越大越好，这里面在经济学上还存在着一个最优规模的问题①，但结合本书的分析，昆明在现阶段加大对电子政务的投入，在

① 这个问题很有意义，但该问题的解决同样需要科学的电子政务价值评估体系作为基础，并和电子政务绩效结合起来，配合一些其他经济学方面的研究手段，才有可能使该问题得以解决。当然，这不是本书研究的重点，但值得进一步深入研究。

方向上是不会错的。

(3)进一步完善流程管理,优化流程组合,提高政府办公效率,进行充分的信息整合(主要是消除一些信息孤岛,使信息可以跨部门共享)和建立信息管理制度(主要体现在信息安全,法规保证方面),争取实现完全的网上办公(one-stop 或 non-stop)模式,这样可以进一步缩减社会成本。根据表 9.4 可以看出,虽然昆明市的电子政务同传统办公模式相比,在价值产出上有很大的进步,但同模式Ⅳ相比,还是有近 3 亿元的价值产出差距,平均每一年有近亿元的绩效差距,这个数据还是非常可观的。因此,昆明市在业务集成和信息集成的管理工作上还需要更进一步。

12 结论和展望

至此,本书关于电子政务价值的研究暂告一段落,但这只是本书的结束,而对于电子政务价值和绩效的研究,还有很多的工作要做,任重而道远。这一章对本书的研究作一个简要回顾。

12.1 主要结论

(1)电子政务服务是一种准公共产品,具有一定的非排他性,较强的消费非竞争性,及较高的外部性;它的公共性随着电子政务层次的降低而降低。由于电子政务具有准公共产品的特性,结合各层次电子政务服务的特性,对它的建设应引入包括市场机制的多种模式。电子政务价值的研究应当建立在电子政务作为公共品的基本属性上。

(2)信息化投入的回报需要一个周期,根据研究,该周期并不短,因此在作信息化(包括电子政务和企业信息化)投资时,应当用战略的眼光来作决策。

(3)电子政务同企业信息化的价值都应包括社会效益和经济效益,但电子政务更为强调社会效益,企业信息化更为看重经济效益,这也是作这两者绩效分析中的最大不同。当然,如果能提炼出一个对社会效益和经济效益都能作度量的、科学的统一单位(在本书主要表现为用户的支付意愿),以此来衡量绩效,那么它们之间的这种差别研究就会缩小甚至消失,此时,它们在理论上都可以归到信息化的绩效研究上来。

(4)按信息集成和业务集成差异划分的这几种模型中,基于一站式服务的模型Ⅳ相对最优,而传统的模型Ⅰ最劣,模型Ⅱ和模型Ⅲ则在两者之间。在模型Ⅳ的基础上，为更进一步提高效率和降低成本，政府流程重组（GPR）则是关键的和必需的。政府在规划建设电子政务时，应当采用以模型Ⅳ为基础的电子政务服务提供方式。同时，在提供电子政务服务的流程中，政府（而不是用户）应当尽可能多地承担流程中的信息传递和处理等业务，从而减少总的社会成本。这是电子政务建设规划中应考虑的一项原则。

（5）从模型Ⅰ到模型Ⅳ，在经济学上存在着帕累托改进过程。即政府无须增加成本，只需作相应的政府流程再造就可以极大减少用户成本。现在的关键问题是：让政府进行流程再造（改革）以进行帕累托过程、实现帕累托最优的动力来自何处，应当由谁来施加？

（6）利用条件价值评估法（CVM），可以从另一个角度来评价电子政务价值，这和过去常采用的硬件评估或网站评估等一些方法不同，这种基于经济学的方法还可以更充分地体现新公共管理的理念和精神，更多地考虑了政务及电子政务系统使用的因素，其分析结果也可以更有效地为以后的电子政务成本－效益分析打下基础。

12.2 研究的主要贡献

（1）在理论上，构建了一套电子政务价值评估模型，丰富了电子政务绩效评估的理论体系。本书提出了开展电子政务价值和绩效评估的理论基础——公共性，并在信息化绩效评估的框架下，以此区分了电子政务绩效评估和企业信息化绩效评估的差别；本书突出了电子政务的现代公共行政理念、新公共管理精神和“以民为本，为民服务，人民参与”的特点，基于政府业务流程和信息整合，引入CVM法，提出了一套创新的电子政务价值评估理论。

（2）在实践上，提出了一套可以操作的电子政务价值评估技术和方法，并结合实际案例对该方法作了实证模拟。这为政府在作电子政务工程项目立项分析、电子政务咨询企业在作电子政务项目可行性分析时，提供了经济学方面决策的研究方法路径。

12.3 创新点

(1)对电子政务的公共产品属性作了相关阐述和研究。利用萨缪尔森等关于公共产品的理论体系,讨论了电子政务服务的公共性及其与电子政务层次性之间的关系,并从系统科学的角度研究了电子政务服务的提供模式,最后得出以下结论:电子政务服务是一种准公共产品,它的公共性一般随着电子政务层次的降低而降低;由于电子政务具有准公共产品的特性,对它的建设应考虑多种模式的引入。这些认识对于电子政务绩效的正确评估有着重要的理论基础。

(2)提出了一种信息化绩效评估的理论研究框架体系。在信息化的背景下,分析了信息化绩效模型,比较研究了企业信息化和政府信息化的绩效产生机制,从系统的角度对它们的绩效产生过程作了建模和数学分析。

(3)提出了一套可以操作的电子政务价值评估模型和方法。充分考虑用户的参与,从政府业务流程和信息流的角度,引入 CVM 等非市场价值评估方法和专家调查法,创新地提出了一套电子政务价值评估的模型方法,并结合实际案例,模拟验证了该评估方法的可操作性。

12.4 研究之不足

(1)从本研究方法的理论基础和对它的案例模拟来看,该研究方法还存在着不足,仍有进一步改进的空间。在方法实践上,为了保证结果的可靠性和可操作性,还需要在操作上作进一步完善,以保证结果的可信度;在方法的理论体系上,可以再引入一些学科的理论,如心理学等方面的内容,以进一步完善本方法的理论体系;在本方法的过程设计上,有必要再增加检验的环节,以使本方法流程更为完善。

(2)在案例分析中,调研的过程并不是很科学和全面,因此所获取的数据不一定能全面客观地反映昆明的实际情况。由于本项研究主要是对本书提出的模型、方法的模拟,并且受到经费等方面的制约,在数据调研过程上还存在着不足。CVM 法对调研过程的要求是非常严格的，从问卷的制订、问卷的过程到问卷的统计，都有着严格的规定，这方面工作做的好坏、细致与否，将对最终评价结果的科学性有很大影响。CVM 法对调研结果的有效性的研究比较复杂，也是人们质疑该方法的一个重要原因，提高该方法的有效性需要在这两个方面多下工夫：增加样本数和提高问卷设计的质量①。在这些方面，本项研究仍需进一步改进。

(3)CVM 法在针对公共产品的价值评估上有着极大的优势，但在电子政务价值评估的应用中还很少。在国外发达国家中虽然有了一些 CVM 的应用案例，但主要也是应用在环保等方面，我国应用该方法的案例则更少（我国目前已有少数学者计划将该方法应用到我国的环保、旅游等方面的研究），但该方法已引起了越来越多的学者的重视和关注。本书将该方法引入到了电子政务价值研究中并作了相关的案例验证，由于方法新、研究的事物也比较新，自然也就还存在着不足和可以进一步改进的地方。总之，进一步研究该方法在电子政务价值评估中的应用，对电子政务的发展有着重要的意义。

(4)在本项研究的基础上，有必要在调研人群的选取上再作进一步的研究。可以扩大调研的社会群体，以使调研结果更加接近社会的实际情况。总之，进一步完善规范问卷的设计、调研的过程，是改进结果分析的重要途径之一。

12.5 研究展望

(1)无论在理论框架还是技术方法上，支付意愿的 CVM 在形式上受到一些经济学家的批评和争议，如受访者提供信息的不充分，受访者偏好的不确定性，问卷格式和样本的选择与应用等，都将影响电子政务的支付意愿范围及分布形态，从而直接影响平均支付意愿的计算结论，但无论如何，作为对电子政

① 杨雷：《电子政务效益的经济分析与评价》，经济科学出版社 2005 年版。

务价值这一复杂领域的研究，CVM 是一种极其重要的方法。正如 Costanza①将该方法应用于生态系统研究中所指出的那样，至少作为一种数量级的初步估值，CVM 研究结论仍然可以作为一个足够可靠的起点。

(2)本书的研究是从公共管理的角度出发，基于政务流程和信息整合的研究视角，来研究电子政务价值评估的理论方法，并尝试建立一套可操作的电子政务价值评估体系，从而丰富电子政务绩效评估的理论方法。这并不是对其他评估方法体系的否定，而是补充。但该方法体系如何和其他电子政务评价体系结合使用，仍需要进一步研究。

(3)电子政务的 WTP 存在着明显的群体差异。如公务员、MPA 学员的电子政务 WTP 就明显大于高校在读学生，这说明电子政务 WTP 可能和个体收入、工作背景有一定的相关性；由此引申开，估计电子政务 WTP 可能还存在着地域差异，发达地区的电子政务 WTP 可能要高于发展地区的电子政务 WTP，如上海地区的电子政务 WTP 可能会高于昆明的电子政务 WTP，当然，这还只是一个假设，还需要得到实证数据的支持和验证。这方面的研究虽然不是本书研究的主要内容，但这些研究对中国的数字鸿沟问题，环境对电子政务价值的影响等方面还是有着重要意义的，值得进一步深入研究。

(4)本书中的评估方法在实际应用中并不是静态的，可以结合具体的环境和特殊情况进行调整。本书是选取了电子政务中的两个重要内容——“政务流程”和“信息整合”来进行展开的。事实上，除此之外，在具体的电子政务中，可能还有其他因素也会对电子政务的价值产生影响，此时只需将这些因素也放到这套评价体系中来即可，这些因素在体系中的位置类似本书中的“政务流程”的位置。

(5)通过电子政务的 CVM 和成本估算可以从经济学的角度得到电子政务的价值，再结合电子政务建设的投入，就可以为更进一步的成本－效益分析打下基础。本书主要研究电子政务的价值，而完整的绩效分析还需要把产出和投入结合起来(尽管产出部分是电子政务绩效研究的重点和难点)，本书对

---

① Costanza R, d Arge R, de2Groot R, et al., The Value of the Worlds Ecosystem Services and Natural Capital, *Nature*, 1997, 386 (6630): pp. 253-260.

此并未作深入的研究，但这方面的工作对于更深入的电子政务绩效体系研究和电子政务建设是有着重要意义的。总之，这种基于经济学的电子政务价值评估方法可以为以后的更有效地分析电子政务的成本一效益(CBA)打下基础。但针对电子政务的CBA分析，决策者一定要站在战略的角度上，要站在一个长远的角度来考虑，否则有可能制约电子政务的发展。

(6)应用CVM法进行价值评估的理念是好的。但在实际应用中，该方法易受到很多环境因素和过程的影响，因此，在系统工程应用上制定一套更科学的工程技术管理方法和流程，以保证该方法的调研数据更具有可靠性和稳定性，是该方法能否获得真实价值的一个关键，这方面的改进有必要得到其他领域的支持(如社会学、心理学、统计学等)，本书没有在这方面作深入的研究，而这方面也是值得进一步研究的课题。

(7)电子政务价值的研究是一个复杂的问题。本书提出的方法充分考虑了“政务”的角度，但这并不是对从“电子”角度来思考电子政务绩效研究的否定。在构筑全面的、科学的电子政务绩效评估体系中，我们应当把不同视角的研究方法进行有机地结合和考虑，在这方面，电子政务绩效评估还有很长的路要走。

附录　昆明电子政务 WTP(WTA)调查问卷

调查说明：

(1)　本次调研主要想反映您对提供电子政务服务的福利感受，结果仅仅是用于科研，并不做其他任何用途。因此，请您不要有所顾虑，根据您的真正想法来谈论或填写下表。

(2)　以下内容请您尽可能填写或回答。当然，如果您觉得某些问题涉及了您的隐私或您实在不方便回答，可以跳过。

(3)　谢谢您的大力支持！

调查部分：

1. 答卷人工作单位：＿＿＿＿＿＿＿＿＿＿＿＿

2. 性别：①男　　　②女

3. 年龄：①30 岁以下　　②31～50 岁　　③51～60 岁　　④61 岁以上

4. 您的主要住处大约在什么位置？

①昆明市内(四区范围)　　②昆明市郊　　③其他地区

5. 职业：①公务员　　②科研人员　　③企业、公司经理　　④企事业单位职工　　⑤高校教师　　⑥ 高校学生　　⑦其他

6. 文化程度：①研究生以上　　②大学　　③大专　　④中专　　⑤高中　　⑥高中以下

7. 技术职称：①高级　　②中级　　③初级　　④其他

8. 您知道电子政务、政府信息化或者办公自动化这些概念吗？

①是　　②否

9. 您曾经利用过电子政务或政府网站来处理过事务吗？

①是　　②否

10.(第9题答“是”,则做该题,否则直接转入第11题)相比传统的处理过程,您觉得满意吗?

①是　　②否

11.您愿意为电子政务付费吗?或者说如果您需要去昆明便民服务中心去办理一些审批手续(可能需要往返数次和多天),这时有人愿意为您去政府相关部门“跑腿”,去完成您的一些审批等过程,您愿意为他支付一定报酬吗?(答“否”则直接跳到15题)

①是　　②否

12.您愿意采用哪一种依据为他支付报酬?

①普通交通费(如坐公交车和基本必需的交通费)　②较高的交通费(如打车等)

③交通费+其他(如劳动报酬等)

13.更具体一些,当有人为您从您家到昆明市政府部门(如便民服务中心)每去一次报送相关材料并等待相关审批时,您愿意为此支付的具体金钱为(单位:元,人民币):

①20元以下　②20～40　③41～60　④61～80

⑤81～100　⑥101～150　⑦151～200　⑧201～400

⑨401～1000　⑩1000元以上

14.如果13题的描述区域不能精确表示您的想法,或者一定要求您提供一个更精确的数额,那么这个数额为＿＿＿＿元。

15.您经常通过网络来了解政府发布的相关信息或者通过网络来完成您与政府相关部门的交流和沟通吗?(只要符合其中一项即选“是”)

①是　②否

16.(第15题答“是”,则做该题,否则直接转入第17题)如果政府不再通过网络为您提供这些服务(假设这些服务本来就是您天经地义应享受的),您又需要像过去一样奔波于政府的相关部门,这时,政府因为取消了这些电子政务服务而给您带来了不便,应对您进行赔偿。那么,您希望您每奔波一次(原本在电子政务环境下是不需要这样奔波的)获得赔偿的数额为＿＿＿＿元。

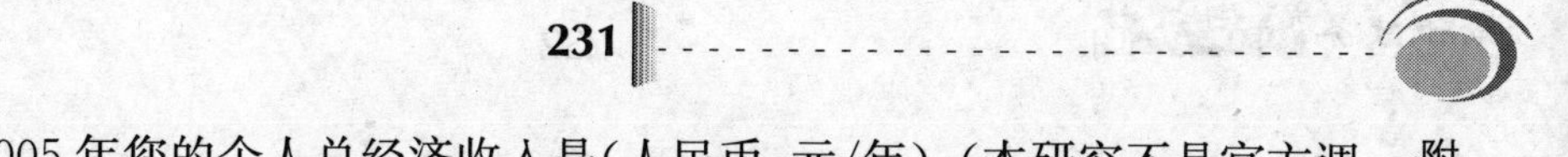

17. 2005年您的个人总经济收入是(人民币,元/年):(本研究不是官方调查,您不必担心会给您造成任何的不便,请您如实选择)

①5000以下　②5001～10000　③10001～15000

④15001～20000　⑤20001～30000　⑥30001～40000

⑦40001～50000　⑧50001～100000　⑨100000元以上

18.(第11题答"否"者,请做该题)如果您不愿意为电子政务服务付费,能谈一下原因吗?

(完毕)

参考文献

［1］ Ahmad，Alaa-Aldin A.；Zink，Steven D.：Information Technology Adoption in Jordanian Public Sector Organizations，*Journal of Government Information*，Volume：25，Issue：2，March 4，1998，pp. 117-134.

［2］ Aldrich，Duncan；Bertot，John Carlo；McClure，Charles R，E-government：Initiatives，Developments，and Issues，*Government Information Quarterly*，Volume：19，Issue：4，2002，pp. 349-355.

［3］ Barata，Kimberly；Cain，Piers：Records Management Toolkits Form across the Pond，*Information Management Journal*，2003. 7.

［4］ Baron,J. 1997：Biases in the Quantitative Measurement of Values for Public Decisions，Psychological Bulletin，p. 122，72-88.

［5］ Bateman I. J.，Langford I. H.，Turner R. K.：Elicitation and Truncation Effects in Contingent Valuation Studies，*Ecological Economics*，1995，12 (2)：pp. 161-179.

［6］ Berra，Mariella：Information Communications Technology and Local Development，*Telematics and Informatics*，Volume：20，Issue：3，August，2003，pp. 215-234.

［7］ Bill Martin：Information Society Revisited from Vision to Reality，*Journal of Information Science*，2005,31(1)：pp. 4-12.

［8］ Billylim，Wen Joseph，Web services：An Analysis of the Technology，its Benefits，and Implementation Difficulties，*Information Systems Management*，Vol. 20，No2,spring 2003：pp. 49-57.

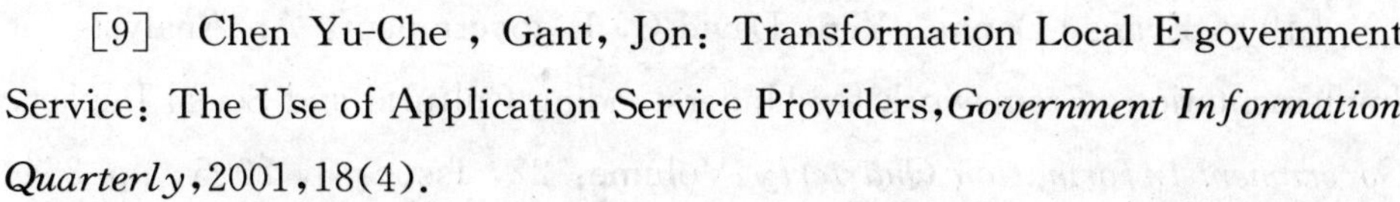

[9] Chen Yu-Che , Gant, Jon: Transformation Local E-government Service: The Use of Application Service Providers,*Government Information Quarterly*,2001,18(4).

[10] Chen Yu-Che, Gant, Jon: Transforming Local E-government Services: The Use of Application Service Providers, *Government Information Quarterly*, Volume: 18, Issue: 4, Winter, 2001, pp. 343-355.

[11] Clark, Eugene, Managing the Transformation to E-government: an Australian Perspective, *Thunderbird International Business Review*, 2003,pp. 7-8.

[12] Costanza R , d Arge R , de2Groot R , et al. , The Value of the Worlds Ecosystem Services and Natural Capital,*Nature*, 1997 ,386 (6630) : pp. 253-260.

[13] Damian Hodgson, Disciplining the professional: The Case of Project Management, *Journal of Management Studies*, 2002, 39(6): pp. 802-821.

[14] David L,Mc Clure, Electronic government:Federal Initiatives are Evolving Rapidly But they Face Significant Challenges, United States General Accounting Office, 2000. 5. 22.

[15] Dirk Vriens, Jan Achterbergh: Planning Local E-government, Information Systems Management, 2004,21(1): pp. 45-57.

[16] Dos Santos, Brian; Sussman, Lyle: Improving the Return on IT Investment: The Productivity Paradox, *International Journal of Information Management*, Volume: 20, Issue: 6, December, 2000, pp. 429-440.

[17] Doty Philip, Erdelez Sanda, Information Micro-practices in Texas rural Courts: Methods and Issues for E-government, *Government Information Quarterly*, Volume: 19, Issue: 4, 2002, pp. 369-387.

[18] Erhard Strejcek, Michael Theil, Technology Push, Legislation pull? E-government in the European Union, Decision Support Syatems, 34 (2002).

[19] Evans, Donna; Yen, David C, E-government: An Analysis for Implementation: Framework for Understanding Cultural and Social Impact, *Government Information Quarterly* Volume: 22, Issue: 3, 2005, pp. 354-373.

[20] Farrell, L. M.: Principal-agency Risk in Project Finance, *International Journal of Project Management*, 2003. 11.

[21] Feng Li, Implementing E-Government Strategy in Scotland: Current Situation and Emerging Issues, *Journal of Electronic Commerce in Organizations*, 2003. pp. 7-8.

[22] Franklin Hartle: How to Re-engineer Your Performance Management Process, London: Clays Ltd. St Ives plc, 1995: p. 95.

[23] Goldberg, Tyler; Horvath, David; Neagle, Eric Serials Management: Integration and Enhancement through Reorganization, Library Collections, *Acquisitions, and Technical Services*, Volume: 25, Issue: 4, Winter, 2001, pp. 401-407.

[24] Gupta, M. P.; Jana, Debashish, E-government Evaluation: A Framework and Case Study, *Government Information Quarterly*, Volume: 20, Issue: 4, 2003, pp. 365-387.

[25] Halchin, L. Elaine, Electronic government: Government Capability and Terrorist Resource, *Government Information Quarterly*, Volume: 21, Issue: 4, 2004, pp. 406-419.

[26] Hanemann W. M., Discrete/ Continuous Models of Consumer Demand, *Econometrical*, 1984, 52: pp. 541-562.

[27] Hanemann W. M.: Welfare Evaluations in Contingent Valuation Experiments with Discrete Responses, (American) *Journal of Agricultural Economics*, 1984, 66 (3): pp. 332-341.

[28] Heneman, R. L. Merit Pay: Linking Pay Increases to Performance Ratings, Reading, MA: Addison-Wesley, 1992: p. 47.

[29] Heneman, R. L. Merit Pay: Linking Pay Increases to Perform-

ance Ratings, Reading, MA: Addison-Wesley, 1992: p. 47.

[30] Implementing Electronic Government Statement ,Trafford MBC IEG Statement ,2001. 7.

[31] Ishtiaq P Mahmood, Carlos Rufin, Government's Dilemma: The Role of Government in Imitation and Innovation, *The Academy of Management Review*, 2005, 30(2): pp. 338-360.

[32] Jaeger, Paul T. ; Thompson, Kim M, E-government around the World: Lessons, Challenges, and Future Directions, *Government Information Quarterly*, Volume: 20, Issue: 4, 2003, pp. 389-394.

[33] James M. Buchanank: An Economic Theory of Clubs, *Economic*, 1965, 32(February): pp. 1-14.

[34] Karen Layne, Jungwoo Lee, Developing fully Functional E-government: A Four Stage Model, *Government Information Quarterly*, 2001 (18), pp. 122-136.

[35] Kaul, M. ; Collins, P. Governments in Transition: Towards a New Public Administration, *Long Range Planning*, Volume: 28, Issue: 6, December, 1995, p. 129

[36] Kaylor Charles, Deshazo Randy, Van Eck David, Gauging E-government: A Report on Implementing Services among American Cities, *Government Information Quarterly*, Volume: 18, Issue: 4, Winter, 2001, pp. 293-307.

[37] Kinder, T. Introducing an Infrastructure for Joined-up-government in Local Public Administration: A West Lothian Case Study, *Research Policy*, Volume: 31, Issue: 3, March, 2002, pp. 329-355.

[38] Kinder T: The Use of Call Centres by Local Public Administrations, *Futures*, Volume: 33, Issue: 10, December, 2001, pp. 837-860.

[39] Koga, Takashi, Access to Government Information in Japan: A Long Way toward Electronic Government? *Government Information Quarterly*, 2003, 20(1): pp. 47-62.

［40］ Laird W·Mealier & Gary P·Latham：Skills for Management Success ：Theory，Experience and Practice ，Richard D. Irwin ，A Times Mirror Education Group Inc，Company ，1996，p. 559.

［41］ Larry Martin and Paula Green，Gaining Project Acceptance，Civil Engineering ，1995. 8.

［42］ Layne Karen，Lee Jungwoo，Developing fully Functional E-government：A four Stage Rodel，*Government Information Quarterly*，2001，18 (2)：pp. 122-136.

［43］ Ma，Lianjie；Chung，Jongpil；Thorson，Stuart，E-government in China：Bringing Economic Development through Administrative Reform，*Government Information Quarterly*，Volume：22，Issue：1，2005，pp. 20-37.

［44］ Ma Lianjie，Chung Jongpil，Thorson Stuart，E-government in China：Bringing Economic Development through Administrative Reform，*Government Information Quarterly*，2005，22(1)：pp. 20-37.

［45］ McGregor，Michael A.；Holman，Joanne，Communication Technology at the Federal Communications Commission：E-government in the Public Interest? *Government Information Quarterly*，Volume：21，Issue：3，2004，pp. 268-283.

［46］ McHenry，William K：Using Knowledge Management to Reform the Russian Criminal Procedural Codex，*Decision Support Systems*，Volume：34，Issue：3，February，2003，pp. 339-357.

［47］ Mitchell E. Daniels：E-government Strategy ，Office of Management and budget ，2002. 2. 27.

［48］ Mitchell，R. and Carson，R. T. (1989)，Using Surveys to Value Public Goods：The Contingent Valuation Method (Washington，DC，Resources for the Future).

［49］ M. P. Gupta，Debashish Jana，E-government Evaluation：A Framework and Case Study，*Government Information Quarterly*，2003，20

(4):pp. 365-387.

［50］ Newpoint Group, Government Information Portals and Service Delivery Websites,2002. 11. 21.

［51］ Olavi Kongas: Management of Large Public Sector IT Projects in Finland ,Public management Department, 2000. 10.26.

［52］ One Stop Shopping for Government Information: Information Policy and Technology Series, Anneliese May, National Conference of State Legislatures,2001. 12.

［53］ Paul Raj Devadoss etc, Structurational Analysis of E-government Initiatives: A Case Study of SCO, Decision Support Systems,2002(34),pp. 253-269.

［54］ Ralf Kilschewski, Klaus Lenk, Understanding and Modelling Flexibility in Administrative Processes, EGOV 2002, Aix-en-Provence (France), September 2 - 6, 2002.

［55］ Reacting an Infrastructure for E-government: Enabling Government Innovation, E-government Strategy and Solutions Team IBM Public Sector, 2001. 9

［56］ Reddick, Christopher G. A Two-stage Model of E-government Growth: Theories and Empirical Evidence for U. S. Cities, *Government Information Quarterly*, Volume: 21, Issue: 1, 2004, pp. 51-64.

［57］ Reddick, Christopher G, Citizen Interaction with E-government: From the Streets to Servers? *Government Information Quarterly*, Volume: 22, Issue: 1, 2005, pp. 38-57.

［58］ Robert P. B. , Alok K. B. , Hank J . S. , A Joint Investigation of Public Support and Public Values : Case of Instream Flows in New Mexieo, *Ecological Economics*, 1998 , 27 (3) : pp. 193-195.

［59］ R. Traunmuller, K. Lenk, E-commerce as a Stimulus for E-government, in: Proceedings of the XIII Bled Conference on Electronic Commerce: The End of the Beginning, Bled,2000.

［60］ Russell M. Linden，Seamless Government：A Practical Guide to re-engineering in the Public Sector，Jossey-Bass Inc. Publishers. 1994.

［61］ Saxena，K B C；Aly，A M M. ，Information Technology Support for Reengineering Public Administration：A Conceptual Framework，*International Journal of Information Management*，Volume：15，Issue：4，August，1995，pp. 271-293.

［62］ Schminke，Marshall；Cropanzano，Russell；Rupp，Deborah E，Organization Structure and Fairness Perceptions：The Moderating Effects of Organizational Level，*Organizational Behavior and Human Decision Processes*，Volume：89，Issue：1，September，2002，pp. 881-905.

［63］ Sepic Ron，Kase Kate，The National Biological Information Infrastructure as an E-government Tool，*Government Information Quarterly*，Volume：19，Issue：4，2002，pp. 407-424.

［64］ Sharp，A. Organizational Structure，Information Technology and Productivity：Can Organizational Change Resolve the Productivity，Applied Research Branch Strategic Policy Human Resources Development Canada，1999.

［65］ Simon，K. 2002，Public Goods and Private Wants：A Psychological Approach to Government Spending. Cheltenham，UK and Northampton. MA，USA：Edward Elgar.

［66］ Strejcek Gerhard，Theil Michael，Technology Push，Legislation pull? E-government in the European Union，*Decision Support Systems*. Volume：34，Issue：3，February，2003，pp. 305-313.

［67］ The Performance Institute，Creating a Performance—Based Electronic Government［R/OL］，http://www.performanceweb.org，Oct. 2002.

［68］ United Nations，World Public Report 2003：e-government at the Crossroads［R/OL］，http://www.un.org，Oct. 2003.

［69］ Ward O，Griffiths P：Strategic Planning for Information System［Z］. 1996.

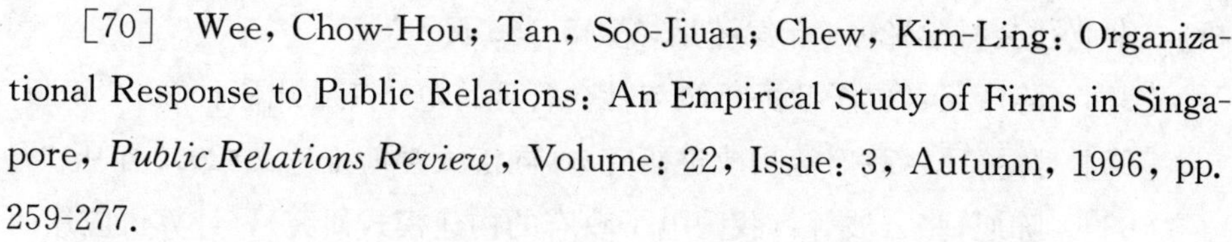

[70] Wee, Chow-Hou; Tan, Soo-Jiuan; Chew, Kim-Ling: Organizational Response to Public Relations: An Empirical Study of Firms in Singapore, *Public Relations Review*, Volume: 22, Issue: 3, Autumn, 1996, pp. 259-277.

[71] Whitson, Thurman L.; Davis, Lynn: Best Practices in Electronic Government: Comprehensive Electronic Information Dissemination for Science and Technology, *Government Information Quarterly*, Volume: 18, Issue: 2, Summer, 2001, pp. 79-91.

[72] Wimmer, Maria A, A European Perspective Towards Online One-stop Government: The E－government Project, Electronic Commerce Research and Applications Volume: 1, Issue: 1, Spring, 2002, pp. 92-103.

[73] Ya Ni, Anna; Tat-Kei Ho, Alfred, Challenges in E-government Development: Lessons from Two Information Kiosk Projects, *Government Information Quarterly*, Volume: 22, Issue: 1, 2005, pp. 58-74.

[74] Zhiyong, Lan; Falcone, Santa: Factors Influencing Internet Use-a Policy Model for Electronic Government Information Provision, *Journal of Government Information*, Volume: 24, Issue: 4, July 8, 1997, pp. 251-257.

[75] 白跃世:《政府投资的内源性及绩效分析》,《兰州大学学报(社会科学版)》2002 年第 30(5)期,第 124～128 页。

[76] 蔡立辉:《西方国家政府绩效评估的理念及其启示》,《清华大学学报》2003 年第 1 期。

[77] 蔡立辉:《西方国家政府绩效评估的理念及其启示》,《清华大学学报》2003 年第 18(1)期,第 76～83 页。

[78] 蔡立辉:《政府绩效评估的理念与方法分析》,《中国人民大学学报》2002 年第 5 期,第 93～100 页。

[79] 蔡昱,张玉清,冯登国:《风险评估在电子政务系统中的应用》,《计算机工程与应用》2004 年第 26 期,第 155～159 页。

[80] 陈俊鹏,吴湘玲:《我国地方政府绩效的区域差异及其政治影响分

析》,《湖北社会科学》2004 年第 4 期,第 48～50 页。

[81] 陈庆云:《电子政务行政与社会管理》,电子工业出版社 2002 年版。

[82] 陈群民:《政府流程改进研究》,《同济大学博士论文》2002 年版。

[83] 陈旭,张云波等:《我国电子政府的构建模式研究》,《计算机应用研究》2001 年第 6 期,第 37～39 页。

[84] 陈艳红:《绩效评估之于电子政务信息资源建设——必要性、可行性以及基本构想》,《档案学通讯》2004 年第 3 期,第 27～30 页。

[85] 程新生,陶能虹:《中、美、法政府绩效审计环境比较研究》,《审计与经济研究》2000 年 12 月,第 15(6)期,第 11～12 页。

[86] 崔运武:《公共事业管理概论》,高等教育出版社 2002 年版。

[87] 崔运武:《论当代公共产品的提供方式及其政府的责任》,《思想战线》2005 年第 1 期,第 2～7 页。

[88] 邓琼:《政府绩效评估中的公民参与》,《行政与法》2004 年第 11 期,第 21～22 页。

[89] 邓崧,白庆华:《从成本角度分析电子政务服务集成模型》,《管理科学》2005 年第 18(4)期,第 58～62 页。

[90] 邓崧,白庆华等:《上海松江区信息安全中长期规划》,《电子政务》2006 年第 7 期。

[91] 邓崧,白庆华等:《上海松江区信息化中长期规划的指导思想、原则和目标》,《电子政务》2006 年第 5 期。

[92] 邓崧,白庆华:《企业信息化对企业效益和内部机制的影响》,《同济大学学报(自然科学版)》,2005 年第 33(5)期,第 701～705 页。

[93] 邓崧,彭艳:《电子政务经济效益的关系模型分析》,《价值工程》2006 年第 5 期,2006 年 5 月版。

[94] 邓崧,彭艳:《电子政务支持下的政府绩效评估体系研究》,《云南师范大学学报(哲学社会科学版)》2005 年第 37(6)期。

[95] 邓崧,彭艳:《论电子政务的参与主体》,《情报探索》2006 年第 4 期, 2006 年 4 月版。

[96] 邓崧,彭艳:《我国电子政务的和谐发展模式及问题研究》,《电子政

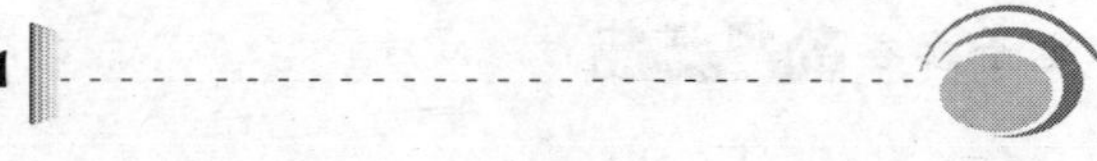

务》2005 年第 12 期,2005 年 11 月版。

［97］ 邓崧,彭艳:《用 OCTAVE 方法分析电子政务系统的信息安全》,《情报杂志》2006 年第 1 期,2006 年 1 月版。

［98］ 董新宇,苏竣:《电子政务与政府流程再造——兼谈新公共管理》,《公共管理学报》2004 年第 4 期,第 46～52 页。

［99］ 樊博:《电子政务》,上海交通大学出版社 2006 年 6 月版。

［100］ 樊博:《政务智能——政府主动服务模式的决策支持技术》,清华大学出版社 2006 年 6 月版。

［101］ 方美琪:《电子商务概论(第二版)》,清华大学出版社 2002 年版。

［102］ 冯伟林,汪攀:《论建立政府绩效评估体系》,《甘肃行政学院学报》2004 年第 3 期,第 22～23 页。

［103］ 葛洪:《略论美国〈1993 政府绩效与结果法案〉》,《中国行政管理》2004 年第 5 期,第 26～27 页。

［104］ 耿继秀:《信息工程——追寻企业计算信息系统的工程》,清华大学出版社 2001 年版。

［105］ 郝晓玲,孙强:《信息化绩效评价:框架、实施与案例分析》,清华大学出版社 2005 年版。

［106］ 胡继姝:《对地方政府绩效考核取消 GDP 指标的思考》,《行政论坛》2004 年第 11 期,第 28～29 页。

［107］ 黄建华,刑光军:《电子政务与基于"服务链"式的政府流程再造》,《现代管理科学》2004 年第 5 期。

［108］ 黄文波,王浣尘:《互联网对信息增值的影响》,《系统工程理论方法应用》2000 年第 9(4)期,第 265～269 页。

［109］ 江源富:《电子政务应用的评估》,《中共桂林市委党校学报》2003 年第 6 期,第 24～26 页。

［110］ 蒋容:《中国政府绩效评估现状及其完善》,《黑河学刊》2003 年 9 月第 5 期,总第 106 期,第 15～17 页。

［111］ 教军章:《电子政务对行政组织变革的 6 大影响》,《中国行政管理》2003 年第 3 期,第 40～43 页。

［112］ 井敏:《公共行政的新思维——后现代公共行政理论的理论贡献》,《行政论坛》2006 年第 5 期,第 5～7 页。

［113］ 李宝多:《层次分析方法的运用 360°绩效评价的操作》,《科技与管理》2004 年第 1 期,第 51～52 页。

［114］ 李成威:《公共产品的需求与供给评价与激励》,中国财政经济出版社 2005 年版。

［115］ 李成威:《公共产品提供和生产的理论分析及其启示》,《财政研究》2003 年第 3 期,第 6～8 页。

［116］ 李东:《企业信息化案例》,北京大学出版社 2002 年版。

［117］ 李静芳:《对地方政府绩效评估的价值取向分析》,《行政论坛》2001 年第 9 期,第 25～26 页。

［118］ 李立国,程森成:《绩效基础管制—种新型政府治理工具》,《科技与管理》2004 年第 1 期,第 141～142 页。

［119］ 李齐云:《政府经济学》,经济科学出版社 2003 年版。

［120］ 李强,汤俊芳:《论我国电子政府绩效评价体系的构建》,《科技进步与对策》2003 年第 1 期,第 141～143 页。

［121］ 李文艳,陈通:《政府绩效评估的价值取向及我国政府绩效评估的完善》,《行政发展》2004 年第 6 期,第 51～54 页。

［122］ 里查德. R. 巴尼特:《偏好表露与共用品》,载《公共部门经济学前沿问题》,彼德. M. 杰克逊主编,郭庆旺等译,中国税务出版社、北京图腾电子出版社 2000 年版。

［123］ 连云:《论政府经济职能实施绩效评估体系的框架构建》,《学习与探索》2000 年第 4 期,第 18～23 页。

［124］ 刘文俭,王振海:《政府绩效管理与效率政府建设》,《国家行政学院学报》2004 年第 1 期,第 13～17 页。

［125］ 刘旭涛,许铭桂:《论绩效型政府及其构建思路》,《中国行政管理》2004 年第 3 期,第 75～78 页。

［126］ 卢新海:《政府信息化与政府绩效》,《湖北社会科学》2003 年第 10 期,第 56～58 页。

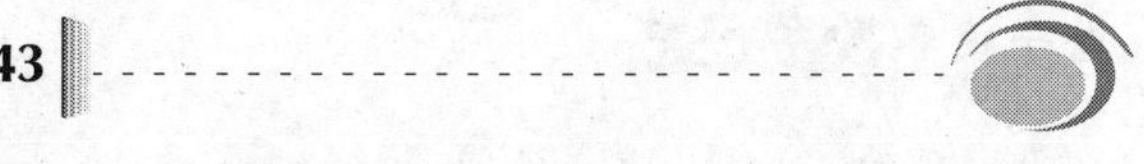

［127］ 罗元铮，焦宝文：《电子政府导论》，中国财政经济出版社 2002 年 5 月版。

［128］ 马莉霞：《对实施政府绩效审计的思考》，《苏州职业大学学报》2004 年第 5 期，第 42～43 页。

［129］ (美)马克·G·波波维奇：《创建高绩效政府组织》，中国人民大学出版社 2002 年版。

［130］ 〔美〕萨缪尔森，诺德豪斯：《经济学》，《高鸿业总译》，中国发展出版社 1992 年版。

［131］ 孟华：《中国政府绩效评估实践的特色——从基础因素入手的分析》，《上海交通大学学报(哲学社会科学版)》2004 年第 12(3)期，第 39～44 页。

［132］ 孟蕾：《我国电子政府的绩效管理》，《华南农业大学学报(社会科学版)》2004 年第 3(2)期，第 81～85 页。

［133］ 孟庆国，樊博：《电子政务理论与实践》，清华大学出版社 2006 年 3 月版。

［134］ 苗东升：《系统科学精要》，中国人民大学出版社 1998 年版。

［135］ 倪星，余凯：《试论中国政府绩效评估制度的创新》，《政治学研究》2004 年第 3 期，第 84～92 页。

［136］ J. 佩帕德，P. 罗兰：《业务流程再造》，中信出版社。

［137］ 彭国甫：《对政府绩效评估几个基本问题的反思》，《湘潭大学学报(哲学社会科学版)》2004 年第 5 期，第 6～11 页。

［138］ 彭国甫：《价值取向是地方绩效评估的深层结构》，《中国行政管理》2004 年第 7 期，第 75～79 页。

［139］ 彭国甫，李树丞，盛明科：《基于 DEA 模型的政府绩效相对有效性评估》，《管理评论》2004 年第 8 期，第 29～31、62 页。

［140］ 彭国甫，李树垂，盛明科：《应用层次分析法确定政府绩效评估指标权重研究》，《中国软科学》2004 年第 6 期，第 136～139 页。

［141］ 彭细正：《电子政务门户网站绩效评估研究》，《信息化建设》2004 年第 10 期。

[142] 邱霈恩译:美国《1993 政府绩效与结果法案》译文,《中国行政管理》2004 年第 5 期,第 28 页。

[143] 饶润东:《中国“电子政府”绩效评估体系的建构》,《理论月刊》2004 年第 1 期,第 86～88 页。

[144] 桑强:《以流程再造为中心的组织变革模式》,《管理科学》2004 年第 17(2)期,第 7～11 页。

[145] 盛明科:《论当前我国政府绩效评估价值取向的重塑》,《行政论坛》2004 年第 11 期,第 25～27 页。

[146] 寿志勤,李乐明等:《一个面向政务流程的工作流管理系统分析与构建》2005 年第 10 期,第 64～69 页。

[147] 苏武荣主编:《电子政务与办公自动化实务手册》,机械工业出版社 2002 年 11 月版。

[148] 孙国强:《网络协作环境下的利益分配理论与模型》,《管理科学》2003 年第 16(6)期,第 22～25 页。

[149] 孙国强:《网络协作环境下的利益分配理论与模型》,《管理科学》2003 年第 16(6)期,第 22～25 页。

[150] 孙正兴,戚鲁:《电子政务原理与技术》,人民邮电出版社 2003 年版。

[151] 田萤:《公共管理背景下的政府绩效评估》,《改革研究》2003 年第 6 期。

[152] 汪向东,姜奇平:《电子政务行政生态学》,清华大学出版社 2007 年 7 月版。

[153] 汪应洛:《系统工程理论及应用》,高等教育出版社 2000 年版。

[154] 汪玉凯:《中国电子政务建设的经济效益分析》,《公共管理科学》2002 年 5 月,第 41～43 页。

[155] 王浣尘:《枚系统经济学与可持续发展》,《系统工程理论方法应用》1997 年第 6(1)期,第 4～9 页。

[156] 王立华,覃正,韩刚:《电子政务绩效评估的研究述评》,《系统工程》2005 年第 23(2)期,第 9～13 页。

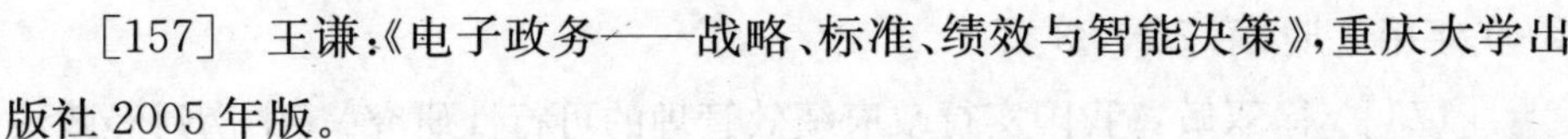

[157] 王谦:《电子政务——战略、标准、绩效与智能决策》,重庆大学出版社 2005 年版。

[158] 王珊:《绩效责任:责任行政的新取向》,《行政与法》2004 年第 9 期,第 15～17 页。

[159] 王树文,李青:《政府改革与政府流程再造》,《理论学刊》2004 年第 12 期,第 83～85 页。

[160] 王慰:《论我国政府绩效评估的实践途径》,《重庆工商大学学报(社会科学版·双月刊)》2003 年第 20(4)期,第 45～46 页。

[161] 王晓华,王浣尘:《枚系统经济学与电子政务》,《上海交通大学学报(哲学社会科学版)》2002 年第 10(1)期,第 70～73 页。

[162] 王义:《影响政府绩效评价的内生性障碍分析》,《云南行政学院学报》2004 年第 3 期,第 53～55 页。

[163] 魏景柱,耿庆峰:《基于信息时代的企业业绩评价方法研究》,《科技与管理》2004 年第 2 期,第 21～24 页。

[164] 魏松贤:《管理绩效问题研究》,《学术交流》2002 年第 3 期,第 65～67页。

[165] 吴晓彬:《试论地方政府绩效考评的价值取向》,《中共银川市委党校学报》2004 年第 6(2)期,第 42～44 页。

[166] 伍洪杏,张林军,盛明科:《电子政府发展与政府决策体制创新研究》,《天水行政学院学报》2004 年第 5 期,第 40～42 页。

[167] 肖鸣政:《正确的政绩观与系统的考评观.》,《中国行政管理》2004 年第 7 期,第 39～42 页。

[168] 谢康:《知识优势——企业信息化如何提高企业竞争力》,广东人民出版社 1999 年版。

[169] 谢一帆:《电子政务绩效评估的国际背景研究》,《电子政务》2005 年第 24 期。

[170] 徐强,戴芸:《企业信息化绩效多维动态评价指标体系的设计》,《情报科学》2003 年第 21(5)期,第 455～457 页。

[171] 徐绍刚:《建立健全政府绩效评价体系的构想》,《政治学研究》

2004年第3期,第76～83页。

［173］ 徐双敏:《我国实行政府绩效管理的可行性研究》,《中南财经政法大学学报》2003年第5期,第41～47页。

［174］ 徐晓林,杨兰蓉编著:《电子政务导论.武汉出版社》,科学出版社2002年1月版。

［175］ 徐友浩,吴延兵:《顾客满意度在政府绩效评估中的运用》,《天津大学学报(社会科学版)》2004年第10期,第325～328页。

［176］ 许树柏:《层次分析法原理》,天津大学出版社1988年版。

［177］ 颜如春:《关于建立我国政府绩效评估体系的思考》,《行政论坛》2003年第9期,第17～19页。

［178］ 杨畅,钟瑛:《中国现代行政文化与政府管理绩效评估》,《湘潭大学社会科学学报》2003年5月,第27(5)期,第195～197页。

［179］ 杨雷:《电子政务效益的经济分析与评价》,经济科学出版社2005年版。

［180］ 杨路明等:《电子政务》,电子工业出版社2007年1月版。

［181］ 杨洋:《电子政务系统绩效评价体系研究》,《同济大学博士论文》2006年3月版。

［182］ 杨寅,黄萍:《政府绩效评估的法律制度构建》,《现代法学》2004年第26(3)期,第14～19页。

［183］ 杨云飞:《电子政务评价指标体系研究》,同济大学博士论文2005年。

［184］ 易承志:《我国政府绩效评估中的价值扭曲及其矫正》,《行政论坛》2004年第7期,第34～36页。

［185］ 袁刚:《1978年以来我国政绩合法性基础探析》,《云南行政学院学报》2004年第4期,第16～20页。

［186］ 臧乃康:《政府绩效评估及其系统分析》,《江苏社会科学》2004年第2期,第141～147页。

［187］ 曾志柏:《英国地方政府绩效管理及其对中国的借鉴意义》,《云南行政学院学报》2003年第6期,第93～95页。

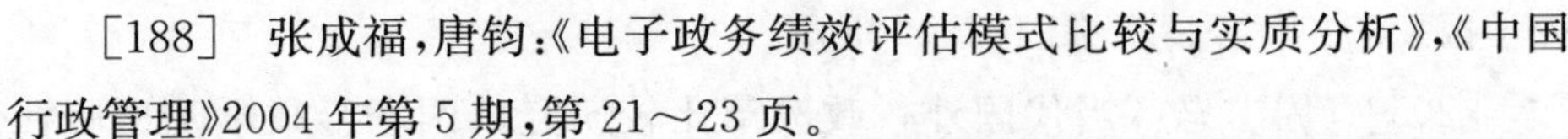

［188］ 张成福，唐钧：《电子政务绩效评估模式比较与实质分析》，《中国行政管理》2004 年第 5 期，第 21～23 页。

［189］ 张成福，唐钧：《电子政务绩效评估模式研究与中国战略》，《探索》2004 年第 2 期，第 36～40 页。

［190］ 张成福，唐钧：《电子政务绩效评估模式研究与中国战略》，《探索》2004 年第 2 期，第 36～40 页。

［191］ 张成福：《信息时代政府治理：理解电子化政府的实质意涵》，《中国行政管理》2003 年第 1 期。

［192］ 张道顺：《电子政务公共信息整合机制及策略的研究》，《博士论文》2005 年版。

［193］ 张玲玲，林键：《信息技术与企业战略、业务流程及组织结构整合的关系模型研究》，《系统工程》2002 年第 20(2)期，第 63～68 页。

［194］ 张锐昕：《电子政府概论》，中国人民大学出版社 2003 年版。

［195］ 张锐昕：《电子政务概论》，中国人民大学出版社 2004 年版。

［196］ 张小蒂，倪云虎：《网络经济》，高等教育出版社 2002 年版。

［197］ 张小玲：《国外政府绩效评估方法比较研究》，《软科学》2004 年第 5 期，第 1～4 页。

［198］ 张燕君：《美国公共部门绩效评估的实践及启示》，《行政论坛》2004 年第 3 期，第 87～89 页。

［199］ 张志勇，匡兴华，晏湘涛：《基于流程的组织设计研究进展》，《管理科学》2004 年第 17(5)期，第 31～39 页。

［200］ 赵国俊：《电子政务》，电子工业出版社 2003 年版。

［201］ 郑春梅：《关于提高政府绩效的若干思考》，《长白学刊》2004 年第 6 期，第 23～25 页。

［202］ 仲理峰，时勘：《绩效管理的几个基本问题》，《南开管理评论》2002 年第 3 期，第 15～19 页。

［203］ 周慧文：《关于电子政务绩效评估的初步研究》，《情报资料工作》2004 年第 5 期，第 28～30 页。

［204］ 周义程：《公共部门绩效评估的困境及其排解》，《中共济南市委党

校学报》2004 年第 3 期,第 105～108 页。

[205] 周志忍:《当代国外行政改革比较研究》,国家行政学院出版社 1999 年版。

[206] 朱从娜,杨开城,李秀兰:《电子绩效支持系统及相关概念探究》,《中国电化教育》2002 年第 8 期,第 13～17 页。

[207] 卓越:《公共部门绩效评估初探》,《中国行政管理》2004 年第 2 期,第 71～76 页。

[208] 卓越:《公共部门绩效评估的主体建构》,《中国行政管理》2004 年第 5 期,第 17～20 页。

[209] 卓越:《公共部门绩效评估的主体建构》,《中国行政管理》2004 年第 5 期,第 17～20 页。

[210] 卓越:《公共部门绩效评估》,中国人民大学出版社 2004 年版。

后　记

最近10年来，我一直在美丽的清华大学、同济大学和云南大学学习、工作和生活，这些历史悠久的名校所具有的深厚底蕴，给了愚拙的我以极大的帮助和提高。电子政务已成为当前公共管理中的重要内容，而电子政务效益的评估更成为其中的热点话题，在名师的指引下，该领域也成为我近两年来的重要研究领域，本书的内容包含了我近年来在这方面的一些科研心得。该书的完成和出版，除了笔者个人的付出外，还有很多人给予了大量的帮助，在该书完成之际，我要向给予我关心、支持和帮助的人们表达我最诚挚的谢意！

感谢云南大学公共管理学院的崔运武教授、周平教授！感谢将我引入学术殿堂的硕士生导师琚建华教授！感谢我在同济大学的博士生导师白庆华教授！感谢我在清华大学的博士后合作导师孟庆国教授！先生们的博学和严谨求实的治学态度，将让我受益终生；先生们来自于不同的学科背景，但都从各自的研究领域给了我极大的启迪和指导，让我在我的科研道路上受益颇丰；另外，在我的工作、学习、科研及生活上，先生们也给予我极大的支持和帮助。我向先生们的悉心指导和帮助表示最衷心的感谢！

感谢为本书的完成提供相关材料和支持的单位和个人，包括：云南大学公共管理学院、昆明市政府、支持和参与本次调查研究的公司、专家及个人。本书的最终完成，也得到了方盛举、陈泰锋、姜玮等朋友们的支持和帮助。

感谢我的父母兄弟，你们的不断支持促使了我在学业上的不断攀登。父母无私的爱让人感动一生，兄弟们的关心和激励促使我不断向前。

感谢我的妻子彭艳女士，你在百忙之中还要承担起抚养小孩的重任，这本书的完成也包含了你的心血和付出；还要感谢我的幼子，虽然近几年来经常天各一方，但每当想起你那天真的面容和行为，总会让我在科研的过程中感到快乐。

感谢你们，所有帮助过我的人！感谢你们给予我的一点一滴，所有这些都会成为我今后继续前进的动力。

最后，谨以此书献给你们，以表达我的感激之情！也谨以此书献给正在蓬勃发展中的中国公共管理事业！

邓　崧

2007 年 12 月于清华园

策划编辑:姜　玮
责任编辑:齐海潮

图书在版编目(CIP)数据

电子政务价值评估——基于政务流程和信息整合的研究视角/邓崧 著.
-北京:人民出版社,2008.7
ISBN 978-7-01-007108-4

Ⅰ.电…　Ⅱ.邓…　Ⅲ.电子政务-价值-评估　Ⅳ.D035.1-39

中国版本图书馆 CIP 数据核字(2008)第 086718 号

电子政务价值评估
DIANZI ZHENGWU JIAZHI PINGGU
——基于政务流程和信息整合的研究视角

邓　崧　著

人民出版社 出版发行
(100706　北京朝阳门内大街 166 号)

北京集惠印刷有限责任公司印刷　新华书店经销

2008 年 7 月第 1 版　2008 年 7 月北京第 1 次印刷
开本:710 毫米×1000 毫米 1/16　印张:16.25
字数:240 千字　印数:0,001—3,000 册

ISBN 978-7-01-007108-4　定价:35.00 元

邮购地址 100706　北京朝阳门内大街 166 号
人民东方图书销售中心　电话 (010)65250042　65289539